Gli stru

© 1998 Giulio Einaudi editore s.p.a., Torino

www.einaudi.it

ISBN 88-06-14688-2

Luca Rastello
La guerra in casa

Einaudi

A distanza di anni capita ancora che qualcuno ti chieda perché devi occuparti di questa gente e di quella guerra, e tu non sai trovare una risposta convincente: «Sono cosí vicini, sette o otto ore di viaggio da qui...». L'interlocutore tace perplesso e speri – con molta voglia di scappare – che non tiri fuori la solita frase imbarazzante che suona sempre piú o meno cosí: «Siete da ammirare». «Ammirare», nel suo senso letterale, significa «guardare con meraviglia». E la meraviglia è riservata a ciò che si allontana da quel che è familiare, quotidiano. Come mostro capace di suscitare meraviglia ti senti a disagio.

Vivere con dei profughi non è spontaneo o naturale, non riesce meglio a certe persone eccentriche. Il mio è un disagio che ritrovo, in modi diversi, in tutti quelli che lungo questi cinque anni hanno vissuto la stessa esperienza: si sono sentiti spesso schiacciati dalla fatica, hanno provato un impulso irresistibile alla fuga, hanno creato spazi di silenzio e di chiusura. Spesso non gettare la spugna è stata una questione di orgoglio volgare o di caparbietà; o anche solo un fatto dovuto ai legami con le persone che, pur diventando contorti, conflittuali e difficili, non si sono mai veramente recisi. Molti hanno rinunciato a spiegarsi, di fronte alla loro stessa difficoltà a capire molte cose. Non sono mancate le interpretazioni affrettate, le mezze frasi disarmate e disarmanti, le battute velenose: «C'è chi trova la sua realizzazione accogliendo profughi...». Quello della gratificazione compensativa è un vecchio ritornello:

ci si sente buoni per le «buone azioni», e questa spiegazione deve bastare a tutti. Con il tempo tanti impa-
rano a non raccontare nulla, a non comunicare i fatti,
le impressioni, gli episodi.

Tutto incomincia con una telefonata: qualcuno ti costringe a vedere e ti suggerisce che tu hai la chiave per
fare qualcosa. La chiave, letteralmente: la chiave di una
casa. Cominci con risposte del tipo: «Sí, va bene... ma
sai com'è la nostra casa... non ci sono porte a dividere
le stanze, è piccola... E poi volevamo avere un figlio
nell'anno che viene... Ti do una risposta al piú presto,
ciao». C'è un inverno durissimo alle porte, in ex Jugoslavia, c'è una precisa richiesta di aiuto – alternativa
secca: vita o morte, niente di meno, anche se non vuoi
guardare – e alcuni si stanno organizzando per accogliere in casa fino a primavera qualche famiglia di profughi. Ma è lo Stato che deve muoversi! È un errore
imperdonabile supplire alle Istituzioni, legittimandole
nel loro disinteresse! È un problema collettivo, mica
posso cambiare il mondo io! Un po' per giustificarti dici a chi sta con te nel letto: «Qui no, non si può; ma su
in montagna, forse...». Monica si sentí male, lo so. Ma
aveva sonno, disse «forse» anche lei e ci addormen-
tammo.

Questo è un libro di storie, non di storia. Queste pagine non intendono dare un'interpretazione complessiva della guerra jugoslava, anche se non sfuggono
all'ambizione di fornire qualche alimento al lavoro di
ricostruzione degli eventi che hanno insanguinato l'altra sponda dell'Adriatico fra il 1990 e il 1995, alli-
neando dati e testimonianze anche su alcuni aspetti
oscuri di quella tragedia. Si tratta del resto di storie che
hanno tutte un versante italiano. Esse hanno un'origine comune nell'esperienza del Comitato accoglienza
profughi ex Jugoslavia di Torino, fondato nell'inverno
del '92 da Gianni Sgambelluri e da Silvia ed Eugenio
Chiotti e successivamente coordinato da Eugenio Delfino (dell'attività del Comitato racconta il terzo capi-

tolo). Non si parla dunque della guerra, ma di quella guerra e noi, dell'incontro, quasi sempre fallimentare, fra chi è coinvolto e chi osserva, degli sguardi che da questa sponda si sono gettati sull'altra. Quasi sempre con le migliori intenzioni. La coppia su cui il racconto si articola è la coppia *qui-lí*, con attenzione privilegiata al *qui*.

Se una storia è raccontata, è quella della corruzione di uno sguardo, il mio, destinato a perdere gradualmente l'innocenza originaria, a mano a mano che progrediva la vicenda del coinvolgimento – casuale e involontario – nelle attività «umanitarie» in ex Jugoslavia. Corruzione salutare, se con la constatazione dei fallimenti, dei tracolli sentimentali e nervosi che l'azione solidale produce accanto ai suoi risultati positivi, va perduto un poco dell'atteggiamento didattico e coloniale che caratterizza tanta parte di quel continente sfuggente e ambiguo che si agita e si impegna sotto le bandiere della pace. Molto spesso, lo slancio umanitario, svincolato dalla fatica dell'analisi politica e dal tarlo dell'autocritica, ha finito per tradursi, su un fondamento di puro nominalismo, in una vera e propria ideologia capace di offrire una visione degli eventi strutturata a priori, quasi sempre in circolo vizioso con l'idea corrente e volgare che questa guerra fosse un groviglio incomprensibile di violenze tribali, magari depositate *ab aeterno* nei cromosomi slavi.

L'ideologia umanitaria ha fornito spesso un avallo alla confusione fra carnefici e vittime. Senza togliere valore al coraggio di tanti e alle migliaia di vite salvate dalle carovane bianche, sarebbe forse onesto e utile aprire una futura analisi dell'intervento umanitario in Jugoslavia con la categoria del fallimento. Nessuna delle iniziative di pace ha avuto infatti conseguenze sull'andamento del conflitto e, al di là delle fantasie, nessuna iniziativa ha avuto il valore di interposizione fra le parti in armi. Alla luce di questo fallimento politico (non caritativo), è forse possibile recuperare il valore delle idee di quanti hanno impegnato, rischiato e talvolta perso le loro vite in soccorso delle popolazioni travolte dalla guerra. L'azione umanitaria acquista, credo, tanto piú valore quanto piú si sgancia dall'ideologia umanitaria, da quell'immaginario nutrito di carità e supplenza che non riconosce la dignità e la responsabilità delle vittime. A volte, uno sguardo innocente è disposto a qualche delitto per preservarsi.

Parlare di sguardi è un'operazione a rischio di arroganza. La struttura di questo libro è un tentativo di sfuggire a questo rischio. Ogni capitolo si presenta diviso in due parti: una storia, raccontata in soggettiva e legata a un personaggio, e uno «scenario», in cui si accumulano informazioni e notazioni sul contesto della storia, nella speranza di fornire qualche idea sui molti altri punti di vista da cui la stessa vicenda avrebbe potuto essere osservata.

Le storie di questo libro non sono presentate in ordine cronologico e coprono vicende che in parte si accavallano. Ad esempio la caduta di Srebrenica (di cui si parla nel settimo capitolo) precede la fragile «pace» di Sanski Most (capitolo sesto) e la morte di Moreno Locatelli (capitolo quarto) è successiva a quella di Guido Puletti e dei suoi compagni (capitolo quinto). L'ordine dei capitoli risponde alla focalizzazione progressiva delle storie nella mia riflessione sulla relazione di solidarietà. Attraverso tempi e luoghi diversi, queste pagine mettono cosí in relazione persone che hanno agito e pensato senza mai incontrarsi, sperando in una direzione comune.

Ringraziamenti.

Le storie che compaiono in queste pagine sono tutte rigorosamente vere. Per rispetto delle persone coinvolte, e talvolta per esplicita richiesta, alcuni nomi sono stati cambiati. Fra le molte persone a cui questo libro deve la sua nascita, tengo a ringraziare esplicitamente Reuf, Mima, Almir, Zarka, Alma, Branka, Snježana, Zoltan, Senad, Sabina, Sahira, Ahmet, Nisvet e le loro famiglie, sperando che attraverso queste pagine abbiano qualche voce le loro vicende, le loro scelte, i loro pensieri, piuttosto che le appartenenze «etniche», che i loro stessi nomi – nella barbarie odierna – denunciano con fin troppa evidenza. E poi Raffaele Rubino e Bruno Tassan, gnomi dell'interno bosniaco, folli guidatori fuori strada e amici di cui ho nostalgia. E Giuliana, andata via troppo presto, da Tuzla e da Genova. E poi l'agente Pasquale Chiaralanza che spero di non mettere in imbarazzo. Grazie a Esther e a Eliana Puletti, a Silvia Nelvina, a Cinzia Garolla e a Ilario, ad Agostino Zanotti, a Christian Penocchio, a Michele Nardelli, a Giancarlo Bocchi e a Fabio Benes, fonti preziosissime. Grazie anche a Mario Boccia e Giulio Marcon per la loro disponibilità. E a Lidia De Federicis per il sostegno morale e l'aiuto nella revisione del testo.

Il libro è dedicato al generale.

La guerra in casa

Elena, nata all'ombra dell'Est

«Quarantott'ore dopo ti senti piuttosto disorientata. E molto arrabbiata. Parlare a gente che non vuole sapere ciò che tu sai, non vuol sentirti parlare delle sofferenze, dello smarrimento, del terrore e dell'umiliazione degli abitanti della città che hai appena lasciato. E, cosa ancora peggiore, quando poi fai ritorno nella tua città "normale" e i tuoi amici ti dicono: "Oh, sei tornata; ero preoccupato per te" – renderti conto che neanche loro vogliono sapere. Capire che non potrai mai spiegare loro davvero né quanto sia terribile "lì" né quanto ti fa stare male essere tornata "qui". Che il mondo sarà per sempre diviso in "lì" e "qui"».

SUSAN SONTAG

Torino 1995.

In qualche modo, e in un momento che non so, ho stretto un patto con Elena. Non ne conosco i termini con precisione: si tratta di un impegno capitale, credo, e so che da qualche parte ho già mancato, anche se non vedo bene dove. Intuisco che il punto dolente ha a che fare, tra l'altro, con il suo modo di parlare masticando brandelli di parole in due lingue diverse. Elena ha bisogno di mettere in ordine il mondo e lo fa con quei suoi vocaboli strani, secondo un buffo schema triadico che le dà sicurezza. Che siano pupazzi, frutti, palline di gomma, o anche solo gocce d'acqua cadute sul pavimento, quando gioca in cucina si accanisce a indicare e classificare ogni cosa, secondo l'ordine delle dimensioni: «*Ovdje* papà, *ovdje* mamma, *ovdje* piccolino».

La parola *ovdje* viene da una lingua che non esiste piú, il serbocroato. Oggi la si può trovare in tre lingue sorellastre che si vogliono diverse fra loro, significa «qui». Quanto a Elena, è mia figlia, ha due anni ed è venuta al mondo proprio a metà di un periodo in cui, per una somma di combinazioni e senza precise scelte, la guerra jugoslava si è infilata in casa mia, mille chilometri lontano dai fronti.

Ovdje è una parola trasmessa da Aida, una ragazza che solo pochi anni fa parlava in serbocroato e oggi parla in «bosniaco». Aida ha molti capelli di un colore biondo caldo che Elena amava tirare e accarezzare. È intelligente e le nostre conversazioni del mattino, prima del lavoro mio e suo, investivano sempre argomenti capitali: non parlavamo di pappe e di dentini, ma della guerra, dei rapporti tra fratelli, di politica. Se arrivavo in ritardo in ufficio era perché lei mi aveva raccontato del giorno in cui i serbi erano entrati nella sua casa a Doboj (dov'è Doboj?) e lei aveva preparato due valigie, con gli abiti e le fotografie («non sapevo di rischiare la vita, portando via le foto») per lasciare il suo mondo. Era partita con la sorella piú giovane, lasciando la madre e il padre, che sarebbe morto pochi giorni dopo, a 55 anni. Aida aveva gli occhi asciutti quando raccontava, sembrava persino dura mentre diceva: «Bisogna accettare la sconfitta per ricominciare. Non possiamo tornare indietro. Senad sarebbe costretto a fare il servizio militare e magari rimarrebbe ucciso in qualche assurda azione di guerra. I nostri figli nascerebbero nell'odio e nella miseria. Ma non posso neanche congelare la mia esistenza, aspettare dieci anni per avere un figlio». Aida aveva capito che per lei e suo marito, qui in Italia, ci sarebbero stati solo lavori precari e in nero; voleva lasciare, il piú presto possibile, la misera stanza in via delle Rosine dove pagava un affitto di 380.000 lire. Parlava molto bene l'italiano, coccolava Elena, sapeva come farla divertire e come convincerla a dormire. Una volta le dissi di non fare lavori domestici, ma lei diventò rossa e protestò: «Non posso guardare la televisione, se la bimba dorme». La sua intelligenza era anche un'arma a doppio taglio, quando diceva: «Non sono riuscita a farla mangiare, ma non voglio forzarla... sai il rapporto con il cibo è una cosa delicata, simbolica» e si fermava a pensare; poi aggiungeva come per caso che stare con le mani in mano la costringeva a pensare troppo e si rimetteva in movimento, freneticamente.

Aida, la baby-sitter, è partita a fine gennaio, nel 1995, per l'Australia: le dispiaceva lasciarci e ha promesso a Elena di comprarle un canguro. Mi fa effetto pensare che un giorno la coraggiosa capostipite di una colonia bosniaca in Australia aprirà la porta, senza riconoscerla, a un'adolescente bruna con gli occhi azzurri in visita dall'Italia. Elena, intanto, ricomincia il gioco dell'*ovdje*.

Il patto con Elena è ineludibile. E non so se sia legittima la paura che lei possa non capire le scelte, gli affetti, i gesti scomposti di chi l'ha impegnata senza interpellarla. Certo a Elena toccherà, secondo un cammino fatale, il mio stesso destino: ignorare, rifiutare, rimuovere allo scopo di differenziarsi, e poi inseguire con disperazione le schegge di vite altrui, con l'amara curiosità che sorge a cose fatte. Elena si è trovata a convivere fin dalla nascita con un mondo che il lessico corrente ha tentato di allontanare da sé con l'aiuto di sortilegi classificatori come quelli contenuti nella contrapposizione delle parole «Europa» e «Balcani». Sortilegi allusivi, mai del tutto espliciti, ma capaci di creare distanze irriducibili, capaci persino di trasformare in oceano quella vecchia tinozza nota fino alla noia che era il mare Adriatico. Per quattro o cinque anni le poche navi che lo tagliavano in due, gli stessi vecchi traghetti traballanti e sporchi che facevano imprecare turisti indignati come me, si sono trasformate in barche di Caronte, puntate attraverso lontananze quasi mitologiche verso l'Altro: un mondo primitivo, ferino, tribale, estraneo e inaccessibile ai modi europei e che solo individui eccezionali oppure equivoci potevano cercare di raggiungere. Ecco: l'immaginazione ha creato un continente, inventato viaggi e viaggiatori fantastici, orientato i pensieri e i gesti, già di per sé ambigui, di chi si avventurava in quella regione fangosa che viene spesso designata con il nome di solidarietà. C'erano i cattivi, allora: quelli che facevano la guerra, affamavano bambini e bombardavano città dai nomi impronunciabili, speculavano sulla tragedia. E c'erano

i buoni: diplomatici, pacifisti, soldati dal casco blu, uomini e donne di buona volontà che affrontavano il viaggio vertiginoso al fondo dell'abisso.

Che cosa si può dire? Immaginazione, ovviamente,
perché il viaggio in fin dei conti terminava sempre a
trecento chilometri da Ancona, o a una manciata di ore
d'auto da Venezia, e la gente laggiú si ostinava a ve-
stire con qualche sobria eleganza e a indossare facce
che nulla hanno di orientale. Angeli e orchi credo fosse ben difficile trovarne. Buoni, poi, un pochino lo eravamo tutti, anche su questa riva dell'Adriatico, incol-
lati davanti agli schermi azzurrastri che trasmettevano
le icone del dolore, mobilitati in vari modi, prima – dalla marcia della pace alla donazione, dall'intervento in
pubblico all'invettiva contro i Governi inetti, dalla
fiaccolata all'accoglienza di profughi in casa propria –
e dolentemente coscienti, poi, della miseria dello sforzo. Tentati persino dal senso di colpa.

Elena è nata in mezzo a tutto questo, in questo coinvolta fino alla confusione delle lingue, e non è detto
che per lei sia stato un bene.

Aida e gli altri. Noi potevamo compatirli, non capire fino in fondo. E il bisogno di calmare noi stessi, tentando di sanare il punto dell'anima in cui qualcosa in
loro si era spezzato per sempre, non trovava sbocchi.
Vivere accanto a una diversità dolente spesso significa
disporsi al fallimento, accettare l'impotenza dei gesti.
Il nostro bisogno, allora, si frantumava e si moltiplica-
va in domande, si traduceva nel bisogno di spezzare
quelle linee soffocanti istituite dai binomi Buono-Cat-
tivo, Pace-Guerra, Europa-Balcani, Qui-Là. Diventava quasi una domanda politica: convivere significava
esporsi al dovere di comprendere. E all'eventualità di
non essere compresi.

La storia che iniziava con l'arrivo di quella gente nelle nostre case era una storia senza esito, fatta di dolori, rabbie ansiose, urgenza di capire e di smontare con
ogni mezzo la menzogna etnica impalcata intorno a

questa guerra: da quella menzogna, oscuramente, ci sentivamo minacciati.

Quanto poi ci riguardasse la storia che, apparentemente, si ferma alla barriera di Trieste-Opicina, al di là del fastidio da telespettatori per l'insulto quotidiano che una guerra in Europa porta alla percezione che abbiamo di noi stessi, era e rimane una domanda aperta. È stata affrontata da molti, in chiave politica e storica, e le risposte piú convincenti sono, credo, le piú allarmanti. Ma c'è un aspetto di quella domanda che rimane insoddisfatto: è qualcosa che riguarda il peso che ciò che è accaduto di là dall'Adriatico ha, impercepito, nelle nostre vite quotidiane, nei nostri gesti e nei sentimenti, nel nostro privato, privatissimo modo di pensare al futuro.

Questo volto in ombra della domanda sui Balcani assume spesso, nella mia memoria, i contorni di volti reali, di persone che sono passate o passano nelle mie giornate. Sono i volti dei buoni che ho conosciuto, e di qualche cattivo.

Capitolo primo
Un cecchino

Il primo è Darko, il mostro.

Il cecchino è la figura principe nell'immaginario di guerra, quella che incarna in maniera esemplare il carnefice. L'uomo invisibile e freddo che spara da un tetto o dalla finestra di un appartamento in alto. Selvaggio ma professionale, avvezzo alle sofisticate tecnologie che danno al tiro la precisione di un destino ineluttabile: il cecchino è la minaccia oscura che segna i passi di quegli uomini stanchi con una tanica d'acqua in mano, di quelle donne condannate in eterno a correre curve al riparo di lenzuola strappate e sporche. È il nemico dei bambini e di chi è debole, ama colpire l'asilo, la scuola, l'ospedale. Una minaccia assoluta, metafisica. L'essere privo di volto lo rende invincibile, il colpo secco a distanza lo fa vile. Il giudizio morale su di lui è senza appello.

Tutto si può relativizzare: durante questa guerra si è voluta attenuare con ogni mezzo la consapevolezza dei massacri. C'è stato chi ha cercato, con ardore degno di una causa migliore, una qualche grottesca *par condicio* dell'orrore, diminuendo la portata delle stragi note con l'allusione a quelle che certo altrove erano state compiute ma rimanevano nascoste. Con angoscia, quasi, si è cercato di distrarre lo sguardo, di tracciare uno scenario che distribuisse in egual modo le responsabilità e non permettesse di distinguere aggressori e aggrediti. Tutto è stato diluito, ma lui rimane il signore assoluto del male: tutto può essere giustificato, ma non il cecchino.

Sui luoghi di guerra non si poteva non incontrarlo. Nella sua incarnazione misteriosa, io lo incrociai a Turbe, una delle tante cittadine bosniache spezzate in due dalla linea del fronte, non lontano da Sarajevo, ma lontano anni luce dalle telecamere che, non meno dei cannoni, assediavano la capitale. Il cecchino, lí, era la finestra cieca di una casa rossa in costruzione a 500 metri dal giardino dove stavamo mangiando carne alla brace.

Un piccolo giardino, disposto sull'angolo di una villetta a due piani. Per ragioni di spazio il luogo dove cuocevano le carni era sull'altro lato rispetto a quello dove era apparecchiato il tavolo. C'era un sole caldissimo e l'aria ferma di un pomeriggio di luglio, odore di erba secca tagliata e qualche ronzio di insetti. I soldati musulmani che mi ospitavano con le loro famiglie (erano contadini di Turbe, non si erano mossi da casa, solo avevano cambiato mestiere e vestiti) mi impedivano di muovere un dito per aiutarli, come si fa con gli ospiti di riguardo. Si alzavano ogni tanto da tavola e strisciavano sull'erba per andare a controllare la cottura. Si rimettevano in piedi soltanto nei pressi della griglia. «Non è proprio infallibile – dicevano indicandomi i piccoli fori lasciati sull'angolo della casa dal fucile del cecchino – ma non è il caso di permettergli di rovinare una festa cosí bella». A me la festa non sembrava proprio cosí bella, avevo paura e me ne vergognavo, anche se il killer nascosto non «vedeva» l'angolo di giardino dove ci trovavamo né quello in cui si preparava la carne. Chiesi come potessero vivere cosí. Ridevano, quello era il loro momento di relax, una giornata eccezionale con ospiti. La mattina dopo sarebbero stati di nuovo in prima linea sulla montagna di Vlašić che domina la città di Travnik.

Osmo, un gigante grigio e mite, mi disse che «vivere cosí» equivaleva a vivere, l'alternativa non era vivere altrimenti, ma morire. Mi chiese di seguirlo e mi mostrò – a distanza – un piccolo viale che la gente del paese chiamava «il lancio dei dadi». Un tratto del sen-

tiero fra due pioppi era scoperto al tiro incrociato di
due cecchini appostati nell'altra metà di Turbe, quella
serba. Su quello specchio la gente camminava senza af-
frettare il passo, senza abbassarsi per trovare riparo.
Mi venne un'idea assurda: che lo sforzo che facevano
per abbassarsi nel tratto di giardino esposto al tiro di
«Boško» (loro lo chiamavano cosí, con familiarità) fosse nient'altro che una cortesia dovuta all'ospite, un'eccezione in quella normalità allucinata, scandita dalla
presenza del cecchino, delle granate...

Tornai a Turbe pochi mesi dopo, in autunno. Un'offensiva delle truppe governative aveva appena allontanato in direzione nord la linea del fronte. Non c'erano
piú franchi tiratori e la mia paura cedeva alla curiosità
di vedere, se non Boško, almeno la sua finestra. A luglio mi ero sentito dipendere dall'arbitrio di un signore misterioso e provavo il bisogno di liberarmi di quel
ricordo imbarazzante di schiavitú dando concretezza
ai luoghi, associando delle immagini a ciò che di sospeso era rimasto. Chiesi a Osmo, il gigante, di por-
tarmi nella casa rossa. Andammo: lui mi precedeva e io
ricalcavo con cura le sue orme per evitare le mine. Era
come se si sentisse ancora l'odore di quelli che erano
fuggiti, il calore dei corpi. In una casa devastata e senza tetto, sotto una scritta a vernice – «casa minata» –
due donne anziane preparavano il caffè in tazzine di
rame. «Sono le proprietarie – mi disse Osmo – ora che
la casa è *liberata* ci tornano». Non potei non notare
l'eufemismo contenuto in quella frase. Sul tappeto di
foglie secche e bossoli c'era di tutto: divise serbe, maschere antigas, resti di mobilio e suppellettili di vite
quotidiane scappate altrove e in fretta. Nell'offensiva,
diceva Osmo, c'erano stati venti morti fra i suoi compagni. Non sapeva quanti serbi. Erano scattati prima
dell'alba, una notte di settembre, con la forza dell'esa-
sperazione e, questa volta, chissà perché, la paura che
strangolava. Non era un'offensiva come un'altra: quelle erano le loro case, il paese dove erano nati e cresciuti.
E dall'altra parte c'erano dei vicini di casa. In qualche

notte di tregua, nell'inverno precedente, Osmo era persino andato a trovarli attraversando le linee, con il rischio di finire impallinato dai suoi. Avevano passato qualche ora insieme, bevendo grappa e caffè.

Arrivammo alla casa rossa, c'erano cassette di pronto soccorso, berretti e ferraglie di ogni genere. Davanti alla finestra una poltrona di similpelle rossastra, rivolta verso l'esterno. Dunque Boško ci osservava da seduto. Guardai anch'io e il giardino dove si era consumata quell'assurda grigliata mi parve vicinissimo. Sulla parete era stato tracciato a vernice spray nera un enorme disegno raffigurante un guerriero cetnico: la bustina sui capelli lunghi e folti, la gran barba selvaggia, il rosario al collo e due grandi coltelli nelle mani. Era cosí che Boško amava raffigurarsi, dunque. Per terra c'erano bottiglie vuote e una quantità incredibile di riviste pornografiche.

Il Cecchino, quello con l'iniziale maiuscola, lo incontrai quindi nel suo ambiente, fra le divise mimetiche, fra i cattivi.

Darko no, Darko lo conobbi in tutt'altra occasione. In mezzo ai buoni. Intellettuali che si erano mobilitati, con le loro competenze, per i loro pari che vedevano vittime di una guerra tribale.

Quello di Darko era, per il momento, un volto indistinto, confuso nella piccola folla attenta e partecipe radunata nella sala lauree dell'Università di Torino in un tardo pomeriggio d'autunno del '94. Certi docenti di buona volontà della facoltà di Lettere avevano organizzato un piccolo convegno sulla ex Jugoslavia, invitando alcuni colleghi di laggiú. Ricordo che c'erano una germanista tedesca che aveva lavorato a Zara, un docente di letteratura serbo-croata di Belgrado, una francesista di Novi Sad, nella regione serba della Vojvodina, e un celebre intellettuale fuoriuscito da Sarajevo. L'intervento rabbioso del professore venuto dalla capitale assediata aveva smosso un poco le acque dopo una sequela di dissertazioni sulle origini della lingua serbocroata e su altri argomenti poco attuali. I professori italiani che avevano organizzato l'incontro, e che costituivano la gran parte del pubblico, manifestavano un'attenta partecipazione al dramma dei colleghi. Mostravano di non intenderlo a fondo, quel dramma, ma di considerarlo con certezza indegno della fratellanza di spiriti di cui doveva essere garanzia la comune professione nel campo della cultura. Si notava in loro una grande attenzione, seria e commossa, e anche un velo di orgoglio per la presenza, intorno al tavolo, di membri di tutte le nazionalità in lotta. Era un momento alto, dunque, quello a cui eravamo presenti, un momento che richiedeva una certa adesione ideologica ed emotiva: sembrava di veder realizzato in quella sala, sia pure in un microcosmo protetto, il piú alto ufficio che si vorrebbe conferire alla cultura umanistica, quello di sostenere la concordia universale e la pace fra gli uomini di spirito. Ricordavo le parole di un docente presso quella stessa facoltà, quando la prima volta, senza un'idea precisa in mente e mosso solo dall'angoscia di non sapere che fare, avevo chiesto aiuto per sistemare dei profughi in arrivo. Era una persona sensibile che in seguito avrebbe cercato mille occasioni per offrire piccoli lavoretti nella sua casa in collina a capifamiglia bosniaci in cerca di qualche soldo e per dare qualche aiuto materiale a chi si trovava in difficoltà. Uno dei pochissimi, per la verità, che si fosse poi mobilitato. In quel caso mi aveva risposto: «Vedi, io credo che sia molto meglio, anche in termini di efficacia, che in queste situazioni ciascuno faccia quello che sa fare e si muova nell'ambiente che meglio conosce, per evitare confusioni e sovrapposizioni. Noi della facoltà, per esempio, abbiamo pensato di organizzare un seminario di letteratura portando a Torino una docente croata».

Mentre noi ascoltavamo gli interventi di quei professori che erano stati jugoslavi, l'Organizzazione Mondiale della Sanità raccoglieva le prime denunce sulle morti per fame avvenute in alcune città non distanti

dalle nostre coste: Bihać, Maglaj, Goražde. Nella piccola sala lauree, uomini e donne di cultura cercavano
invece nei luoghi del sapere valori che li unissero, parlando di cose antiche e condivise.

Io sentivo un certo malumore per il modo in cui era
stata elusa una domanda che avevo fatto a proposito
del *Memorandum* dell'Accademia serba delle Scienze e
delle Arti, quando la docente di francese che veniva da
Novi Sad, una delle città piú cosmopolite della vecchia
Jugoslavia, prese la parola per rispondere a qualcuno
che aveva chiesto se e come nell'ambiente universita-
rio si fosse reagito al nazionalismo montante che aveva condotto alla guerra in corso. La domanda stessa
sembrava presupporre la convinzione di una certa
estraneità dell'ambiente intellettuale alla stagione nazionalista, e la risposta confermava l'assunto: il nazionalismo, spiegava la studiosa serba, è un fenomeno pre-
valemente diffuso nelle classi popolari, negli strati
meno garantiti e piú incolti della popolazione, un fenomeno quasi del tutto assente nell'Università, anche
fra gli studenti. Non si seppe mai che cosa volesse dire poi la signora, perché fu interrotta dalle grida in serbo-croato di un giovane spettatore esagitato, che si era
alzato in piedi e la insultava con asprezza. Il ragazzo fu
invitato a uscire e l'incidente si chiuse lí. Sono cose che
accadono spesso durante incontri pubblici dedicati alla ex Jugoslavia, un paese i cui fuoriusciti, piú o meno
traumatizzati, sono presenti in tutto il mondo.

Fu decretata una pausa nei lavori e tutto il pubblico defluí nei corridoi della facoltà. Il ragazzo era ancora lí, aspettava. Cercò di nuovo di raggiungere la docente che aveva aggredito verbalmente, aveva l'aria di
chi vuole spiegarsi, tradiva una notevole agitazione.
L'amica serba che mi accompagnava mi disse che lo conosceva e mi propose di raggiungerlo per cercare di cal-
marlo. Ci facemmo strada fra la gente, Dragana si fece avanti e lui la riconobbe immediatamente, l'abbracciò e prese a parlare con lei. Fummo presentati, il
suo nome era Darko, si erano conosciuti all'ufficio stra-

nieri durante le interminabili e incerte pratiche per il permesso di soggiorno. Proposi di lasciare il convegno e cercare un bar tranquillo dove chiacchierare e bere un aperitivo.

L'aria si era fatta fredda, a dispetto del cielo limpido, in un anticipo di inverno, ma Darko volle sedersi al tavolino di un *dehors* sopravvissuto alla stagione estiva. Era nervoso, si accese una sigaretta con gesti ostentatamente lenti, parlando in serbo-croato con Dragana. Poi si voltò verso di me e si scusò. La mia amica lo rassicurò dicendo che capivo la loro lingua, ma da quel momento lui volle parlare in italiano, per un riguardo dovuto al meno intimo dei due interlocutori. Era un italiano quasi perfetto, privo di accento, privo persino di quelle lievissime inflessioni che rendono affascinante la parlata di Dragana, un italiano parlato in fretta. Darko era magro, asciutto, con il naso sottile e appena un po' curvo in avanti. Aveva le guance segnate in verticale da due solchi che in vecchiaia potrebbero diventare profondi e due occhi grandi, leggermente sporgenti, azzurri. I capelli biondi, lisci, folti. Potrei dire che vestiva come un italiano, uno stile *casual* sapiente come quello dei compatrioti che riconosciamo infallibilmente nella folla dei turisti, all'estero. Era contento di rivedere Dragana che non incontrava da un anno. La conversazione scorreva futile e piacevole, accarezzata appena dalla malinconia inevitabile degli esuli – una sensazione lieve a cui io non avevo accesso –, quando arrivò il bambino marocchino. Una figura nota, sotto i portici: uno dei tanti ragazzini arrivati da Khourigba o Casablanca per tentare di contribuire alle fortune della famiglia vendendo accendini e stracci di spugna, piccolo quanto basta per commuovere i passanti o gli avventori dei bar all'aperto e insistente quanto basta per ottenere con lo sfinimento quello che la sua età da sola non garantiva. Faceva leva sulla simpatia, sapeva parlare in un buffo piemontese e aveva un talento infallibile per individuare il punto debole di una compagnia. Nel nostro caso la scelta era facile: il ragazzino si appiccicò a Dragana, mostrando le sue merci e avvolgendola di parole in una pantomima di corteggiamento, impropria per la differenza di età fra lui e la potenziale cliente. Mostrava di conoscere i segreti della sua professione e Dragana opponeva una resistenza sempre piú debole. Senza preavviso, senza ragione apparente, Darko ebbe uno scatto: «Vuoi lasciar perdere la signorina o preferisci avere dei guai?». Il bimbo era già pronto a sfoderare un'altra delle sue battute e quando i loro sguardi si incrociarono, nel suo brillava il solito lampo d'arguzia, ma si spense subito. Era spaventato, Darko lo fissava come un serpente. Il ragazzino fece un passo indietro e disse con la voce rotta: «Ehi, amico, quella roba chimica fa male!». «Fa bene, invece. Fa un gran bene. Che ne sai tu?». Poi, non so se per continuare quel gioco di minacce e allusioni o perché pentito di aver spaventato un bambino, Darko aggiunse: «Vuoi che ti offra un'aranciata?». Ma il piccolo maghrebino si era dato già alla fuga e fu da una discreta distanza che rispose: «Tientela la tua aranciata, amico. Tu sei segnato».

Darko ormai era nervoso. Un po' sentiva il bisogno di spiegarsi, un po' aveva voglia di raccontare. La sua storia era matura. Dragana mi disse piano: «Darko è stato a Vukovar». Nella sala lauree avevano ripreso il dibattito, ma era chiaro che noi non saremmo rientrati.

Darko era stato studente nella stessa università dove insegnava la donna che poco fa aveva insultato. Iscritto al corso di laurea in amministrazione aziendale, la guerra lo aveva investito con una cartolina precetto quando ancora nessuno pensava che quella fosse la leva per la carneficina. Il nazionalismo, quel fenomeno che la professoressa di francese aveva liquidato con una battuta un po' snob, in effetti lo avrebbe conosciuto soltanto mesi dopo, al ritorno dal servizio militare. L'esercito che lo chiamava ora era l'esercito federale, lo strumento che la Costituzione del suo Paese aveva preposto alla salvaguardia di Fratellanza e Unità, il motto dell'epoca titoista. Non che Darko, come tutti i suoi coetanei peraltro, desse alcun peso a quelle due parole scritte sugli stendardi. Anzi. Quel motto era l'oggetto di frizzi e lazzi goliardici a non finire, e aveva finito per incarnare nella fantasia collettiva l'astrattezza e l'irrigidimento burocratico di un sistema in cui la generazione piú giovane non vedeva che una trappola che la allontanava dal mondo dei coetanei occidentali. Non fu in nome della fratellanza e dell'unità che Darko partí per l'addestramento militare, ma della quiete familiare e della garanzia di un futuro senza macchie e pendenze. Il servizio militare era obbligatorio, anche se fino ad allora le sue domande di rinvio per motivi di studio erano state accettate senza difficoltà.

L'estate del '91 finiva bene, l'aria frizzante, il cielo sempre sereno, asciutto, la luce che inondava di taglio la pianura pannonica dove Darko e il suo reparto erano acquartierati. Non avevano preso parte alle «campagne» della Slavonia occidentale, dove l'esercito si era battuto con la milizia croata. Sapevano dei fatti di sangue, avevano ascoltato racconti interminabili sulle brutalità commesse dagli indipendentisti croati sui ragazzi di leva fatti prigionieri: serbi, ma anche macedoni, bosniaci musulmani, albanesi del Kosovo. Le notizie di guerra li avevano colti a fine primavera, in pieno addestramento, e avevano sparso inquietudine, tensione, prima ancora che panico. Tutti, al centro di addestramento, amavano ostentare indifferenza verso la «missione» che la patria imponeva all'esercito. Tutti erano lí per caso e ci tenevano che si vedesse. Nessuno si identificava nel reparto, nello «spirito di corpo» e nelle parole d'ordine amate dagli ufficiali. Eppure proprio quella situazione di tensione estrema e di follia metodica, le urla nelle orecchie, il divieto di camminare (tutti, in caserma e nei luoghi di addestramento, dovevano procedere sempre di corsa e rispondere gridando a ordini urlati: un passo lento, un tono di voce calmo erano buoni motivi per un provvedimento disciplinare), e poi il feroce diritto consuetudinario determinato dal nonnismo, avevano contribuito a cementare l'amicizia fra i cadetti. Si era generata una solidarietà inestricabile, alimentata dalla comune contrapposizione a quel sistema assurdo e cosí lontano dal mondo reale che tutti ricordavano con nostalgia. Di qui le grandi bevute, le libere uscite vissute con gioia selvaggia, alla ricerca di un divertimento che li contraddistinguesse come ribelli, il culto dell'autodistruzione esibita, ostentata: di notte correvano a branchi nelle cittadine a caccia di ragazze, di alcol, di altro anche. E anche fuori da quel mondo alla rovescia dell'esercito scoprivano di essere una razza a parte, per i capelli rasati, l'eleganza approssimativa e frettolosa del militare in borghese, riconoscibile a colpo d'occhio da un civile, specie se di sesso femminile, per la voglia incoercibile di far rumore, per le risse. Anche fuori, allora, un comune senso di marginalità, se non di esclusione, che faceva di loro una banda, con la forza di un patto di sangue. È la legge del cameratismo. Antichissime astuzie della ragion militare erano all'opera per modellarli, lasciandoli convinti di essere indipendenti, selvaggi, diversi.

Darko non era un leader, la sua timidezza veniva sempre a galla nelle situazioni collettive, magari sotto forma di socialità esasperata: una battuta sopra le righe, una risata fuori luogo, un silenzio malinconico che poteva stupire gli altri della compagnia. Ma era intelligente, si analizzava costantemente, cercava di regolarsi sul ritmo collettivo, si sentiva parte di quell'organismo e voleva che il suo ruolo in esso fosse svolto bene e fino in fondo. Era un modo per rimanere fedele a se stesso, per stare fuori dall'istituzione impazzita a cui era stato consegnato e trovare un rifugio in valori noti e condivisi come l'amicizia, il divertimento, il sabato sera. Amfetamina, perché no? Nelle notti del weekend aiutava a stare su senza sentire la stanchezza della settimana militare, e poi era un segno ancora piú forte di distinzione, una forma di ribellione. Ed era un

modo per essere visti dai «nonni», che riconoscevano
in quelli come Darko uno degno di essere ammesso ai
loro rituali, di essere adottato e protetto dagli scherzi
feroci che segnano i ritmi della gerarchia occulta nelle
camerate.

Darko serviva fedelmente la patria e non lo sapeva.
Il rituale, lo sberleffo, l'ironia esasperata lo tenevano
al riparo dalla consapevolezza del suo inquadramento.
La goliardia è un antico trucco degli eserciti e l'ironia
è un vecchio travestimento dell'adesione. Darko e i
suoi amici, i ribelli, i maledetti, erano maledettamen-
te orgogliosi di essere i migliori là dentro, in caserma.
Se gli ufficiali avessero saputo che razza di anarchici
notturni stavano allevando dietro le file serrate
dell'adunata, se avessero potuto immaginare il cuore
selvaggio che batteva sotto i panni in grigioverde, si sarebbero spaventati. Cosí pensavano, e si sforzavano di
battere gli altri reparti in efficienza, in gagliardia. Si
sentivano dei lupi, l'essere indispensabili al battaglione dava loro peso, un senso di onnipotenza assaporato
insieme: il 31esimo era quello che sparava meglio, che
correva di piú, quello che faceva il culo a tutti gli altri.
Proprio il 31esimo, quel manipolo di sbiellati in estasi
chimica! Dentro di sé, Darko e gli altri ridevano.

Poi erano arrivati i pivelli. Dovevano passare attraverso tutte le prove per cui erano passati quelli del
31esimo, ovviamente. Darko li guardava con simpatia,
si specchiava in loro e pensava sul serio che tutto quel
tunnel di sopraffazioni e assurdità li avrebbe resi piú
forti. In fondo facevano loro del bene, li preparavano
a resistere alle situazioni terribili a cui rischiavano di
andare incontro, quelle situazioni latenti che minac-
ciavano in maniera sempre meno astratta anche i ragazzi del 31esimo. Dai fronti – neanche tanto lontani
– arrivavano sempre piú notizie e sempre piú spaventose. La stessa parola «fronti» era entrata nel lessico
comune quasi senza che se ne accorgessero.

Il trasporto al fronte è l'aria stranamente fredda che fa il cassone di un camion di notte, urla secche che corrono dappertutto su un prato che non ti hanno detto dov'è, e tutto che accelera, corre, corre troppo in fretta, confusione, terra da scavare che l'alba non si vede ancora e pali da piantare, odore di gasolio, il caldo di un motore acceso, ma non è ancora estate? E autocarri che arrivano, carichi di braccia, gambe, e di domande. Ma dove siamo? Dove accidenti siamo? Uno buttato giú dal cassone incrocia lo sguardo di Darko e gli chiede dove siamo, cos'è questa? Slavonia? Vojvodina? Dove diavolo? Solo ieri o l'altro ieri, o non importa, era a Novi Beograd e usciva da un bar di quelli aperti fino a tardi (altri li hanno presi al McDonald, qualcuno persino al portone di casa) e sembrava un controllo come un altro, il solito sbirro che vuole succhiarti gli ultimi soldi della serata, i documenti e vieni con noi, e tutto che corre, un'esercitazione, in Vojvodina, al sicuro, niente da temere, tu sei un riservista, no che non lo sono, adesso lo sei. Poi passo di corsa, urla, tiro con armi portatili, ma io la naja l'ho già fatta. Bene allora: bentornato. Poi camion che girano per ore, ore, ore e vanno in tondo, all'inizio te ne accorgi, è come quando da bambino giocavi a mosca cieca che ti bendano e ti fanno girare in tondo per farti perdere l'orientamento – i militari giocano ancora a mosca cieca – ti portano di qua e di là e all'inizio te ne accorgi. Ma poi no, il gioco ti ubriaca, i campi che vedi fuori sono i soliti o non sono i soliti, pianura, anzi no: la forma piatta della malinconia, con il camion che sbanda e sbanda sempre allo stesso modo e tu sei la mosca cieca: si fermi una volta o l'altra, per favore, purché si fermi, oppure meglio dormire ancora un po', meglio trascinare ancora un po' la notte sulle panche dell'automezzo leggero Yugo 52, tenere ancora gli occhi chiusi e non arrivare, perché un dubbio freddo come un coltello sale per la schiena.

Darko sapeva dov'erano. Ma al pivello riservista non lo diceva. Conosceva quei posti da quando era bambino e veniva a pescare sul Danubio con suo padre. Morto suo padre, come muoiono in tanti. Qualcosa nei polmoni, tosse secca e la sua faccia blu, davanti, tutti i giorni, quella sua faccia per casa tutti i giorni. Imprecava, fra uno sputacchio e l'altro, suo padre. Se ne sarà andato imprecando, Darko all'ospedale non ci andava mai. Come si fa a far le notti in ospedale a diciassette anni? Ogni tanto ci pensava, Darko, a suo padre. E il pivello della riserva se lo sarebbe scoperto da solo dove era finito, niente di male, il Danubio è pieno di pesci da queste parti, l'acqua è calma e luminosa, può darsi che si riesca anche a fare il bagno qualche volta.

Fra una storia e l'altra. Fra un'azione e l'altra. Le «azioni», quelle arrivarono quasi subito, o sembrava che fosse quasi subito. In fondo era a quello che lo avevano preparato. Ogni tanto Darko pensava a suo padre; anche all'università, magari prima di un esame aveva avuto di quei *trip* tipo questo esame lo devo passare per lui, a lui sarebbe piaciuto. Avrebbe aperto una delle sue grappe di Bečej e avrebbe detto qualche frase con le parole «mio» e «figlio». Bene, se quello era il fronte era una bella sorpresa. Perché non erano neanche a cinquanta chilometri da casa. Quello di Novi Beograd avrebbe avuto tempo di capire...

Droghe: inutile chiedere da dove venivano. Semplicemente c'erano, erano lí. E meno male. L'importante era ancora, se possibile, dare alla vita un po' di quella tinta maledetta che i ragazzi del 31esimo avevano voluto spargersi addosso. Da qualche parte, alla periferia di Belgrado, a Niš, cominciavano gli arruolamenti forzati: i superuomini di Arkan li acchiappavano e li portavano lí senza neanche dire dove si trovavano, avrebbero avvertito la famiglia: un'esercitazione, niente di illegale. Seconda parte dell'addestramento. Avevano fatto di loro dei soldati. Ora si trattava di farne dei soldati serbi. Subito, subito, tutto subito. Squadre speciali, cecchinaggio. Rock e techno-pop a palla nelle orecchie: la paga di un mese per un walkman, sigarette, alcol o una canna per una cassetta. L'Ungheria vicina, una sbronza di consumi, appena tramontata come una stagione vicina l'epoca piú tetra delle loro vite. Ora erano in Occidente. Il socialismo era un ricordo di collegio, un brutto sogno. Era ora di svegliarsi. I campi della pianura pannonica mandavano un odore di fieno che a volte ti ubriacava persino. Ogni tanto arrivavano le puttane, ma erano riservate a quelli che tornavano dal fronte, gente taciturna, facile all'incazzatura, mai disposti a parlare con i nuovi.

Darko racconta e racconta. Non si accorge del buio di via Po e dei fanali accesi. Dice che non ha il coraggio di far sapere a sua madre che è vivo. Le manda dei soldi, in maniera anonima, soldi che le arrivano da chissà dove: lei penserà dal cielo, perché non se la passa mica bene. Ma lui non oserebbe piú guardarla in faccia. Lui vuole essere morto, almeno per sua madre.

Chissà di che cosa stavano discutendo adesso dentro l'Università. Ogni tanto un professore dall'aria contrita mi dice: io mi sento in colpa, perché non ho mai avuto il tempo di occuparmi di tutto questo, è una tragedia, è cosí vicina e noi non sappiamo niente, io mi vergogno. E fai bene, mi verrebbe da dire, ma non serve: è come quando un padre dice che si vergogna perché ha poco tempo per i figli, se si vergognasse davvero il tempo lo inventerebbe, no? Già, un padre: nella mia macchina c'è un seggiolino per bambini avvitato al sedile posteriore. Il professore che si vergogna nell'ultima estate del '91 tornava dalle ferie preoccupato, perché la destra aveva quasi il controllo del senato accademico. I professori di destra mica si vergognano.

Al centro di addestramento, Darko si era portato persino i libri dell'università. Ma non li aveva mai aperti e ora, in Slavonia, era chiaro che non gli servivano piú. L'estate del '91 finiva bene, sí. Non pioveva mai. Lui si era messo in mostra per la precisione del tiro con le armi portatili e gli avevano proposto un addestramento particolare, che avrebbe fatto di lui uno specialista nel tiro. Era anche un modo per sottrarsi alle *corvée*, ai turni di guardia, alle fatiche piú squallide della vita militare. «Snajperista» era la parola che gli stavano cucendo addosso, sinonimo di soldato d'*élite*. Uno, fra l'altro, che ben difficilmente avrebbe dovuto affrontare la bolgia selvaggia del combattimento di fanteria. Di quella mischia si sapeva molto, di carni trafitte, fatte a pezzi, di pallottole che non arrivano mai dove dicono i film, di feriti che sono mostri mutilati e puzzolenti che non assomigliano agli eroi fasciati dello schermo, di vite disgustose passate a trascinare budella dolenti... Nessuno, al 31esimo, era cosí stupido da desiderare qualcosa del genere. Anche per questo, quasi nessuno di loro si era fatto incantare dalle sirene dei reparti speciali. Periodicamente, nelle loro basi militari erano passati gli *specialci*, gli arruolatori che cercavano volontari per corpi paramilitari d'assalto come le Aquile bianche, o le Tigri del leggendario comandante Arkan. Non guadagnavano soltanto gloria: erano pagati bene e ostentavano il lusso. Gente che girava su moto potenti, occhiali a specchio e sciarpe colorate al collo, bandane e divise fantasiose e personalizzate, ben lontano dall'anonima uniformità dei reparti ordinari. Darko non era uno sprovveduto, però: a lui quei tatuaggi in stile *metal*, quei muscoli da Rambo lustrati e ben esposti non davano brividi. Era chiaro a tutti che quelli guadagnavano il loro soldo con il bottino, che la prima linea, il sangue dei civili e il saccheggio erano l'altra faccia di quella specie di vita inimitabile. Quelli non avevano valori, non erano soldati veri. Una razza di predoni con carri armati e artiglieria pesante, come i gruppi tattici regolari. Mercenari. Gente con il gusto della rapina e dello stupro.

L'età dell'innocenza di Darko, una progressiva innocenza militare, si era chiusa con il ciclo dell'addestramento. «Snajperista»: all'inizio sembrava un mestiere, un incarico dotato di un senso. Lui avrebbe aperto la strada ai suoi compagni, lui avrebbe protetto quelli che correvano nel fango, lui era la prevenzione. Sembrava un lavoro.

Poi erano cominciati ad arrivare i carichi. Autocarri carichi di gambe e di braccia, ma niente piú domande. Uno lo conosceva, si chiamava Zoran, un ungherese di Novi Sad. Lo avevano aperto con armi da taglio, dall'inguine alla pappagorgia. Se ti ammazzano perché sei un serbo, se ti squartano perché sei un serbo, allora serbo diventi. Zoran, l'ungherese, lo avevano ammazzato perché era un serbo. Di giorno si andava nei villaggi, puzza di cadaveri, montagnole fatte di membra umane, quelli li avevano fatti a pezzi, non volevano serbi sulla loro nuova, pulita, chirurgica Croazia... Quelli si annidavano nei villaggi, con i denti lucidi e i coltelli pronti, affamati di carne serba. Darko, per la prima volta, era serbo, Darko era un serbo. Era lui che volevano. Darko si chiedeva se si sarebbero fermati da qualche parte, se lo avrebbero cercato anche in casa, se volevano anche sua madre o le sue donne. Aveva paura, come tutti. Nelle tende tutti erano nervosi. Quando cominciarono le piogge erano già andati all'assalto almeno due o tre volte, gente del 31esimo era morta, qualcuno sotto gli occhi di Darko, nelle brandine del reparto sanità. Uno che progettava di scappare in Ungheria per fare sesso durante una licenza. Era morto tutto sudato, guardando Darko con la faccia di quello che non ha capito lo scherzo. Pioveva tutti i giorni adesso, e l'obiettivo era chiaro. Si chiamava Vukovar, la tana dei lupi, la città barocca dove avevano cacciato tutti i serbi nelle cantine e li avevano fatti a pezzi con i coltelli, il balcone sul Danubio, affacciato sulla Vojvodina, su casa.

Non era per Milošević, adesso, o per le belle frasi dei generali e dei pope, non era per quella pagliacciata delle ossa del principe morto, né per le foibe. Era per il fegato di Zoran, l'ungherese, aperto da sotto in su perché era un serbo. Non era per il *Libro di Milutin*, per vendicare generazioni travolte dagli eserciti stranieri o per i cinquecento anni di dominio turco, non era per lo sfruttamento titoista o per il tributo di sangue nelle guerre mondiali, era per l'ungherese, ammazzato come un serbo, per le sue budella ancora calde. Era per paura.

E che cos'è quel cosino piccolo piccolo? Un ragazzino. Il primo fa male, fa male fin dentro il cuore, nella carne. Devi sparare senza guardarlo e poi cercare subito un altro obiettivo. Per questo i cecchini ammazzano prima il figlio e dopo, solo dopo, la madre. Per
avere un altro obiettivo per staccare l'oculare dal bimbo, per distrarsi. Proprio i bambini sono l'obiettivo.
La tecnica si chiama «corona»: Darko e gli altri facevano la «corona» ai villaggi. A Vukovar i serpenti sbu-
cavano dalle fogne, erano diavoli con la faccia nerofumo che salivano dal sottosuolo, incubi notturni imbat-
tibili nella guerriglia, a caccia di ragazzi di leva, prede
facili e molli per quei mostri onnipotenti. L'esercito federale era inchiodato fuori Vukovar da mesi, impotente
con le sue artiglierie, forse gli ufficiali esitavano a bombardare una città jugoslava, forse là dentro tenevano i
serbi inchiodati come ostaggi in qualche cantina. Falco si chiamava il loro capo, Darko avrebbe dato l'anima al diavolo per avere *Jastreb*, il falco, Mile Dedaković nell'oculare del fucile. Ma il suo mestiere erano gli
ospedali e le scuole. Occhio per occhio. A Borovo Naselje quarantun bambini serbi sgozzati nell'asilo, neanche un croato... I diavoli di Vukovar erano invincibili
perché nei villaggi si nascondevano i rinforzi, perché il
canale con Zagabria, la capitale dei secessionisti croati, era aperto, assicurato, attraverso le campagne. Era
lí che Darko e i suoi compagni dovevano intervenire,
per tagliare quel filo. Facevano la «corona» ai villaggi.
A Borovo erano entrati senza prevenzione e li avevano massacrati, i ragazzi. Non ci si poteva infilare in
quel serpentaio senza la «corona». Allora Darko e quelli come lui trovavano un'altura, un albero, un nido e si
mettevano lí a pungere. Mentre l'artiglieria martella-
va il villaggio, il loro compito era colpire in maniera sistematica gli obiettivi deboli. Guerra psicologica, si
chiama: riduce la volontà di difesa del nemico, anneb-
bia i suoi riflessi, toglie lucidità al mostro. Non devi
fermarti mai, spara sull'asilo, colpisci i bambini dalla
finestra, punta l'ospedale, va bene un vecchio, ma non

fermarti ai vecchi, pensa a Zoran, a Zoran, pensa a Zoran... E uno dopo l'altro i villaggi cadevano, per i topi di Vukovar si avvicinava la resa dei conti, mentre l'estate diventava un ricordo, arrivava il freddo, ottobre marciava.

Darko parlava nel sonno, gridava. Non era l'unico, lo facevano in tanti nelle tende. La notte in branda era quasi peggio delle giornate in appostamento, anche di quelle con la pioggia. Ci voleva un calmante, lo dicevano anche i compagni, non si può mica dormire cosí. E poi la paura, una paura maledetta, di giorno e di notte. Forse con l'eroina cominci per la paura, non per il rimorso. Agli ufficiali non dispiace, obbedisci meglio e di piú con la scimmia, poi ne hai sempre bisogno, va bene tutto per averla, anche sparare ai bambini, e se ammazzi bambini – c'è anche chi lo fa da vicino, Darko no – non puoi farne a meno la sera. Di giorno ti serve la coca, una tirata e le cose scorrono via lisce, il maledetto tramonto arriva prima, ma poi sei in palla, non dormi, schizzi come in un flipper e una Roipnol non basta. L'alcol non basta. C'era un capitano vecchio stile, che diceva che un soldato non è un soldato senza grappa nel sangue. Ma la grappa non basta. C'erano dei compagni che erano già tossici prima e droga ne è sempre girata, anche in camerata, al Centro. Qui i piú svegli dicevano che a fornirla erano gli ufficiali medici, ma quelli non sono idioti: un medico resta freddo, se lo ricorda, lui, che la guerra finirà. E allora è meglio non farsi trovare dal mondo nuovo con addosso la fama del *pusher*. Semplicemente la roba c'è. Basta pagare. Quasi mai un'astinenza, la scimmia si fa sentire, ma roba ne trovi sempre, quasi sempre. C'è chi va in città a prenderla, con le buone o con le cattive.

Darko sapeva amministrarsela, la roba. Ne comprava sempre un po' di piú, per rivenderla al campo e rientrare con i soldi. Mai troppa però, perché un debito sulla linea del fronte è piú pericoloso di una pallottola. Darko è un ragazzo intelligente, anche con la scimmia addosso. Tanti si facevano le pere anche al mattino,

poi andavano come zombie. Ma nessuno voleva stare
di fianco a quelli quando cominciava il ballo, perché
sbagliavano, sbagliavano tutto: loro sbagliavano e tu
crepavi. Darko, poi, non poteva permetterselo. Per lo
«snajperista», meglio la coca, le amfetamine. L'eroina
solo la notte. Non c'era piú tempo per il branco, per le
fughe in città, e delle donne non si aveva neppure piú
voglia. La notte quando non combatti serve per dormire. Darko ridacchiava: «In fondo sono diventato
normale. Di giorno lavoro, la notte dormo». Dopo la
«corona» si entra nel villaggio. Se sei «pieno» sei disposto a tutto, se non lo sei hai paura degli altri. E poi
le tasche dei morti sono sempre piene, chissà perché.
Di soldi ne hai bisogno, sempre, e non solo per le droghe. L'artiglieria continua a martellare, e tu vai nei ne-
gozi, nei supermercati, nelle case, mentre tutti scap-
pano: nel casino è piú facile rubare. Ci sono anche quelli che si sono ammazzati fra loro per ripulire un
cadavere.

Darko, se poteva, non andava nel villaggio. Lui i soldi se li procurava in modi piú puliti. Se poteva.

Forse avrei dovuto tacere, ma gli chiesi: «A Vukovar ci sei entrato?». «Sí», rispose. Ma non disse altro.
Piano piano, Darko incominciò a piangere, senza far
rumore. Non era passato molto tempo da quando eravamo usciti dall'università, il convegno forse non era
neanche finito, ma Darko piangeva e non parlava piú.
Dragana e io non ci guardavamo neppure in faccia.
Avremmo voluto che smettesse. Vukovar non la presero i «regolari» dell'armata. A Belgrado il genio della guerra e della pace, Slobodan Milošević, aveva avuto un'idea. Ai paramilitari di Arkan e Šešelj, alle «tigri» e alle «aquile» furono date armi pesanti e un
compito preciso. I soldati dell'armata entrarono in città
solo dopo che la resistenza croata era stata spezzata dai
mercenari, dopo che Vukovar era caduta. Quello che
videro è noto. Era il 17 novembre del 1991, il lungo
assedio era finito. La città era una fangaia e la puzza

di morte, dicono, non se ne è mai piú andata. C'è chi ricorda un juke box incantato con la musica di «Twin Peaks» che gridava dalle macerie di un bar, senza che il silenzio ne fosse attenuato.

Il convegno era finito, credo. Non era ancora ora di cena. Gli accademici italiani si stringevano commossi agli sfortunati colleghi travolti dalla guerra. Faceva freddo. Darko non parlava piú.

C'erano voluti 20.000 uomini, centinaia di carri armati, migliaia di morti che poi sarebbero stati nascosti dai governi dei loro paesi. Dopo la caduta di Vukovar, Darko fu mandato a Belgrado dove fu esaminato dall'Accademia sanitaria militare che lo giudicò inadatto al combattimento a causa dei disturbi psichici. Slobodan Milošević dal suo balcone televisivo annunciava che la guerra con la Croazia era agli sgoccioli. Le zone dell'antica frontiera militare fra i turchi e gli Asburgo erano saldamente in mano serba ed era stata proclamata l'indipendenza da Zagabria. Darko restò qualche settimana a Belgrado, a cercare la roba da tirarsi in vena, poi decise di tornare a casa. Resistette poco nella sua città. C'erano state le elezioni, aveva vinto il partito radicale di Šešelj, le «aquile bianche» in versione doppiopetto, e la città era invasa da fighetti che non avevano mai tenuto un fucile in mano, esaltati dal clima nazionalista che la Vojvodina non aveva mai conosciuto. Andavano in giro e promettevano purghe a tutte le minoranze: «ora che abbiamo finito con i croati, tocca agli ungheresi». Cioè a quelli come Zoran, ammazzato perché era serbo. Pensò di ammazzarli tutti, quei fighetti. Ma erano troppi, da solo non poteva. Proprio cosí, mi disse: nessuno scrupolo morale, solo un calcolo di forze in campo. Darko scelse la fuga impossibile. All'inizio fu Budapest, poi Trieste, chissà perché. Adesso era qui con un lavoro nero, soldi da mandare a casa in maniera anonima, la dose, l'ultima possibilmente, come obiettivo.

Era tardi, mi venne in mente che la sera c'era una

riunione importante del comitato per l'accoglienza dei profughi. Gli offrii un passaggio a casa, in periferia. Darko mi chiese qualche informazione sul comitato, gli dissi che la maggior parte degli accolti erano musulmani bosniaci. «Già – disse – loro non hanno dove andare. Io non ho niente contro i musulmani, ma neanche contro i croati a dire la verità». Accettò il passaggio. Vide il seggiolino sul sedile posteriore, si fermò, mi guardò con una faccia strana: «Hai un figlio?». «Sí, una bambina di un anno». «Come si chiama?». «Elena». «E tu stasera devi andare alla riunione?». «Eh, sí». «Non riesci mai a vederla tua figlia, vero? Lei cresce e tu non la vedi. Vero?». «Sí, è cosí». Gli si annebbiò di nuovo lo sguardo. Mi abbracciò complice: «Siamo maledetti, eh?».

Vukovar 1991.

Il 21 novembre, quattro giorni dopo la resa della città, le porte di Vukovar si aprono alla stampa internazionale: i giornalisti vengono accompagnati da ufficiali dell'armata federale in visita alla prima città europea distrutta dopo il '45. Né gli uni né gli altri sanno quale spettacolo li aspetta.

Non erano, forse, quei militari dell'esercito federale, uomini «giusti», ma davanti al racconto di quella giornata, allo sbigottimento dei soldati regolari serbi al loro ingresso nella città espugnata dalle milizie mercenarie di Arkan e di Šešelj, è difficile non pensare al «confuso ritegno» che sigillava le bocche dei primi soldati russi che entrarono nel lager di Buna Monowitz, cosí come è raccontato nelle prime pagine della *Tregua* di Primo Levi: «La vergogna che i tedeschi non conobbero, quella che il giusto prova davanti alla colpa commessa da altri, e gli rimorde che esista, che sia stata introdotta irrevocabilmente nel mondo delle cose che esistono, e che la sua volontà buona sia stata nulla o scarsa, e non abbia valso a difesa».

La commissione dell'Accademia medica militare di Belgrado che dichiarò Darko inabile al combattimento a causa dei traumi psichici esaminò 7109 soldati emettendo un verdetto analogo per 1135 e dichiarando che disturbi psichici erano insorti nel 26 per cento degli esaminati. In *L'esplosione delle nazioni* (Feltrinelli 1993), Nicole Janigro descrive il caso classificato con il numero 1 nel rapporto dell'Accademia militare: «Aleksandar, 19 anni, ha partecipato per due mesi alle battaglie strada per strada. Quando, dopo il controllo di una casa abbandonata, è sceso in cantina... ha visto uno spettacolo che lo ha fatto uscire "fuori di testa": sulla parete interna era inchiodato il corpo di un uomo adulto, mentre sul tavolo, a metà del locale, giaceva il corpo massacrato di una ragazzina che poteva avere dodici anni – i suoi

occhi stavano nel bicchiere accanto. Il giovane ha memoriz-
zato ogni particolare, come se avesse "una fotografia davanti
agli occhi" e si stupisce della precisione del ricordo, perché,
dice, in quel momento "ho smesso di pensare, ho smesso di
esistere"».

La guerra. La storia di Darko si snoda sullo sfondo dell'assedio di Vukovar (agosto-novembre 1991), culmine della
guerra fra la Croazia e quanto rimaneva della Federazione
jugoslava dopo la dichiarazione di indipendenza delle repubbliche settentrionali (la stessa Croazia e la Slovenia).

Sul piano militare, la crisi fra la Croazia e la Federazione
raggiunge il suo punto critico nell'estate del 1991, ma la tensione è già alta almeno dalla primavera precedente quando
(aprile 1990) le elezioni politiche in Slovenia e Croazia sono vinte a grande maggioranza da raggruppamenti naziona-
listici che non nascondono la volontà di secessione nei confronti di Belgrado. Nel corso dell'anno, le elezioni in tutte
e sei le repubbliche jugoslave (oltre alle due citate, Serbia,
Montenegro, Macedonia e Bosnia-Erzegovina) faranno registrare analoghi trionfi dei partiti irredentisti, in generale
forze di opposizione con la sola eccezione della Serbia, dove le parole d'ordine nazionaliste sono la bandiera del partito al potere, guidato da Slobodan Milošević.

La crisi ha origine nei territori della cosiddetta Krajina di
Knin, abitati da una popolazione a netta maggioranza serba, parte della Croazia secondo i confini stabiliti dalla Costituzione titoista del 1974. Si tratta di regioni dove la presenza serba risale alla seconda metà del XVI secolo, quando
l'impero absburgico vi deportò centinaia di migliaia di guerrieri serbi con le loro famiglie per rafforzare la frontiera con
l'impero turco. La regione è nota, infatti con il nome di *Vojna Krajina*, che significa appunto «frontiera militare».

La Krajina croata fu, durante la seconda guerra mondiale, il principale teatro della campagna di sterminio condotta dallo «Stato indipendente di Croazia» (proclamato nel
1941 dal movimento filonazista degli ustascia, gli «insorti»,
guidati da Ante Pavelić) ai danni della popolazione serba oltre che di zingari ed ebrei, e il principale serbatoio di reclu-
tamento per la resistenza titoista. Nel 1990 la vittoria elettorale di un partito – l'Hdz (Comunità democratica croata)
del futuro presidente croato Franjo Tudjman – che non rin-
nega l'eredità storica del movimento ustascia e anzi ne ri-

pristina in gran parte simboli e valori, fornisce alimento all'estremismo separatista serbo. La radicalizzazione nazionalista fa comodo tanto al regime di Zagabria, in cerca di una nuova legittimità antijugoslava, quanto a quello di Belgrado, che fa dei cosiddetti *prečani* (i «fuoriusciti», ovvero i serbi che vivono fuori dai confini della repubblica di Serbia) il perno della sua propaganda nazionalista.

Nonostante alcuni incidenti, la tensione serbo-croata, nel 1990, si traduce per lo piú in mosse politiche o di guerra economica. Serbia e Croazia si danno nuove costituzioni e, se quella serba abolisce le autonomie delle regioni di Vojvodina e Kosovo (amministrativamente serbe, ma a maggioranza non serba), quella croata non è meno minacciosa nei confronti delle minoranze nazionali. L'articolo 1 recita: «La Croazia è la repubblica dei croati». Il 23 dicembre, due giorni dopo l'entrata in vigore della nuova Costituzione, i serbi della Krajina di Knin convocano unilateralmente un referendum per l'indipendenza da Zagabria. Sono vietate tutte le manifestazioni pubbliche. Sparatorie si ripetono nel corso dell'inverno. I primi morti ufficialmente censiti sono due poliziotti croati uccisi a Plitvice il 30 febbraio del '91. Il 19 marzo Milan Babić, dentista di Knin, leader secessionista e futuro presidente, proclama la sua «Repubblica serba di Krajina». È un atto di guerra, a cui fa seguito, nella settimana successiva, l'organizzazione di presidi armati nelle strade di tutta la regione e nelle stazioni ferroviarie.

Per quanto riguarda la Slavonia – la regione orientale, al confine con la Serbia, in cui si trova Vukovar – il primo innesco è la strage di Borovo Selo, un piccolo villaggio dove il 2 maggio quaranta poliziotti croati, all'insaputa dei loro superiori, assaltano un gruppo di separatisti serbi asserragliati nella stazione di polizia con due ostaggi (due agenti croati che il giorno precedente avevano tentato di ammainare la bandiera jugoslava). Nello scontro dodici poliziotti vengono fatti prigionieri: i loro corpi, mutilati e torturati, saranno restituiti pochi giorni piú tardi. In tutta la Croazia, ormai, sparatorie e attentati dinamitardi sono all'ordine del giorno.

Il 25 giugno 1991 è il giorno della svolta: viene dichiarata ufficialmente dai parlamenti di Slovenia e Croazia l'indipendenza. Il 26 entrano in gioco le armi pesanti: a Glina, sudovest di Zagabria, milizie serbe attaccano la stazione di polizia con mortai di grosso calibro. L'armata federale interviene impedendo la replica croata, senza disarmare i separatisti.

L'attenzione internazionale si sposta però sulla Slovenia, dove le truppe federali si scontrano con la difesa territoriale locale in scaramucce di esigue proporzioni, gonfiate dalla propaganda slovena e dal bisogno di spettacolo della stampa mondiale. La cosiddetta «guerra in Slovenia» avrà un bilancio definitivo di 17 morti e 149 feriti per la parte slovena e 37 morti e 163 feriti per l'armata jugoslava. La prima vittima è il pilota di un elicottero federale abbattuto dalla Guardia slovena: un ragazzo sloveno di leva. Che nel progetto nazionalista granserbo non rientri la Slovenia e che la guerra non interessi al regime di Belgrado lo dimostra la seduta del *plenum* federale del 29 giugno, quando con sorpresa di tutti è proprio la Serbia, facendo uso del diritto di veto, a opporsi all'invasione della Slovenia. Il 2 luglio, tuttavia, lo stato maggiore federale proclama ufficialmente lo stato di guerra. Sei giorni piú tardi, con l'accordo di Brioni è sancita la sospensione per tre mesi delle indipendenze e ha fine la «guerra in Slovenia».

L'armata federale si ritira dalla Slovenia attraverso il territorio croato (ma imponenti colonne corazzate hanno mosso anche da Belgrado, attestandosi al confine orientale della Slavonia croata e l'intero apparato militare federale nei territori settentrionali della Bosnia è rafforzato e in stato di allerta): inizia un'altra, stavolta autentica, guerra. Il 13 luglio una compagnia-carri federale apre il fuoco contro la Guardia croata a Kraljevćani in Banija – è il primo intervento ufficiale dell'armata a fianco dei serbi – e il 26 si registrano i primi bombardamenti aerei sulle cittadine croate di Erdut e Bogaljevići. Il mese di agosto è un mese di stragi e battaglie campali. Si assiste all'esodo in massa dei croati dalla Krajina di Knin e, il 4 di agosto, al primo episodio di «pulizia etnica» in grandi proporzioni: a Dalj 180 croati si rifugiano nella chiesa locale, tra loro Stjepan Penić, cronista del quotidiano croato «Glas Slavonije». I serbi intimano la resa, un primo gruppo di sessanta persone esce dalla chiesa ed è trucidato sul posto. I rimanenti vengono portati nello stadio e fucilati. I loro corpi restano per tre giorni in vista e vengono poi bruciati. Il 18 agosto, non lontano da Dalj, ha inizio l'assedio di Vukovar. Il confronto fra Croazia e Federazione ha assunto le forme di una guerra campale.

Interludio internazionale. Il 6 settembre 1991, diciannove giorni dopo l'inizio dell'agonia di Vukovar, prendono avvio i lavori della Conferenza internazionale di pace presieduta da Lord Carrington all'Aia. La diplomazia tedesca presenta un piano di pace che prevede il riconoscimento simultaneo dell'indipendenza delle sei repubbliche che compongono la Federazione e una soluzione di tipo confederale. È la Francia, nella persona del ministro Lyotard, a opporre il veto, con l'appoggio immediato del rappresentante inglese. La trattativa si riaprirà sull'ipotesi della sola indipendenza di Slovenia e Croazia. Un regalo al presidente serbo Milošević, la cui autorità sulle restanti repubbliche viene con ciò legittimata in un consesso internazionale. Da quel momento in poi le repubbliche centromeridionali si vedono consegnate a Belgrado, prive dell'elemento tradizionale di bilanciamento costituito dalla seconda etnia dello spazio jugoslavo, quella croata. Il senso del veto anglo-francese è di contrastare gli interessi tedeschi nell'area: la Germania, con forti investimenti nelle repubbliche secessioniste, con l'apertura di linee di credito privilegiate, con accordi di scambio commerciale, sembra aver creato un nuovo mercato che permette di attutire lo *shock* economico causato dalla riunificazione con la Germania dell'Est (fra l'altro individuando acquirenti per l'enorme *surplus* di produzione bellica delle industrie militari della Ddr). Si tratta di un modo di aprire mercato, favorire circolazione del denaro e creare occasioni di investimento analogo, anche se meno pacificamente controllabile, a quanto già realizzato in altre macroregioni ai margini dello Stato tedesco, come la Repubblica ceca o i paesi baltici. L'esplosione di una guerra appare al governo tedesco contraria ai propri interessi egemonici nell'area balcanica. Da questo momento in poi, nell'area balcanica si gioca anche una partita per la supremazia economica all'interno della Comunità Europea che si avvia a diventare Unione Europea: Londra e Parigi si assicurano rapporti altrettanto stretti con la Serbia, che sostengono economicamente e finanziariamente. Slobodan Milošević e, successivamente, i suoi emissari nelle repubbliche circostanti sapranno ben mettere a frutto questo rapporto privilegiato con i paesi più influenti nell'Europa Occidentale, nonché principali finanziatori (e quindi decisori privilegiati) di quelle che saranno le «missioni di pace» Unprofor, Uncro, eccetera, negli anni di guerra. Sul piatto si getta anche la diplomazia russa che vede

nell'asse privilegiato che la questione jugoslava le crea con
Londra e Parigi la possibilità di una non inedita (si pensi alla I guerra mondiale) alleanza con alcune potenze europee,
di un ingresso in grande stile nello scacchiere europeo e di
una messa nell'angolo, in questa parte di mondo, della diplomazia americana. Sono poste le premesse per l'utilizzo
spregiudicato della presenza Onu in quest'area.

Vukovar. La battaglia di Vukovar dura tre mesi e segna il
record di diserzioni nella storia dell'esercito jugoslavo: la
stessa durata dell'assedio è stata attribuita all'incertezza di
ufficiali ancora troppo legati al modello federale di difesa
per accettare di radere al suolo una città jugoslava. Oltre che
alla disperata difesa organizzata dagli estremisti delle Forze
di liberazione croate (Hos), ala militare del Partito dei diritti (Hsp) di tendenza neoustascia guidato da Dobroslav Paraga. Costoro, comandati dal colonnello Mile Dedaković,
detto «Falco» (*Jastreb*), e riuniti in unità dai nomi non meno fantasiosi di quelli degli omologhi di parte avversa (*Black
mamba* e *Rangers*, contro *Tigri* e *Kninja*) ottengono un tributo impressionante in vite umane dall'esercito assediante,
con l'impiego sistematico di cecchini e con una strategia di
guerriglia urbana favorita dalla perfetta conoscenza della rete di tunnel del sistema fognario e di irrigazione della città.
Il 10 ottobre si verifica la piú massiccia offensiva serba: una
colonna carri muove a grande velocità e sorretta da un fuoco di sbarramento senza precedenti verso il centro della città.
Sono bloccati tutti i convogli umanitari diretti a Vukovar.
L'offensiva fallisce. Il 3 novembre otto carri fanno breccia
nella difesa croata, ridotta a quattrocento uomini. I serbi
conquistano definitivamente i quartieri periferici di Luzac
e Badak. Il giorno successivo, con una sortita fulminea, gli
uomini del Falco Dedaković uccidono un generale di corpo
d'armata serbo: sarà il piú alto ufficiale a cadere sul campo
jugoslavo.

Ma le forze dei difensori sono agli sgoccioli e all'armata
federale, nella cintura della città, si sono ormai sostituite le
truppe mercenarie di Željko Raznjatović-Arkan e di Vojislav
Šešelj, armate ed equipaggiate da Belgrado con artiglieria e
carri come i reparti regolari. Il 17 novembre le «tigri» e le
«aquile bianche» serbe entrano in città travolgendo l'ultima
resistenza degli estremisti croati. Nell'offensiva finale muovono 500 carri armati e 250 pezzi di artiglieria in appoggio

a un contingente di 40.000 uomini fra regolari e mercenari. La città è presa.

All'alba del giorno successivo 261 cittadini «non serbi» ricoverati nell'ospedale della città vengono prelevati a gruppi di dieci o venti, picchiati e poi uccisi da miliziani. Per questo episodio il Tribunale dell'Aia incriminerà tre ufficiali e il futuro sindaco serbo di Vukovar, Slavko Dokmanović.

Il giorno 20, invece, viene diffusa, quasi a contrappeso, la storia del ritrovamento dei corpi di 41 bambini serbi sgozzati nell'asilo di Borovo Naselje, a poca distanza da Vukovar. La notizia è data dall'agenzia Reuter e fa il giro del mondo. Successivamente si rivelerà una montatura: viene smentita da Belgrado e poi anche dalle fonti indicate dalla Reuter. Lo stesso fotografo serbo che l'aveva diffusa ammette di non aver visto niente. Nonostante questo, Raidue manderà in onda una puntata di *Mixer* sul «massacro» di Borovo Naselje. Il giorno successivo, militari federali accompagnano i giornalisti nella città conquistata, secondo un rituale che non si ripeterà più nel corso delle guerre jugoslave. Come si è detto, al momento di entrare in città neanche gli ufficiali dell'armata hanno idea di che cosa abbiano compiuto le milizie mercenarie. Con l'eccezione di alcuni uomini già fedeli alla causa serba piuttosto che a quella federale, come il colonnello Milan Gvero, futuro numero due dell'esercito serbo-bosniaco comandato da Ratko Mladić.

Il 24 novembre viene arrestato a Zagabria nientemeno che Mile Dedaković, il Falco. Per molti è una mossa di Tudjman per delegittimare la protesta dei reduci della «Stalingrado croata» che ritengono di essere stati venduti dal loro governo ai serbi, in cambio di territori in Erzegovina. La protesta continuerà per anni con periodiche manifestazioni a Zagabria. Il governo croato diffonde la cifra di 1700 caduti per la parte croata a Vukovar. Stranamente, le cifre risulteranno in seguito sottostimate fino a un quarto delle perdite reali.

Con l'orrore di quei giorni a Vukovar si segna una strada senza ritorno per la stessa armata federale che perde anche la residua apparenza di neutralità ed è forzata a schierarsi apertamente con i serbi. Nei giorni successivi, caduta Vukovar, l'esercito croato è del tutto annullato, impossibilitato a organizzare qualsiasi difesa, la città di Osijek è totalmente sguarnita. Il generale Panić, fra i responsabili delle operazioni in Slavonia e futuro comandante dell'armata federale, chiede l'autorizzazione a marciare su Zagabria sostenendo che la missione può essere portata a termine in 48 ore: «Se il nostro compito è difendere la Jugoslavia dobbiamo proseguire». «Noi non abbiamo a che fare con i territori popolati da croati – sarebbe la risposta di Milošević – il nostro compito è proteggere i serbi».

Dopo. Quattrocento anni. Tanto è durata la presenza serba nei territori della Vojna Krajina. Dopo quattro anni dalla battaglia di Vukovar, parte la riconquista croata della «frontiera militare» absburgica. Dopo una prima operazione croata a maggio in Slavonia occidentale che provoca una rappresaglia missilistica su Zagabria, all'alba del 4 agosto 1995 l'esercito croato, addestrato da esperti americani, muove da sud, da nord e da ovest contro i secessionisti serbi della Krajina di Knin, appoggiato da Oriente dal Quinto corpo bosniaco che attacca dall'interno dell'area assediata di Bihać. Alle quattro del mattino le truppe croate partono a ritmo di corsa da Drniš, in Erzegovina, verso Knin e da Karlovac verso la Lika e i laghi di Plitvice: conquisteranno in meno di 32 ore un territorio montagnoso coperto di foreste inestricabili dove neppure la potenza tedesca nel '41 ebbe il coraggio di entrare. L'intero sistema di telecomunicazioni serbo è messo a tacere da strategie di «guerra elettronica» messe a punto dagli americani. Knin, la capitale secessionista, cade il giorno successivo; i serbi fuggono da tutti i territori conquistati in Croazia nel 1991 (con l'eccezione di Vukovar e della Slavonia orientale). Una fiumana di profughi (stimata in 120.000 persone) muove verso la Bosnia settentrionale e la Serbia. Sono segnalati episodi di violenza ai danni delle colonne di profughi che passano attraverso il territorio croato. Il mediatore Ue Carl Bildt dichiara che si tratta della più grande catastrofe umanitaria in Europa dopo la seconda guerra mondiale. Viene proposto e avviato un ponte aereo per gli aiuti ai profughi serbi. Ma è proprio la repubblica madre, la Serbia, a chiudere la frontiera impedendo l'accesso a gran parte dei fuggitivi che si riversano nelle città bosniache conquistate nel '92. La conseguenza è una nuova ondata di pulizia etnica contro i pochi croati e musulmani rimasti nella Bosnia settentrionale, per far posto ai profughi in arrivo: una massa di persone si riversa sulle rive del fiume Sava nella speranza di passare la frontiera con la Croazia. I croati concedono il transito solo ai bosniaci di religione cattolica: centinaia di musulmani restano sulla sponda serba, di loro si perdono le tracce. Nei mesi successivi, in tutti i territori riconquistati, i croati scateneranno una vera e propria caccia al serbo: a decine saranno segnalati episodi di violenza e omicidi ai danni di anziani serbi rimasti nella regione «liberata». Su questo massacro sottaciuto esiste un libro straordinario: *Croazia, Operazione Tempesta*, di Giacomo Scotti (Gamberetti 1996).

I personaggi. Tra i protagonisti della tragedia di Vukovar spicca la figura sinistra di Željko Raznjatović, il «comandante» Arkan (in turco «l'intoccabile»).

Pasticcere e leader dei tifosi della «Stella rossa» di Belgrado, incarcerato a San Vittore a metà degli anni '80, dove organizzò anche una rivolta dei detenuti, Raznjatović è certamente legato a importanti ambienti mafiosi, con cui è venuto in contatto in seguito all'attività spionistica svolta prima nei servizi federali e poi per conto tanto dei serbi quanto dei «nemici» croati . La figura di Raznjatović è centrale tanto nell'organizzazione del traffico d'armi internazionale quanto in quello di droga. Legato a filo doppio al leader supremo, Milošević, Arkan è comproprietario di numerose imprese a capitale pubblico e privato e di importanti istituti di credito. In affari con il miliardario molisano Giovanni Di Stefano, ha finanziato con un miliardo di lire la fondazione (da parte di quest'ultimo e dell'ex sindaco di Taranto Giancarlo Cito, inquisito per mafia) della «Lega Sud», nata ufficialmente per contrastare le spinte secessioniste di marca bossiana. Arkan annuncia che a disposizione della «Lega Sud» ci sono «30.000 uomini armati e addestrati in Bosnia». Piú che a una sparata da Rodomonte, vien fatto di pensare a una sorta di messaggio pubblicitario criptato per clienti interessati ad acquistare armi ed equipaggiamento. Le tigri di Arkan – carriere veloci e morti improvvise intorno ai trent'anni – costituiscono oggi a Belgrado la piú influente organizzazione criminale.

Del «Falco» Dedaković si parlerà ancora. La sua figura enigmatica risulta piú volte d'intralcio al potere di Zagabria che ne fa uso clandestinamente ma non esita a sconfessarlo pubblicamente. Il 22 novembre 1991 vengono arrestati a Zagabria Dobroslav Paraga – leader del Hos – e il suo con-

sigliere Milan Vuković, con l'accusa di insurrezione armata
contro l'ordine costituzionale. Manifestazioni di solidarietà
con Paraga scattano in tutto il paese. Gli Hos – nerbo della
difesa di numerose piazze di guerra – minacciano di abbandonare i combattimenti. I due vengono rilasciati dopo poche ore. Ma appena due giorni piú tardi (a una settimana dalla caduta di Vukovar) Dedaković, l'eroe, è arrestato con l'accusa di arricchimenti illeciti durante l'assedio. Le
sollevazioni popolari gli varranno un sorta di libertà provvi-
soria che Dedaković impiegherà per azioni sotto copertura
nel quadrante strategico dell'Erzegovina occidentale. La sua
accusa al Governo di aver venduto Vukovar è sostanziata
dagli accordi piú o meno segreti fra le diplomazie serba e
croata e da un episodio raccontato da Paolo Rumiz nella *Linea dei mirtilli* (Ote-Il Piccolo 1993 e Editori Riuniti 1997):
«...il dirottamento sull'Erzegovina delle armi pesanti destinate alla difesa di Vukovar. La città del Danubio non importava agli uomini delle montagne [gli erzegovesi al potere
a Zagabria], che già pensavano alle loro valli. Vukovar cadde nel sangue, e per cancellare le tracce dell'operazione i con-
ducenti dei camion furono fatti sparire». Il 17 ottobre del
1991, infatti, uno scandalo politico fa tremare il governo
Kohl in Germania: i verdi esibiscono le prove di ingenti movimenti di armi pesanti di fabbricazione tedesca verso la
Croazia, destinate a Vukovar. I convogli saranno dirottati,
su ordine del ministro della Difesa Gojko Šušak, a Mostar.
Qui, come in tutta la Bosnia-Erzegovina, non si combatte e
i nemici della Croazia, i serbi, vi sono presenti in misura ir-
rilevante. Il fatto è che l'ala dura croata prepara la guerra
contro i bosniaci musulmani, in vista dell'annessione della
regione di Mostar alla repubblica madre. A Mostar ha sede
il colosso industriale militare Soko, dove è prodotto su licenza francese il *Gazelle*, formidabile elicottero d'attacco in
dotazione alla Nato e attivo sui teatri militari di tutto il mondo. Un boccone decisivo per il futuro della nascente potenza locale con capitale a Zagabria.

Non è la nostalgia della città natale – Mostar – a muovere le azioni di Gojko Šušak, ben descritto da Rumiz: «padrone di una catena di pizzerie in Canada, è ora ministro
della difesa e «ombra implacabile» di Franjo Tudjman. Non
pare che abbia idee strategiche particolarmente folgoranti.
Ma l'importazione delle armi è tutt'ora sotto il suo controllo, e sul commercio di apparecchiature elettroniche il suo

monopolio è assoluto. Non vanta amicizie raccomandabili. Come quella di Branimir Glavaš, il proconsole di Osijek macchiatosi di assassinii politici e della liquidazione di parecchi serbi». È noto come i finanziamenti per la campagna elettorale di Tudjman e per il riarmo del paese siano giunti in gran parte dai clan dell'emigrazione croato-erzegovese stanziati nel continente americano, di cui Šušak è esponente di spicco. Vere e proprie organizzazioni a impianto familistico simile a quello delle *drine* della 'ndrangheta calabrese, questi clan, legati alla classe dirigente del protettorato nazista di Pavelić, dopo il 1945 hanno reinvestito in economia illegale le loro immense fortune, ponendosi come mediatori nei traffici internazionali (soprattutto cocaina) dal continente americano. Sono questi uomini a decidere la politica di potenza di Zagabria, a imprimere la svolta antimusulmana e a ispirare la «pulizia etnica» in Bosnia.

L'ombra piú rilevante che si alza alle spalle di Darko è comunque quella del presidente serbo Slobodan Milošević, la sfinge. Una biografia del presidente serbo, figlio di due partigiani morti suicidi, allievo modello di scuole americane di economia, *businessman* spregiudicato, geniale burattinaio e manipolatore di miti, richiederebbe un volume a parte. Due sono i principali elementi della sua fortuna politica: la costruzione di un consenso di massa basato sulla rappresentazione mitica del passato e l'abilità nel tenere le fila di una rete criminale di grandi dimensioni.

Miti e mitografi. Per quanto riguarda il primo elemento, è universalmente riconosciuta la capacità di Milošević di cavalcare il sentimento – e il risentimento – nazionalista montante, parlando tanto il linguaggio delle masse contadine e proletarie quanto quello dell'accademia, nel caso serbo vero laboratorio del nuovo sciovinismo. Il 24 settembre del 1986 il quotidiano belgradese «Večernje Novosti» pubblica alcuni stralci di un documento che passerà alla storia: il *Memorandum* dell'Accademia delle scienze e delle arti di Belgrado (cui si fa cenno nella storia di Darko). Vi si accusa Tito di attività antiserba e si denuncia l'esistenza di un complotto volto allo sterminio del popolo serbo in Kosovo e in Metohija (regione meridionale della Serbia). Nel documento, che prevede la distruzione della Jugoslavia e comprende analisi sociali ed economiche della crisi, non mancano gli accenti mitologici, e l'attualizzazione del passato remoto: il «popolo celeste» viene chiamato dagli intellettuali dell'Accademia di Belgrado a compiere la sua missione storica di avanguardia della cristianità contro il nemico – turco in primo luogo – reimponendo la propria centralità fra gli Slavi del Sud. Il *Memorandum*, che conclude auspicando la creazione di uno Stato nazionale serbo, diverrà il documento teorico del nazionalismo a venire. Ne sono indicati come autori lo scrittore Dobrica Ćosić e l'economista Kosta Mihajlović, due future colonne del potere di Milošević. Contro il documento si scatena una campagna violenta, sostenuta anche dal presidente della Repubblica serba, Ivan Stambolić, e dal segretario del partito comunista a Belgrado, Dragiša Pavlović, che ne denunciano lo sciovinismo. Paradossalmente si levano in tutte le repubbliche le voci degli intellettuali a condannare la reazione dell'*establishment* socialista contro il *Memorandum*. Milošević, all'epoca segretario della Lega dei comunisti in Serbia, nonostante le richieste del suo padrino politico Stambolić, evita di prendere posizione. Contemporaneamente alla pubblicazione del *Memorandum* inizia la campagna per la riesumazione delle salme dei serbi vittime del massacro ustascia nella seconda guerra mondiale, ancora celati nelle foibe dopo la rimozione delle tensioni etniche del passato voluta dal regime titoista.

Se lo psichiatra Iovan Rašković, direttore dell'ospedale psichiatrico di Spalato e ideologo del secessionismo dei serbi di Knin, morto nel 1992, si vantò di aver «costruito in laboratorio» l'odio razziale fra serbi, croati e musulmani, la responsabilità intellettuale dell'elaborazione dei miti neonazionalisti non può essere fatta ricadere su un solo paio di spalle: quella del nuovo nazionalismo è anche la storia di un'intera classe di potere accademico disposta a molto per condividere con i corridoi della politica una posizione di privilegio. Fra i tanti nomi da citare valgono quelli dello storico Milorad Ekmečić e di altri personaggi minori coinvolti nel risorgimento letterario dell'epica che ha travolto la Serbia negli anni '80, gente come Milorad Pavić o come Vuk Drašković, mediocre romanziere e leader monarchico di estrema destra, rifondatore del movimento cetnico poi convertitosi al pacifismo e oggi discutibile leader, con discutibili compagni, dell'opposizione serba.

Un episodio importante di quella fioritura «letteraria» è

la pubblicazione nel 1984 del romanzo-fiume di Danko Popović intitolato *Il libro di Milutin* (citato nella storia di Darko): la storia di un contadino serbo travolto dalle guerre del ventesimo secolo, best-seller da mezzo milione di copie in cui per la prima volta si parla delle repressioni di Tito contro i contadini, degli aspetti meno gloriosi della guerra partigiana, del massacro di serbi commesso dagli ustascia croati al fianco dei nazisti. Dopo il 1986 il libro verrà acquistato in migliaia di copie dai maggiorenti nazionalisti e distribuito nel corso dei meeting organizzati da Milošević. *Il libro di Milutin* inaugura una stagione di prodigiosa fortuna per l'epica serba, per i cantari popolari e le «saghe» di impronta medievale che invadono il mercato editoriale spianando la strada alla *promenade* delle ossa di Lazar.

Traffici. L'altro terreno di prova del talento di Milošević è l'economia informale, con ampi sconfinamenti nell'illegale e nel criminale. Della Croazia dominata dai clan erzegovesi si è detto, ma di traffici criminali di dimensioni colossali – tanto rilevanti da determinare il corso del conflitto e i suoi schieramenti – si è nutrita in gran misura anche la Federazione serbo-montenegrina.

Nel 1990, con il nome *Prestiti alla Serbia* parte una campagna di massa per il deposito di valuta pregiata a interessi vantaggiosissimi. Nodo dell'operazione è una nuova banca privata, la Karićbank. L'enorme quantità di denaro accumulata, affluita anche dagli ambienti dell'emigrazione all'estero, scomparirà dalle casse, andando a costituire la base dell'immensa operazione di esportazione di capitali e riciclaggio di denaro sporco con cui si finanzieranno, aggirando le sanzioni internazionali, le guerre degli anni successivi. L'organizzazione criminale che gestisce il traffico – sempre piú potente nei corridoi del potere belgradese – costituirà nelle banche cipriote utilizzate per l'operazione un capitale di circa cinquecento milioni di dollari: un bacino per il riciclaggio di denaro proveniente dai traffici di droga di tutte le organizzazioni del Mediterraneo (compresi i croati coinvolti nei movimenti di cocaina) che farà di Cipro uno dei principali paradisi fiscali europei e di Milošević e compagni alcuni dei piú ricchi finanzieri del continente. Contemporaneamente si conquista un posto di rilievo sulla piazza finanziaria serba il gruppo Dafiment dell'ex impiegata Dafina Milanović («il piú grande banchiere della storia ser-

ba», nelle parole di Milošević), che controlla da anni la quasi totalità dei cambiavalute in nero su tutto il territorio federale. Sarà proprio la Dafiment a stampare, su licenza governativa, enormi quantità di dinari con cui alimentare il
cambio nero a tassi gonfiatissimi. L'operazione accelera ver-
tiginosamente l'inflazione, ma garantisce arricchimenti cla-
morosi: gran parte della valuta cosí rastrellata, anziché con-
fluire sul canale cipriota, viene rivenduta sovrapprezzo alle
industrie serbe che ne hanno bisogno per il commercio estero da poco praticabile. Per avere liquidità in valuta pregiata, i gruppi industriali sono disposti a cedere notevoli quote di proprietà alla Dafiment (fra i cui soci si annoverano i
massimi dirigenti politici serbi, compresi Milošević e alcuni
personaggi allora sconosciuti come Željko Raznjatović e Radovan Karadzić). Si realizza cosí il paradosso di un'economia forse ancor piú centralizzata con il nuovo regime di pri-
vatizzazione di quanto non fosse in epoca socialista. Oltre a
Dafiment e Karićbank effettua operazioni del genere anche
la Jugoskandik di Jezdimir Vasiljević, futuro gran controllore del mercato nero sulle merci sottoposte a embargo e im-
portatore di armi da Israele. Si delinea cosí il profilo della
cupola finanziaria che regge il potere di Milošević a tutt'oggi. Gli effetti sulle condizioni di vita della popolazione sono devastanti. Il 28 giugno 1992, in seguito a un clamoroso
crollo in Borsa, la Jugoskandik dichiara fallimento e Vasiljević fugge in Israele. I beni di migliaia di cittadini serbi
svaniscono ancora una volta nel nulla.

Altro cespite prezioso per il potere è il transito di eroina
di provenienza turca attraverso il territorio nazionale. La
droga è una delle coordinate fondamentali della storia di
Darko: la sua presenza sul teatro di guerra non si limita al
consumo da parte dei militari. Il traffico ha un ruolo di primo piano nell'economia – prima di sussistenza e poi in espansione – del conflitto, costituendone a tratti una delle poste
in gioco. Vi sono coinvolte tanto la parte serba quanto quella croata. La maggior parte delle inchieste europee su traffici di cocaina e derivati porta in Croazia, paese che ha fatto
la fortuna di organizzazioni come il clan dei Fidanzati di Cosa Nostra con il socio Felice Maniero a Nordest, di boss come Gian Battista Licata (cittadinanza croata, residenza a
Umago, arrestato) o di strani personaggi vicini tanto a servizi segreti quanto a organizzazioni criminali.

Se la via di terra privilegiata per la penetrazione dell'eroina di provenienza turca in Europa occidentale, la Belgrado-Zagabria, è stata interrotta non tanto dalla guerra quanto dalle pretese croate di lucrare sul transito al pari della «cupola» belgradese, l'asse che collega l'Adriatico ai Balcani del Sud attraverso la regione del Kosovo rimane una delle rotte fondamentali del traffico, garantendo un gettito calcolabile in decine di miliardi di dollari: una ragione non indifferente per spiegare come mai nel Kosovo, culla delle crisi jugoslave, non sia scoppiata la guerra. E una buona spiegazione per l'attaccamento al potere – anche locale o municipale – da parte di *élites* corrotte, disinvolte nel fare affari con apparenti nemici come gli albanesi o con le cosche italiane.

Capitolo secondo
Diversi

«Sono preoccupata. Capisci? È un cattivo esempio anche per Marco. La convivenza fra noi si sta avvelenando. È come se non volessimo affrontare il problema vero e cercassimo mille scappatoie e pretesti per litigare d'altro». L'amica che mi parlava cosí in un pomeriggio d'estate del '96 è una giornalista impegnata da anni in giro per il mondo, attenta ai problemi dell'immigrazione e alle tragedie che molto spesso l'informazione italiana attenua o confonde dietro titoli spettacolari. La casa che divide con il suo compagno è naturalmente aperta agli ospiti piú diversi, luogo di passo per viandanti di ogni parte del mondo. Una casa bella, calda, disordinata e confortevole, annidata dentro un cortile che si apre sulle viuzze a scacchiera della vecchia città romana di Torino. L'amica ha una capacità di accoglienza e di ascolto non comuni a questa latitudine. Le doveva esser sembrato naturale, quindi, offrirsi di accogliere l'uomo ferito e segnato di cui avevamo parlato pochi mesi prima.

Lo avevo incontrato a Travnik, l'antica capitale turca della Bosnia: un uomo silenzioso, mite, dallo sguardo intelligente e dall'ironia bonaria, scuro come un pezzo di carbone e dotato di un fisico imponente, nonostante l'impaccio nel camminare che gli derivava da una misteriosa infermità. Con la moglie aveva gestito un negozio nel centro storico, ma una granata aveva colpito anche quel poco che era rimasto dopo la guerra fra bosniaci governativi e croati in Bosnia centrale. Dalla montagna di Vlašić, gli artiglieri serbi non avevano smesso di sparare neppure in quell'inverno di fame e ghiaccio, fra il '93 e il '94, durante il quale avevano potuto assistere allo spettacolo dei loro vecchi nemici, croati e musulmani, impegnati a scannarsi fra loro. La moglie di quell'uomo mi aveva pregato di fare qualcosa per lui: in quelle condizioni non poteva piú lavorare, la casa dove vivevano con il figlio undicenne e una famiglia di profughi fuggiti dal Nord, dove i serbi avevano completato la «pulizia etnica», era ridotta a pochi muri pericolanti aperti alle correnti d'aria. Aveva danni al fegato, alle reni, le sue ossa scricchiolavano come un vecchio pavimento di legno e in bocca non gli era rimasto un solo dente. Un caso come altre centinaia, a Travnik, di cui avevo parlato quasi di sfuggita tempo dopo all'amica giornalista. Che non era, però, una persona capace di restare indifferente: si poteva organizzare un ciclo di analisi e di cure a Torino, propose, lo si poteva andare a prendere e portare qui, se non altro per capire quali malanni lo affliggessero; magari si poteva trovare un dentista disposto a ricostruirgli la bocca.

Lo portammo via da casa nel marzo del '96. Salutò la famiglia con una cerimonia composta e silenziosa, al figlio scappò qualche lacrima sulla porta del condominio sbrecciato dove si separarono e partimmo. Sembrava ansioso di mostrarsi riconoscente, si comportava con grandissima cortesia e un'ombra di timidezza sulle sue maniere di altri tempi. Sembrava molto calmo. Soltanto a Kamensko, frontiera sassosa d'Erzegovina fra Bosnia e Croazia, una punta di nervosismo lo tradí. Capimmo che era preoccupato, forse addirittura spaventato. Sapevamo qualcosa del suo passato e avevamo ascoltato a Travnik la sua richiesta di essere ammesso come testimone al Tribunale internazionale sui crimini di guerra. La poliziotta croata che aveva controllato i nostri documenti restituí per primo il suo passaporto bosniaco, pregandoci di scusarla se per i nostri ci sarebbe voluto un po' piú di tempo. Questo particolare sembrò scatenare in lui un'irrefrenabile ilarità:

«Voi profughi, io italiano» ripeteva ridendo; «Io regolare, passare, voi restare» diceva, in quell'italiano da
manualetto che si era appicciato in testa dal giorno in
cui gli avevamo confermato per lettera che saremmo
venuti a prenderlo per portarlo a Torino.

C'era un vento forte e intorno a noi soltanto sassi,
il panorama dell'Erzegovina occidentale. Intorno a
quella terra erano fiorite nella vecchia Jugoslavia le barzellette, centrate sul carattere duro e intransigente dei
suoi abitanti, gente di pietra e dagli istinti ferini, secondo i luoghi comuni correnti («Cristo, Cristo, Cristo», ripete un signore sul tram, proprio davanti alla
cattedrale di Zagabria, finché una vecchietta lo sgrida:
«Insomma, la smetta, abbia un po' di rispetto!». L'uomo si scusa e allora la vecchietta, raddolcita, gli chiede che cosa non vada. «Il fatto è – risponde l'uomo –
che domani mia figlia sposa un erzegovese». «Oh Cristo», sbotta la vecchia...). Un vero spauracchio, gli abitanti di quelle terre, per serbi, croati, bosniaci, sloveni, che amavano dire un tempo che non c'è peggior di-
sgrazia di un parente erzegovese, qualunque sia la sua
religione. Lui indicò le pietraie dicendo nella sua lingua: «Non immagini quanto sangue si sia sparso per
questi sassi».

A Torino l'amica giornalista si prese cura di lui pensando a ogni cosa: aveva organizzato tutto per le sue
analisi e contattato il Centro per la Protesi Gratuita,
un servizio volontario che aiuta immigrati e irregolari
dove la Sanità pubblica non arriva. Un medico di sua
conoscenza prese a cuore personalmente il caso del nostro ospite e lo seguí come un medico di famiglia, ac-
compagnandolo attraverso il lungo decorso delle analisi e dei brevi ricoveri di cui aveva bisogno.

I tempi della sua permanenza a Torino, però, si fecero lunghi, piú del previsto. Seppi in vari modi, indirettamente, che la mia amica non era contenta della
convivenza. L'ospite faceva lunghe telefonate a casa,
nelle ore di assenza dell'amica e del suo compagno, mostrava un'inerzia che ai due italiani pareva irritante,

passava le giornate chiuso nella camera che gli avevano preparato a dormire o anche solo sdraiato a fissare
il soffitto. Molta gente ne parlava e ricordo che fui ir-
ritato anch'io quando, durante una seduta di un seminario all'università in cui avevo esposto ad alcuni fra i
presenti la necessità di trovare un nuovo ricovero per
l'ospite di Travnik, mi trovai fra gente che mostrava
di conoscere già tutta la storia e di disapprovare il comportamento dell'uomo. Non mancavano, solleciti e non
richiesti, interventi di conoscenti comuni che sottoli-
neavano il disagio in cui – forse involontariamente –
avevamo gettato l'amica, lasciandola sola con quel peso sempre meno tollerabile. L'uomo non mostrava alcun interesse per nulla di quello che lei gli proponeva,
ma risultava sgradevolmente dipendente da lei e dal
suo *menage* familiare, incapace di sostenersi da solo. Si
rifiutava di incontrare altri bosniaci, di passeggiare per
la città, di prendere qualsiasi iniziativa. Un intero ambiente sociale in città chiacchierava ormai del caso di
quell'uomo inerte e forse un po' opportunista; persino
il «medico di famiglia» mostrava ormai una certa ironia nel riferire che in fondo, a parte i denti e le ossa,
non sembrava soffrire di danni tanto gravi da richiedere interventi chirurgici urgenti. Pensai che quell'uomo mi stava creando un problema, un precedente che
avrebbe reso difficile altre operazioni come quella. Mi
sembrava necessario intervenire, conoscendo la precarietà a cui sono esposte le iniziative collettive di accoglienza.

Volli chiarire la situazione con l'amica che fu gentile, e si mostrò molto meno allarmata di quanto non lo
fossero gli astanti che riportavano a destra e a manca
il suo malessere: disse che non era necessario cercare
altrove, che certo i tempi erano più lunghi di quanto si
fosse pensato, ma lei non aveva intenzione di tirarsi indietro. I problemi c'erano. La bolletta del telefono era
salita oltre i limiti sostenibili dalle loro finanze, ma lei
non voleva mettere in imbarazzo l'ospite con rimpro-
veri che rischiavano di diventare ambigui in una lingua

mal compresa. Piú di tutto le pesava l'inerzia di quell'uomo che si rifiutava di farsi da mangiare da solo, di uscire a passeggio per la città, di andare a cercarsi un giornale o di dare una mano nella conduzione quotidiana della casa: «Quando torno tardi, la sera, lo trovo lí, sdraiato. Non ha mangiato per tutto il giorno e si è guardato bene dal prepararne. Però se io gliene offro non rifiuta. Sembra che lui non possa far niente in casa se non c'è una donna ad assisterlo. Il fatto è che anche Marco sta prendendo la stessa piega, si comporta come lui». Nelle parole della mia amica c'era una sorta di benevola preoccupazione. A disturbarla non era il doversi far carico dei bisogni materiali dell'ospite (cosa a cui era stata in parte abituata dalla massa di persone che erano transitate e avevano soggiornato a casa sua), quanto la sua assoluta impermeabilità ai criteri che regolano la convivenza fra uomini e donne nella nostra società. Lei sembrava volere sinceramente il suo bene, suggerendogli di uscire o di frequentare gli altri bosniaci residenti in città, ed era in fondo sollecitudine nei suoi confronti anche l'irritazione che lei provava davanti all'immobilità di quell'uomo. «Non alza un dito. Se tira fuori il latte la mattina, posso essere certa di trovarlo la sera, inacidito, fuori dal frigo».

Decisi di andarlo a trovare una sera in cui l'amica fosse fuori casa, per affrontare il problema del telefono e avvertirlo di come il suo comportamento fosse di imbarazzo a coloro che lo ospitavano. Mi accolse con una luce festosa negli occhi, mi offrí il caffè scherzando sulla sua goffaggine nel manovrare una moka all'italiana, ascoltò quello che avevo da dirgli e mi pregò di scusarlo presso la mia amica. Poi si informò sulla possibilità di far arrivare la sua richiesta di testimoniare al Tribunale Internazionale. Gli chiesi di raccontarmi la sua storia. Questo è, letteralmente, quello che disse.

«Il mio nome è Izmet A. Sono nato nel comune di Turbe, poco lontano da Travnik, in Bosnia centrale, il 4 novembre del 1956.

Ho svolto il servizio militare nell'esercito federale nel 1976 a Bijeljina.

Nell'anno 1983 la mia famiglia fu colpita dalla morte di un mio fratello ventunenne. L'anno successivo un vicino di nome Omar Sachdan mi invitò in Germania perché mi distraessi un po'. Fu cosí che presi servizio a Oteburg presso il ristorante «Dubrovnik», come camicre, e decisi di fermarmi in Germania. Chiamai anche mia moglie che si impiegò come cuoca. Lavoravo 12-13 ore al giorno per una paga di 1500 marchi. Non impiegai molto a capire che i miei connazionali sfruttavano i bosniaci immigrati per arricchirsi. Dopo tre anni mi trasferii a Bremenhafen alle dipendenze di Refik Morankić di Lukavac (Tuzla), proprietario del ristorante «Hamfore». Nel 1988 il ristorante fu ceduto a un tedesco di nome Peter Bornemann che ci concesse un aumento di stipendio: 2000 marchi per me e 1000 per mia moglie. Incominciammo cosí a mettere da parte un certo capitale che decidemmo di investire nella costruzione di una casa a Turbe, per la quale avremmo avuto bisogno di 200.000 marchi. Per un lungo periodo facemmo straordinari notturni e lavorammo molto per mandare soldi in Bosnia dove, con i nonni materni, era rimasto il nostro unico figlio.

Nel 1991 la casa era pronta e tornammo a Turbe con la prospettiva di metter su una piccola attività commerciale privata.

Nell'aprile del '92 il nostro paese fu travolto dalla guerra fra la repubblica di Bosnia e i nazionalisti serbi. Ci fu la mobilitazione generale e io, dovendo scegliere una delle due parti in conflitto, fui arruolato nei ranghi della riserva nella polizia civile bosniaca. Il nostro compito era di impedire saccheggi ai danni della popolazione.

Il 31 marzo 1993 ottenni i documenti per lasciare temporaneamente il mio paese alla volta della Germania, dove avevo in sospeso alcune pratiche riguardanti l'assicurazione e un conto corrente bancario da estinguere. Ne approfittai per far visita ad amici in Austria e Svizzera e mi fermai all'estero per circa due mesi. Il 1° giugno 1993 feci ritorno con un aereo di linea da Amburgo a Spalato. Avevo tutti i documenti in regola e tutti i visti necessari, cosí passai senza problemi tutti i controlli all'aeroporto di Spalato e mi recai in città in taxi.

Non sapevo che era scoppiata la guerra fra croati e bosniaci. Cosí alla stazione degli autobus rimasi sorpreso di trovare interrotta la linea per Travnik. Cercai una soluzione diversa: un taxi, o un conoscente disposto a darmi un passaggio in macchina.

Fu allora che venni fermato da due poliziotti civili, nel centro storico della città, che mi chiesero i documenti. Diedi loro senza sospetti il passaporto e la carta di identità. Senza alzare lo sguardo, quello che li esaminava disse: «Izmet, eh? Vieni con noi, *balja*» [*balja* è termine spregiativo per indicare i musulmani]. Chiesi loro dove mi portassero e quelli risposero: «Avrai quello che meriti, vedrai. Ma sarai scambiato con un prigioniero croato». Mi ammanettarono e mi portarono al posto di polizia che si trova a 200 metri dalla stazione ferroviaria, in pieno centro.

Qui mi sequestrarono tutto il bagaglio: 16.000 marchi tedeschi e due grosse valigie con guardaroba e regali per la famiglia. Un poliziotto di cui non so il nome mi sfilò anche un orologio del valore di 200 marchi e una catenina del valore di 1000 marchi. Sembrava il capo, ricordo bene il suo aspetto: occhi neri, fronte bassa. Prese il mio passaporto e lo strappò. Un altro poliziotto l'ho conosciuto in seguito: era un musulmano di Zavidovići. Questo, senza chiedermi nulla, mi diede due pugni sulla testa.

Quindi fui caricato, sempre legato, su un cellulare insieme ad altre 14 persone. C'era poco spazio, un caldo insopportabile e tutti e 15 eravamo legati. Con noi c'erano due poliziotti croati che lamentavano di aver molto da fare a casa loro, a Sebenico. Li riconoscerei fra mille.

Rimanemmo almeno quattro ore sul furgone, senz'acqua. Fummo scaricati a un posto di frontiera. C'era scritto Kamensko. Qui c'era una ventina di soldati fra cui una donna poliziotto. Quello che ci accompagnava disse: «Vi abbiamo portato i *balje*, sgozzateli».

I soldati del posto di frontiera incominciarono a picchiarci con tutto quello che avevano: manganelli, sassi, mani, piedi. La piú feroce era la donna: non sceglieva dove colpire.

Questo trattamento durò due ore. Quindi fummo caricati su un furgone verniciato a tinte mimetiche. Era piccolo e non ci stavamo tutti, ma ci fecero entrare a forza. In quaranta minuti circa arrivammo a Tomislavgrad, dove fummo sistemati nella cantina di un edificio del centro che un tempo era stato un monastero femminile cattolico, con annessa scuola gestita dalle suore. Il locale misurava circa 40 metri quadri ed era suddiviso in quattro gabbie fatte con il tondino di ferro da costruzioni. Quando arrivammo c'era già una quarantina di prigionieri nelle gabbie. Il locale era molto mal messo e nonostante la stagione, sulla battuta di cemento dove appoggiavano le gabbie faceva molto freddo.

Il comandante era un certo Miškić di Tomislavgrad, detto «Ustascia», un uomo conosciuto in tutta la città che allora aveva 42-43 anni. Il suo vice era Ivo Letica, poco piú che trentenne. Alle loro dipendenze c'erano venti poliziotti provenienti da Jaice. La guarnigione viveva ai piani superiori dello stesso edificio in cui eravamo rinchiusi noi.

Una notte Ivo Letica entrò nella mia gabbia insieme a un poliziotto gigantesco, biondo, di nome Goran, sui trent'anni. Avevano delle mazze da baseball e si divertirono per circa quaranta minuti a picchiarci. Quando se ne andarono la gabbia era piena di sangue.

Dopo appena un quarto d'ora entrò un altro poliziotto di nome Ivo Marćeta, trentenne anche lui, della polizia militare, di corporatura massiccia. Chiese chi fosse Izmet e, alla mia risposta, mi prelevò. Fui portato in una stanza dove c'erano otto miliziani fra cui tutti quelli che ho citato. Non fui interrogato, ma solo picchiato con pugni e con una spranga rivestita di gomma. Persi i sensi. Ogni tanto riemergevo alla coscienza perché mi buttavano acqua gelata in faccia. Insultavano mia madre, i miei figli, Alija Izetbegović. Mi dissero di alzarmi, ma non potevo, chiesi loro di uccidermi. Mi tirarono su e mi attaccarono al muro picchiandomi finché non caddi a terra. Allora mi presero la testa e la sbatterono contro il muro. Mi picchiarono con le mazze sulle gambe e sulla schiena.

Questa tortura durò circa un'ora, poi mi lasciarono andare in gabbia. Non potevo camminare e procedetti carponi.

Dopo soltanto un'ora fui richiamato. Andai come un cane, carponi, nella stanza della tortura. Avevo una paura terribile, li supplicai dicendo che non ero colpevole di nulla. Mentii, dissi che mia moglie era croata, dissi che avevo famiglia. Non ascoltavano, mi picchiarono con i tondini. Non sopportavo il dolore, gridai, piansi, mentii, chiesi pietà. Continuavo a dire di essere di famiglia mista.

Indossavo pantaloni e una maglietta bianca. Rimasi in mutande e con una manica della maglietta. Il resto era strappato. Dopo 40 minuti fui riportato nella gabbia, e dopo altri 40 minuti mi prelevarono per la terza volta. Erano sempre gli stessi e subii lo stesso trattamento, per un'ora. Accadde ancora una quarta e una quinta volta. Tutto in una notte: un'ora di botte e una di riposo.

Lo stesso trattamento fu riservato ad altri, fra cui:
A. C. di Zavidovići
A. G. di Tuzla
M. S. di Tezlić
Z. S. di Tezlić
R. S. (non ricordo la città di provenienza)
S. A. di Crveno Brdo, presso Lukavac (Tuzla)
E. K. di Foča
[Di tutti quelli che potevano incrociare le loro testimonianze con la sua, Izmet fornì dati anagrafici precisi].

Mi risulta che almeno gli ultimi quattro siano ancora vivi.

Erano tutte persone prelevate, come me, per strada da poliziotti civili nelle località turistiche della costa dalmata: Spalato, Trau, Sebenico.

Tutti subimmo le stesse torture, ma io fui forse il piú sfortunato.

Ero mezzo morto. Non potevo aprire la bocca, impastata di sangue. Potevo solo restare per terra incapace di muovere un arto. Cercavo di fermare il sangue, ma se giravo la testa all'in su mi sentivo soffocare.

La mattina seguente non mi portarono fuori, ma vennero a picchiarci nelle gabbie. Ci dicevano che i nostri padri e i nostri fratelli facevano lo stesso ai croati in Bosnia. Dicevo loro che non avevo piú né padre né fratello. Sentivo la febbre e le emorragie interne. Avevo sette costole rotte [come fu poi accertato dai medici dell'Unhcr, l'Alto Commissariato delle Nazioni Unite per i Rifugiati]: quattro a destra e tre a sinistra.

Un giorno arrivarono dieci-dodici civili ubriachi, all'ora in cui chiudono i bar. Non conosco i loro nomi. Avevano bastoni, spranghe e tirapugni. I poliziotti li lasciarono liberi nelle gabbie e quelli fecero a gara per tutta la notte a chi picchiava di piú. Ci costringevano a orinare nelle bottiglie e a consegnarle loro, poi ce le tiravano addosso. Ci facevano cantare canzoni nazionaliste croate o canzonette alla moda. Io cantavo, non mi importava, tutto andava bene per salvarmi. In quel momento avrei venduto mia madre. Ci costringevano anche a picchiarci fra noi. I poliziotti stavano tutto intorno ad applaudirli e incitarli.

Non ci davano da mangiare né da bere, se non saltuariamente. Quando arrivammo avemmo del pane solo dopo tre giorni, insieme a un bicchiere d'acqua.

Dopo cinque giorni che ci trovavamo a Tomislavgrad, i poliziotti vennero a sapere che il Comitato Internazionale della Croce Rossa aveva avuto informazioni su questo campo e intendeva compiere un'ispezione.

Lo stesso giorno ci fecero fare la roulette russa. A morire fu Mirzet Sabić, non ricordo di dove. Poi ci costrinsero a picchiarci fra noi e torturarono quelli che non picchiavano abbastanza forte. Io non stavo in piedi.

Il sesto o settimo giorno venne Goran e mi ordinò di alzarmi. Prese il coltello e disse che mi avrebbe staccato la carne dalle ossa. Uscii strisciando. Era il tramonto, mi portò fuori dal palazzo, fino a un piccolo bosco, una specie di giardino pubblico. C'erano i corpi di quattro uomini sgozzati sdraiati a terra. Erano insanguinati, a uno erano stati strappati gli occhi. A un altro erano state incise delle parole sul torace con un coltello. Goran mi fece sedere su uno dei cadaveri. Pregai Dio che mi uccidesse. Pregai anche Goran di uccidermi. Lui tirò fuori il coltello. C'erano altri due poliziotti che dicevano: «Avanti Goran, fai vedere a questo *Balja* che sei un vero maestro». Lui mi sfiorava il polpaccio con la lama. Portarono nello stesso posto un altro civile prigioniero di cui non so il nome. Gli avevano tagliato un braccio all'altezza del gomito. Gli ordinarono di sedere su un cadavere. A me dissero di tornare nella cantina. Lui restò là.

Dopo qualche giorno ci fu l'ispezione della Croce Rossa: quel giorno tutti i prigionieri vennero portati a scavar trincee. Io ero troppo ferito e fui nascosto in una soffitta. Lí c'erano 15 o 16 cadaveri ammucchiati uno sull'altro. Ci restai tutto il giorno e la notte successiva. La Croce Rossa venne, non vide nulla: dissero che andava tutto bene e se ne andarono.

A Tomislavgrad rimanemmo 22 giorni. L'ultima sera ci legarono con filo spinato e ci caricarono su un camion blindato. Fummo trasportati a Ljubuški e rinchiusi in un lager ricavato in una costruzione in città, su una strada con molti bar. Eravamo in pieno centro e c'era molta gente per strada che vide tutto. Era il vecchio carcere della città e vi si trovavano anche prigionieri civili di Ljubuški e di Stolac. Fummo stipati in celle piccolissime, due metri per due, in nove-dieci per stanza. Non c'era spazio per sdraiarci: dormivamo seduti. Eravamo tutti musulmani, ma in una stanza vicina alla mia c'erano cinquanta prigionieri serbi. Non eravamo piú sotto terra. Ci diedero una zuppa e un pezzo di pane. C'era un cortile al centro, con il bagno. Venivano a maltrattarci una volta di giorno e una volta di sera, ma stavolta a me non fecero quasi nulla. Mi chiedevano che cosa mi fosse successo. Ma io avevo paura a raccontare di Tomislavgrad e dicevo che avevo avuto un incidente a Spalato. Rimanemmo lí per dodici giorni.

Una sera fummo caricati su un furgone e portati in giro per cinque ore. Poi ci scaricarono a Posušje, nella scuola del paese. Lí c'erano moltissimi prigionieri. Si sentivano solo urla e pianti. Ci diedero subito una minestra, pane e acqua. Io stavo molto male, perdevo spesso i sensi. Stetti anche giorni interi privo di coscienza. Gli altri venivano portati fuori ai lavori forzati (tagliare legna, riempire sacchi di sabbia per trincee...). I poliziotti ci picchiavano con dei bastoni, ma non tanto, mai piú di un quarto d'ora di seguito. Non si mangiava ogni giorno, ma era meglio di Tomislavgrad: a Tomislavgrad si mangiava ogni tre giorni, a Ljubuški ogni tanto (uno o due giorni). Mai due giorni di seguito e mai due volte in un giorno.

Dopo nove giorni venne un furgone e ci portarono via, di nuovo guidando a lungo. Fummo condotti a Grude, dove saremmo restati 18 giorni. Eravamo una decina, rinchiusi in una stanza piuttosto grande, sul terriccio. Avevamo sentito che si trattava di un comando militare. In realtà eravamo nella cantina di una casa vicino al comando. Qui talvolta ci davano della conserva da mangiare e per noi fu una grande sorpresa. Il trattamento generale era il solito: gli altri a lavorare e io, troppo rotto, stavo a terra. Anche qui mi chiesero che cosa mi fosse successo. Ci davano acqua e cibo tutti i giorni due volte al giorno. Un poliziotto di cui non so il nome venne a trovarmi e fu gentile con me, cosí gli raccontai che cosa era successo a Tomislavgrad: disse che si vergognava.

Alla fine fummo nuovamente caricati su un furgone
e portati in giro per molte ore. La destinazione era Mostar, il lager di Heliodrom. Durante il viaggio avevo
perso i sensi. Ad accoglierci a Heliodrom c'era Jusuf
Prazina detto Juka. Lo conoscevo bene: era un musulmano, ed era stato uno dei primi comandanti della difesa di Sarajevo. Qui lo chiamavano generale, portava
una cintura con due çolt americane. Con lui c'era il suo
luogotenente Dado Čuljak e una ventina di agenti della polizia militare. Mi portavano a braccia e Prazina
chiese che cosa avevo. Gli dissero che avevo avuto un
incidente stradale: «Non importa – rispose – abbiamo
bare a sufficienza». Fui portato in una cantina dove
c'erano delle bare. Vennero Prazina, Čuljak e cinque
poliziotti. Dado Čuljak diede ordine di chiudermi nella bara. Mi misero a faccia in giú con il torso e la testa
nella bara. Ero in mutande, non so come ero rimasto
in camicia. Un poliziotto disse: «È vivo!», io ero cosciente, respiravo male. Venne quello che aveva parlato e mi diede un calcio. Si accorsero tutti che ero vivo.
Furono chiamati altri prigionieri e fui portato al secondo piano di un edificio che chiamavano «Carcere
centrale». C'era una grande stanza con il legno per terra, dove erano tenuti circa settanta prigionieri. Si trattava di una scuola per ufficiali di aeronautica dell'armata federale.

Intorno c'erano degli hangar, da cui si sentivano tutto il giorno pianti e urla di donne e di bambini. In tutto il complesso si diceva che vi fossero 6000 prigionieri: bambini, donne, uomini.

Si poteva stare sdraiati nella sala dove mi avevano
portato. Mi stesi e mi addormentai. Fui svegliato da
un uomo, un prigioniero, che mi chiamava. Mi accorsi che lo conoscevo. Nessuno mi aveva mai aiutato fino ad allora. Mi spruzzava acqua addosso: «Mi conosci?», ripeteva. «Sí», risposi appena ne fui in grado.
Lui chiese due volte: «Come mi chiamo?». Non lo sapevo. Lui piangeva. Mi disse: «Sono K. I., il tuo vicino». Me ne ricordai, aveva 59 anni. Lo avevano arre-

stato a Spalato sequestrando il camion con cui portava aiuti umanitari. Lo avevano picchiato: era tutto gonfio e senza denti. «Ehi, vicino – mi disse – vuoi lasciare la pelle qui?». In seguito la Croce Rossa lo portò via dal campo. Oggi si trova in Svizzera.

Venivano in continuazione soldati a picchiarci. Portavano divise diverse, alcuni nere, altri mimetiche. Colpivano in tutti i modi e non potevamo reagire. Erano armati.

Ci davano da mangiare una volta al giorno, al mattino. Poi per tutta la giornata si andava a lavorare sulle linee del fronte. Io rimanevo a terra nella sala. Sotto terra c'era la «cucina», dove si mangiava. Io non potevo andarci e loro non permettevano che gli altri me ne portassero. Ma c'era sempre qualcuno che rubava qualcosa per portarmelo. Erano pezzi piccoli, per poterli trasportare sotto i vestiti senza essere visti. Ma a me andavano bene: ero cosí malato che non potevo neanche mangiare.

Una sera i miei compagni tornarono dai lavori forzati e dissero che a Balinovac, una parte di Mostar sotto controllo croato, avevano scavato una fossa per dodici cadaveri. Erano tutti civili, due famiglie complete: maschi, donne, bambini. Avevano lasciato scritto su un pezzetto di legno: «FAMIGLIA KAJTAZ». Poi avevano scavato altre tombe, nella stessa giornata: niente fosse comuni, ma cinque o sei cadaveri in ogni buca. Erano tutti civili. Alla fine avevano seppellito cinquanta persone. Tutte massacrate a coltello. Donne, uomini, bambini. A torturare venivano gruppi diversi. Uno era il cosiddetto «Gruppo antiterroristico Bruno Brušić». Questi venivano di notte, con loro c'era spesso il capo, Juka Prazina.

Altri che venivano la sera a divertirsi erano «quelli di Tuta» (*Tutini*). Tuta era il soprannome di un criminale comune erzegovese, Mladen Naletilić, che aveva la sua milizia privata.

Spesso venivano gruppi di ufficiali in divisa a parlare ai prigionieri. Fra loro c'era sempre Juka Prazina, spesso accompagnato da un certo Hadziosmanović, un musulmano di Mostar, già funzionario dell'Sda [il partito del presidente Izetbegović], poi passato all'Hvo [organizzazione militare croato-bosniaca]. Spesso veniva con loro Armin Pohara. Lo conoscevo bene, era un uomo molto famoso: musulmano anche lui, era stato il comandante della difesa di Bosanski Brod nel '92. Lo si era visto moltissime volte in televisione. Poi aveva avuto dei dissidi all'interno dell'esercito ed era passato all'Hvo. Uno che veniva con loro e che conoscevo personalmente e molto bene era Rusmir Agačević, musulmano di Travnik. Ci conoscevamo da vent'anni. Era un tipo calvo, di mestiere faceva l'attore a Travnik. Suo padre, Ferid, era un nostro amico di famiglia. Tutti questi amavano pavoneggiarsi nelle loro divise con la scacchiera [l'emblema croato]. Ciascuno era accompagnato da una quindicina di soldati.

In due occasioni, durante questi comizi, nel mese di agosto del 1993 è venuto ad arringare i prigionieri Mate Boban. L'ho visto con i miei occhi.

Dicevano che se ci fossimo arruolati nell'Hvo avremmo avuta salva la vita, che senza la Croazia non saremmo vivi, che era la Croazia a darci da mangiare. Ripetevano che tutti gli aiuti umanitari diretti in Bosnia transitavano per la Croazia. Dicevano che la Bosnia-Erzegovina non esisteva e che Izetbegović era morto. Agačević, l'attore, era il piú efficace di tutti, il piú bravo a fare scena. Durante i suoi monologhi i soldati picchiavano i prigionieri e il sangue schizzava sui muri.

Una volta, in una di queste occasioni, presero un ragazzo di 18 anni, lo picchiarono e lo ferirono con un coltello. Dopo il «trattamento» il ragazzo era ancora vivo, allora Juka Prazina liberò il cane lupo che portava al guinzaglio e il cane lo finí.

Io ero immobile, ma dovevo guardare tutto. Con me c'erano numerosi testimoni. Di alcuni conosco l'identità. Si tratta di:
O. L. di Mostar
V. G. di Stolac

Il dottor E. B. che oggi si trova in Canada
R. M., anche lui di Stolac
E. S., di 23 anni: nel campo gli spararono a freddo
nella schiena lasciandolo paralizzato. Oggi è profugo
in Germania.

C'era anche O. O. di Kakanj. Lui lavorava in Libia
da due o tre anni. Lo avevano arrestato a Spalato al suo
arrivo in aereo. Con lui ne avevano portati altri 58, arrestati a Spalato o a Zagabria.

Erano quelli che stavano vicino a me. Mi aiutarono
molto: non potevo parlare, non potevo muovermi e
avevo dolori fortissimi. Quando avevo troppo male ge-
mevo e loro capivano e mi giravano sull'altro lato. Perdevo spesso i sensi. Ogni sera le guardie portavano via
due o tre uomini che non rivedevamo piú.

Siamo stati a Heliodrom 45 giorni.

Nel lager c'era un medico musulmano, di cui non ricordo il nome, che veniva dall'ospedale di Bijeli Brieg.
Io non riuscivo a respirare, perdevo sangue, allora gli
altri della camerata mi dissero che dovevo andare da
questo dottore. Mi portarono da lui e lui mi chiese che
cosa avevo. Al colloquio assistevano due poliziotti. Gli
dissi che avevo avuto un incidente. «Non è vero – disse – non devi dire bugie, voglio tutta la verità». Gliela dissi, tutta. Lui allora chiamò i due poliziotti e fu lui
a darmi il primo colpo, gridando: «Ti fotto la madre!».
I poliziotti mi picchiarono per circa mezz'ora. Quando mi riportarono nella sala ero cosciente, piangevo.
Sgridai gli altri prigionieri per avermi portato lí.

Una sera, tardi, verso le 11, dissero a molti di noi
che dovevamo uscire. Mi portarono giú e mi cacciaro-
no su un autobus. Ci portarono in città, alla facoltà di
Ingegneria meccanica. C'era uno stadio con almeno
500 persone, donne, bambini, uomini. Era pieno di polizia militare. C'erano anche poliziotti croati, della Repubblica croata intendo, non solo erzegovesi: avevano
le loro divise. C'era anche Juka. Picchiavano le donne,
picchiavano tutti. Si sentivano spari e urla, non riuscivo a vedere. Rimanemmo là due ore. Poi ci caricarono

su alcuni pullman, eravamo 250 persone su cinque o sei
autobus. Viaggiammo per 9 o 10 ore, fino all'isola di
Obonjan, davanti a Sebenico.

Qui c'erano circa 1000 prigionieri civili, tutti bosniaci, vecchi, donne, bambini. Tutti musulmani. Erano tutti sotto tende, sorvegliati solo da agenti della polizia civile della Repubblica di Croazia. Selezionarono
circa una settantina di maschi adulti e ci portarono in
una parte separata dell'isola. Lí non ci picchiavano e si
mangiava tre volte al giorno, c'era un tendone con la
cucina. Non c'era alcun contatto con la città, sull'isola
c'erano solo prigionieri. Ci restammo piú di un mese.

Un giorno venne una *équipe* della televisione tedesca, da Colonia. La giornalista si chiamava Ariana
Vucković. La portarono alla mia tenda, mi disse che
era croata, ma io parlavo in tedesco, perché avevo paura. Le raccontai per circa mezz'ora della mia vita in
Germania e dei sei lager in cui ero stato. Lei mi pre-
gava di accettare delle sigarette e 300 marchi per l'intervista, ma io non ebbi il coraggio di prenderli. Era
una donna bella, colta. Mi tenne la mano per dieci minuti, poi lasciò un biglietto da visita e delle sigarette:
«Cercami se verrai in Germania», disse. E soprattutto: «Non temere per la tua vita. Tornerò fra due giorni con l'Unhcr». Mi diede un bacio prima di andarsene. Era un punto di luce. Ce l'avevo sempre sotto gli
occhi. E, davvero, dopo due giorni soli, tornarono con
l'Unhcr, mi cercarono, presero i miei dati. Lei mi aveva segnalato. Mi portarono da un medico croato che
mi curò in una casa sull'isola. Era un vero signore. Ricordo solo il nome di battesimo: Zoran.

In seguito dall'isola mi portarono a Sebenico, poi a
Spalato, sempre scortato dall'Unhcr. Qui fui caricato
su un aereo e portato in Turchia a Istanbul, poi dopo
due ore e mezza di autobus nella città di Kirklareli, in
un campo profughi dell'Unhcr chiamato «Gaziosman
Pascià». C'erano delle roulotte dell'Unhcr, i profughi
bosniaci ospitati lí erano 2500.

Non c'era né ospedale né medico. Restai 15 giorni

steso, senza alcuna visita. Altri che erano stati prigionieri con me cercavano aiuto per me dappertutto, andavano all'ambasciata bosniaca, al consolato. Finché
un giorno arrivò un dottore bosniaco, Zijah Kurtović
di Breza. Mi visitò con cura per due ore, compilò un
sacco di moduli, constatò la frattura della spalla sinistra, di quattro costole a destra e tre a sinistra, lo spo-
stamento e lo schiacciamento delle vertebre cervicali,
la caduta di tutti i denti, fratture a entrambe le ginocchia, una caviglia rotta, la destra. Constatò anche le
emorragie interne che mi avevano tolto molto sangue,
emorragie ai polmoni, il fegato gonfio e abbassato.
Avevo perso 22 chili. Mi promise che mi avrebbe portato immediatamente in ospedale. Non lo vidi mai piú.

Rimasi nel campo un anno intero. Non vidi piú un
medico, non ebbi mai una sola pillola. Ma quel Kurtović mi spedí un funzionario dell'ambasciata, uno psi-
cologo di nome Redo Čausević, un mio coetaneo del
'56. Gran signore, cravatta e automobile, docente uni-
versitario. Un animale. Ha scritto due libri vendutis-
simi, uno sui lager serbi e uno su quelli croati, sponsor
la moglie di Izetbegović, Halida. Me ne regalò una copia con dedica: «Al grand'uomo Izmet A.». Ci fu una
grande campagna promozionale in Turchia e, immagi-
no, anche in Bosnia. I libri costavano 30 marchi l'uno.
C'erano manifesti in tutta Istanbul. I proventi delle
vendite, dicevano, sarebbero stati devoluti in aiuti ai
bosniaci. Io non vidi neanche una sigaretta, neanche
un antidolorifico.

Non sapevo come tornare in patria, un passaporto si
pagava in marchi sonanti, ma grazie a Čausević ero famoso e un politico turco, Husein Kansu, mi fece avere il passaporto, mi comprò il biglietto, mi diede 200
marchi e mi spedí a Zagabria in aereo. Di lí arrivai a
Travnik in autobus.

A Travnik tentai di farmi curare all'ospedale, ma il
direttore dell'ospedale, dottor Mirsad Granov, attuale sindaco della città, mi chiese una tangente di 100
marchi per avere le radiografie. Mi disse che scarseg-

giava la pellicola. Io non avevo i marchi, ma andai a
Zenica per comprare la pellicola, là all'ospedale me la
regalarono. Tornai a Travnik e il tecnico di radiologia
mi disse che potevo buttarla via: all'ospedale di Travnik ne avevano a vagoni e non c'era nessun bisogno di
pagare. Questo episodio mi ha fatto più male delle botte dei croati.

In seguito fui avvicinato da esponenti politici locali
che tentavano di farmi rilasciare dichiarazioni contro
i croati di Travnik, volevano che dessi false testimonianze per incastrare i miei concittadini di religione
cattolica. Mi rifiutai. Da allora mi sento molto solo.
Credo che nessuno possa capirmi.

Quando finì di parlare cadde nella stanza un silenzio pesante: gli proposi un altro caffè e andai io in cucina a prepararlo. Nel lavello c'erano molti piatti da la-
vare, uno strofinaccio buttato sul piano del gas, molte
cassette accatastate di fianco a un registratore. E, sul
frigo, un cartoccio di latte aperto.

Erzegovina 1993.

Izmet fu arrestato nel centro di Spalato, in una Croazia ufficialmente in pace e pronta a entrare in Europa. Lo presero sul lungomare della città vecchia, dalle parti del palazzo di Diocleziano, fra le ragazze in costume, i turisti tedeschi imperterriti nelle loro abitudini balneari e i pullman in sosta dei pellegrini che, nonostante la guerra, si ostinavano a cercare le estasi mistiche di Medjugorje.

Il baricentro della sua storia è Mostar, città contesa a maggioranza musulmana, oggetto del desiderio per i nazionalisti croati che sognano di farne la capitale di una Erzegovina ricongiunta alla madrepatria cattolica. E, a due chilometri dall'abitato di Mostar, Heliodrom, la vecchia scuola di aviazione, cuore di una galassia di morte concepita per preparare l'«ingresso in Europa della Croazia restituita ai suoi confini naturali» – nelle parole del dirigente croato locale Ivan Tomić – e segnata dai nomi di Gabela, Dretelj, Čaplina, campi di sterminio del tutto assimilabili a quelli allestiti dai serbi nelle regioni settentrionali e orientali del paese. A tutt'oggi Mostar rappresenta la piú calda area di crisi dello scacchiere bosniaco: un groviglio di interessi contrapposti che continua a generare violenza, reso ancor piú delicato dalla posizione che la città assume oggi nel quadro dei traffici internazionali di droga, di armi e di rifiuti velenosi.

Zagabria-Belgrado: un canale aperto. Irretito nella perdita di memoria imposta dalle autorità della nuova Bosnia, il conflitto del '93-'94 fra bosniaci governativi e croati appare poco comprensibile. Esso è oggetto di manipolazioni, reticenze, vere e proprie omertà, nel clima di rimozione determinato dall'accordo del febbraio 1994 con cui si costituiva la Federazione Croato-Musulmana di Bosnia-Erzegovina e si

metteva fine ai combattimenti. Eppure l'ombra di quella carneficina grava sulla tenuta del fragile Stato apparecchiato
dagli accordi di pace siglati nel novembre del '95 a Dayton,
nell'Ohio.

Il primo atto è l'incontro del marzo 1991, nella villa di
caccia che fu di Tito a Karadjordjevo in Vojvodina, fra il presidente croato Franjo Tudjman e il «collega» serbo Slobodan Milošević. La guerra, anche quella in Croazia, è ancora
di là da venire, ma già si prepara il nuovo assetto territoriale, con la ridefinizione delle aree d'influenza dei nuovi Stati di Serbia e Croazia, la divisione dello spazio jugoslavo e,
in definitiva, la spartizione della Bosnia-Erzegovina. L'accordo è proclamato pubblicamente da Tudjman, anche a livello internazionale (intervista al «Times» del luglio '92), e
raccoglie consensi in tutto il parlamento croato. Come con-
fermerà poi lo stesso Milošević, in seguito agli accordi di Karadjordjevo, fra Zagabria e Belgrado si apre una linea di comunicazione che resterà ininterrotta lungo tutti gli anni di
guerra, nonostante qualche momento di crisi. Tanto che le
stesse offensive croate a danno dei serbi di Krajina dell'agosto '95 sono impensabili senza l'assenso di Belgrado.

Se i due nuovi Stati devono nascere e un equilibrio deve
stabilirsi fra loro, allora è necessario affrontare in sede negoziale il problema del formidabile apparato industriale – e
soprattutto industriale-militare – concentrato in Bosnia-Erzegovina. La repubblica centrale della Federazione nel 1989
è censita dalle agenzie internazionali come la piú alta con-
centrazione al mondo di produzione d'armi al metro quadro:
spartirne il territorio significa anche dividersi quell'enorme
potenziale economico-militare che il sistema della difesa popolare aveva concentrato nelle aree del Paese meno esposte
a un attacco dall'esterno. Cosí se la Pretis di Vogošća, la piú
grande fabbrica di esplosivi jugoslava, va ai serbi, ai croati
spetta la Soko di Mostar. E cosí via: la mappa dei fronti della guerra bosniaca, almeno nella sua prima fase, ricalca quella della produzione d'armi: la fabbrica di cannoni di Der-
venta, i fucili di Travnik e i blindati di Novi Travnik, le fan-
tascientifiche basi aeronautiche di Bihać, i detonatori di
Goražde, i gas tossici di Bosanski Brod, gli esplosivi di Vitez, i fucili di Tuzla, le mine di Višegrad e Pale...

Un problema fra croati. Gli accordi di Karadjordjevo ricevono una ratifica a Brioni l'8 maggio del '91, in occasione della conferenza che decide la moratoria sulle secessioni slovena e croata. Decisivo è poi l'incontro a Graz, in Austria, del 6 maggio del 1992, quando il leader croato-bosniaco Mate Boban e il serbo-bosniaco Radovan Karadzić siglano un'intesa di collaborazione e dichiarano chiuse le ostilità fra i due gruppi etnici che pretendono di rappresentare. In quell'occasione viene diramato un comunicato congiunto che annuncia la «regionalizzazione su basi etniche della Bosnia». La Croazia sta giocando su due tavoli: quasi contemporaneamente alle trattative con i serbi, infatti, conduce negoziati con il governo bosniaco e con il partito nazionalista di orientamento islamico (Sda) guidato dal presidente Alija Izetbegović. Il 3 luglio 1992 il partito nazionalista croato (Hdz, formato in Bosnia a immagine e somiglianza dell'omonimo partito-Stato di Zagabria) e la sua formazione militare (Hvo, Consiglio Croato di Difesa) proclamano la «Comunità Croata di Herceg-Bosna» e la «Comunità Croata della valle del Sava», primo embrione di stato monoetnico croato in Bosnia.

Se l'accordo serbo-croato di Graz mette in crisi i rapporti con il governo ufficiale bosniaco e con la parte musulmana, per Boban l'avvicinamento a Karadzić e ai serbi rappresenta un rafforzamento su uno dei piú delicati fronti della politica interna croata e croato-bosniaca. Proprio nei giorni dei colloqui di Graz, infatti, si fanno pubblici i malumori degli estremisti di destra della Hos croata (ala militare del partito neoustascia di Dobroslav Paraga), contrari alla trattativa con i serbi e alla spartizione della Bosnia e convinti che alla Croazia non debba essere annessa una parte della Bosnia, ma l'intera repubblica. L'ex dissidente Paraga spedisce in Erzegovina in qualità di «proconsole» uno dei suoi uomini piú fidati, il capo-incursore Blaž Kraljević, che stabilisce il suo quartier generale a pochi chilometri da Medjugorje, centro simbolico di importanza decisiva per i croati. I suoi uomini, che si sono distinti nei mesi precedenti nella difesa delle città croate di Vukovar e Osijek, si dispongono ora nelle zone calde di Erzegovina, soffiando sul fuoco della tensione con i serbi della regione, provocando scontri nel capoluogo Mostar, fomentando divisioni fra i fedeli dell'Hdz di Tudjman e Boban.

In Erzegovina, a sostegno di Kraljević arriva anche il colonnello Mile Dedaković, il Falco, l'eroe di Vukovar, presenza ingombrantissima per il potere zagrebese ormai inclinе all'accordo con Belgrado. Gli uomini di Dedaković provocano le forze federali presenti nella zona e spingono i serbi allo scontro. Il generale Milutin Kukanjac, comandante dell'armata federale in Bosnia, ordina raid aerei su tutta l'Erzegovina.

Zagabria considera la presenza degli uomini di Paraga in Erzegovina un vero e proprio sabotaggio del piano di spartizione concordato con i serbi e Kraljević non fa niente per negarlo: «Non sono esattamente favorevole all'annessione dell'Erzegovina occidentale alla Croazia – dichiara in un comizio a Ljubuški –. Io sono favorevole all'annessione di *tutta* la Bosnia-Erzegovina al territorio croato».

Grazie agli Hos la tensione fra serbi e croati si fa esplosiva, a dispetto degli intenti di Zagabria e della Hdz, che perde il controllo della situazione. È dunque in una situazione di estrema confusione e sotto la pressione degli estremisti di Paraga che il 20 maggio '92 il «Consiglio di difesa croato» dichiara l'assunzione dei «pieni poteri, civili e militari» a Mostar.

Né Tudjman né Boban sono però disposti a lasciarsi ostacolare a lungo. La goccia che fa traboccare il vaso è un assalto in massa da parte degli Hos alla città erzegovese di Trebinje, saldamente in mano ai serbi. Si scatena una breve e micidiale guerra fra croati: nelle strade polverose dei villaggi intorno a Mostar i conti fra le due fazioni croate, Hos (guidata da Paraga) e Hvo (vicina a Zagabria), si regolano a colpi di kalashnikov. Un commando fedele a Boban intercetta Blaž Kraljević a Kruščevo, il 9 agosto, e lo uccide insieme alla sua scorta. Nei giorni successivi il colonnello Dedaković viene arrestato per la seconda volta e le sedi del partito di Paraga in tutta la Croazia sono oggetto di perquisizioni e saccheggi. Il 23 agosto è firmato l'accordo con cui tutte le unità Hos accettano di sottomettersi al comando Hvo.

Le Hos sono da quel momento ai margini, in Bosnia come in Croazia, e spesso assumono posizioni sorprendenti in politica, come quando, in nome di un accordo federale fra la Croazia e una Bosnia indipendente e unita, denunciano la politica antimusulmana di Zagabria e appoggiano a livello locale i Consigli civici democratici e il governo locale antinazionalista di Tuzla. Nel '95 saranno l'unica forza croata a non accettare gli accordi di Dayton. Nel novembre 1993 Dobroslav Paraga è destituito dalla segreteria del «Partito dei diritti» e sostituito da Anto Djapić. Nell'estate del 1997 Paraga dichiara di volersi costituire al Tribunale dell'Aia per testimoniare sulla responsabilità diretta del presidente croato Tudjman nei massacri in Bosnia.

La guerra croato-bosniaca e i «piani di pace». La morte di Kraljević e l'accordo di Graz riportano l'Erzegovina saldamente sotto il controllo di Mate Boban. Sarà l'accentuazione della conflittualità con i musulmani, preparata con cura dagli uomini di Boban, a riunire nuovamente sotto le bandiere dell'Hvo gli estremisti croati di entrambe le parti, concordi nel ritenere la cancellazione della presenza musulmana in Erzegovina preliminare alla soluzione dei contrasti territoriali con i serbi. Il regolamento di conti fra croati consumato nelle pietraie dell'Erzegovina occidentale nell'estate del '92 è la premessa per la mattanza.

Gli effetti del passo indietro croato nella resistenza contro i nazionalisti serbi si fanno sentire presto: nel mese di ottobre, private della difesa croata, cadono in mano agli uomini di Karadzić le città chiave di Bosanski Brod (il 7) e di Jaice (il 29). Ma non basta. L'Hvo passa all'offensiva ai danni dei bosniaci sulla direttrice Travnik-Prozor-Jablanica. Sarajevo reagisce all'aggressione rafforzando in senso nazionalista la *leadership* del Paese: salta l'accordo del partito di Izetbegović con le forze di opposizione che vengono espulse dal governo e inizia la radicalizzazione in senso islamico della classe dirigente, fino a quel momento laica, della Repubblica.

È in questo clima che fallisce la Conferenza di pace di Londra, presieduta da Lord Carrington, e si insedia la Conferenza Permanente sulla Jugoslavia a Ginevra, presieduta dall'americano Cyrus Vance, designato dall'Onu e dal britannico David Owen, designato dall'Unione Europea. L'orientamento dei nuovi mediatori accentua nettamente la tendenza – già emersa in febbraio nell'ipotesi di «cantonalizzazione» avanzata da Carrington e José Cutilheiro a Lisbona e approvata dai partiti nazionalisti delle tre parti, Sds, Hdz e Sda – alla frammentazione in chiave etnica del Paese. Il piano «di pace» elaborato da Vance e Owen, presentato il 2 gennaio 1993, viene definito dal settimanale «Globus» di Zagabria «il piú grande trionfo politico croato del ventesimo secolo». Quel che è evidente è che, in un contesto di guerra ancora fluido, dove a una parte favorevole alla divisione etnica si contrappone una parte che difende le ragioni dell'unità, l'Unione Europea e le Nazioni Unite intervengono fin dalle prime battute proponendo la spartizione.

Il piano Vance-Owen divide la Repubblica in dieci aree etnicamente definite e assegna un diciotto per cento del territorio bosniaco ai croati che fino a quel momento non avrebbero potuto pensare di conquistarlo con le armi. La mappa di Vance e Owen, poi, ignora completamente le caratteristiche del territorio, i trasporti e le economie realmente esistenti all'interno delle province etniche previste. È comunque il piano a scatenare i dirigenti dell'Hdz erzegovese, che si sentono ormai legittimati in sede internazionale. Il «consiglio di difesa croato» lancia un ultimatum al governo di Sarajevo perché consegni le città di Mostar, Bugojno, Gornji Vakuf, Travnik, Konjic e Vitez e sottometta le sue unità militari al comando dell'Hvo. In appoggio all'ultimatum Tudjman dichiara illegittimo il governo di Alija Izetbegović. L'ultimatum scade il 18 di gennaio del '93, data che segna l'inizio degli scontri di artiglieria pesante nella zona di Gornji Vakuf.

In quello stesso mese, nella valle della Lašva, inizia l'escalation. La valle, in Bosnia centrale, è un'area fondamentale per l'economia agricola e industriale del ridotto centrale bosniaco che resiste alle avanzate serbe. L'esercito governativo si trova impegnato dalle offensive del generale Mladić alle due estremità della valle: a Travnik contro il saliente serbo di Turbe e a Kiseljak a ridosso della cintura stretta dagli uomini di Karadzić intorno a Sarajevo. All'alba di uno dei primi giorni di gennaio, uomini in armi dell'Hvo croata si presentano sulle soglie di tutte le case musulmane di Busovača, al centro della valle: è il primo massacro di civili della guerra croato-musulmana, una trentina le vittime, secondo le indagini del Tribunale dell'Aia. L'operazione si ripete a distanza di poche ore nel villaggio di Kačuni, sempre nell'interno della valle.

L'offensiva dell'Hvo si dispiega quindi in grande stile fra Bugojno e Gornji Vakuf, mentre l'accantonamento del piano Vance-Owen a causa del rifiuto da parte serba convince i dirigenti dell'Hdz della necessità di imporre con le armi ai bosniaci quanto prevedono le mappe dei mediatori internazionali.

È la scadenza di un secondo ultimatum, il 16 aprile del

'93, a scatenare una vera guerra fra eserciti, con scontri di fanteria, diversa anche nella qualità militare dalla caccia ai civili con appoggio di artiglieria scatenata dai serbi l'anno precedente. L'offensiva croata parte da Konjic, sull'asse Mostar-Sarajevo, e prosegue a Jablanica e Vitez. Il 18 aprile è la data della strage di Ahmići: fra 100 e 200 civili musulmani massacrati a freddo dai miliziani dell'Hvo, il villaggio raso al suolo. A Mostar iniziano le deportazioni in massa di musulmani. L'intero 1993 procede fra denunce di atrocità, accuse, smentite e ammissioni di responsabilità incrociate, fra le cui pieghe trovano la morte decine di migliaia di civili e sorge la galassia concentrazionaria progettata da Mate Boban per mettere fine alla storia musulmana della Bosnia centroccidentale.

Il 9 maggio il comandante croato Ivan Tomić, l'ex giurista, ordina l'attacco ai quartieri orientali di Mostar dove sono asserragliati i civili musulmani sfuggiti ai rastrellamenti: la città si trasforma in un inferno. Zagabria invia i suoi uomini in Bosnia in appoggio all'Hvo – le fonti Onu parlano di 15.000 soldati e di un afflusso costante di mezzi e carburanti – e Mig partiti dagli aeroporti croati martellano obiettivi strategici in Bosnia centrale.

Il transito sui cieli della parte di Bosnia controllata dai serbi non è un problema: nuovi accordi militari sono intervenuti fra la parte serba e quella croata e in tutta la Bosnia agiscono comandi congiunti serbo-croati.

Unione Europea, Stati Uniti e Russia avviano una nuova fase negoziale, volta a dare maggiore soddisfazione all'Sds di Karadzić: l'idea della «cantonalizzazione» è abbandonata a favore di un progetto che prevede veri e propri ministati etnicamente omogenei. Il 6 maggio il Consiglio di sicurezza delle Nazioni Unite ha dato il primo segnale in questa direzione costituendo le cinque «aree protette» di Bihać, Tuzla, Sarajevo, Goražde, Srebrenica, *enclaves* musulmane che sostituiscono in via definitiva l'idea di una Bosnia unita e multireligiosa.

Il 15 e il 16 di giugno del '93 Franjo Tudjman e Slobodan Milošević si incontrano per concordare la transizione dal progetto di cantonalizzazione a quello di suddivisione statuale della Bosnia-Erzegovina. La settimana successiva l'accordo fra i due presidenti è ratificato a Podgorica (Montenegro) dai dirigenti nazionalisti serbi e croati di Bosnia: a Podgorica, il 20 giugno, Karadzić e Boban disegnano le mappe definitive della nuova Bosnia, quelle stesse che saranno fatte proprie dai mediatori internazionali e riproposte nel successivo «piano di pace». Si tratta del cosiddetto «piano dell'*Invincible*», discusso a bordo dell'omonima portaerei da Lord Owen e da Thorwald Stoltenberg (subentrato a Cyrus Vance). L'ipotesi dei mini-stati, approvata dalle parti serba e croata, provoca una spaccatura nella presidenza bosniaca dove Izetbegović, fautore di una prevalenza musulmana in Bosnia, è messo momentaneamente in minoranza dalla componente laica e unitaria. Una commissione del governo bosniaco farà notare che il 70 per cento del territorio previsto dal nuovo piano per i musulmani prende acqua da dighe e sorgenti in territorio nemico. Il governo rifiuta quindi il piano Owen-Stoltenberg, ma gli eventi politici e militari dei mesi successivi favoriranno l'affermarsi della linea «musulmana» di Izetbegović e del partito di governo Sda, piú in sintonia con gli orientamenti delle cancellerie straniere e dei mediatori.

L'offensiva croata intanto non ha dato i risultati sperati e la reazione musulmana è veemente: tornano in mano governativa Kakanj (13 giugno), Travnik (primi di luglio), Fojnica (19 luglio) e Bugojno (28 luglio), mentre Gornji Vakuf si trasforma in un tappeto di macerie insanguinate. Tuttavia il successo politico dell'operazione croata non è intaccato: l'unità dello Stato bosniaco è definitivamente compromessa e il 24 di agosto Mate Boban annuncia in via ufficiale la costituzione della «Repubblica Croata di Herceg-Bosna» con capitale Mostar. Sulla parte bosniaca, poi, pesano gravemente gli insuccessi contro i serbi nel quadrante di Sarajevo, dove cadono le posizioni strategiche sul monte Igman.

L'autunno '93 vede in Bosnia centrale una nuova stagione di stragi di civili: Stupni Do (opera dell'Hvo) e Uzdol (opera dei musulmani) sono solo i due nomi piú famosi di un rosario che sembra senza fine.

Il 29 settembre a Kovači (Bosnia centroorientale) l'incontro fra i capi dei governi delle due repubbliche autoproclamate dei croati e dei serbi di Bosnia, Jadranko Prlić e Vojislav Likić, celebra il successo della spartizione e della cooperazione. Non c'è piú bisogno di segretezza. La situazione di fatto non è molto diversa da quella che quasi due anni e decine di migliaia di morti dopo sarà congelata dagli accordi di Dayton.

Ma la posizione croata, in questo equilibrio, risulta la piú debole e le folate musulmane in Bosnia centrale sembrano preludere alla scomparsa in quell'area dell'Hvo. È in questo contesto che entra in forze la diplomazia americana.

Il 1994 porta infatti due novità: in primo luogo l'accordo del 20 gennaio 1994 di avvio della normalizzazione fra Belgrado e Zagabria; in secondo luogo l'iniziativa diplomatica statunitense, che rovescia la situazione che fino a quel punto aveva visto gli Stati Uniti messi alle corde dall'asse europeo – tutt'altro che impotente, a dispetto delle litanie ricorrenti. La prima mossa nel ristabilimento dell'influenza americana nella regione balcanica sarà proprio l'imposizione di un armistizio e di un accordo federale fra croati di Bosnia e bosniaci a maggioranza musulmana, che prevede successivamente un'intesa confederale con la repubblica croata. Gli americani impongono l'alleanza fra croati e bosniaci come condizione per l'avvio di qualsiasi trattativa. Per il nuovo assetto non serve piú Mate Boban che viene dimissionato nel febbraio '94 e sostituito da Krešimir Zubak. La federazione è annunciata il 18 marzo. Le linee divisorie fra territori musulmani e croati scompaiono dalle carte ufficiali (e non saranno tracciate sulle carte di Dayton), ma rimangono sul terreno, materializzate da amministrazioni e apparati militari divisi e contrapposti. La radicalizzazione in senso nazionalista delle due componenti continua a tutt'oggi.

Le mosse politico-militari di Tudjman, di Boban e dei loro uomini erano fondate sulla convinzione della necessità di una spartizione della Bosnia-Erzegovina come condizione preliminare alla soluzione dei problemi complessivi dello spazio jugoslavo e dei problemi di equilibrio con la Serbia. In linea politica quindi (se non nella definizione delle rispettive entità territoriali) i dirigenti croati si trovavano in piena sintonia con i dirigenti serbi e serbo-bosniaci. L'interesse nazionale era percepito con chiarezza da Tudjman e dai suoi uomini in Bosnia: si trattava di imporre a Sarajevo una Confederazione croato-bosniaca. La creazione dell'entità statuale autoproclamata dell'Herceg-Bosna era stata la risposta croata all'opposizione di Sarajevo a tale soluzione confederale. L'intervento diplomatico americano, nei fatti, sembra aver posto le premesse per la realizzazione in via definitiva e per la legittimazione in sede internazionale degli interessi strategici di Zagabria.

Una nota sulle cartine. L'uso delle mappe come strumento per sostenere pretese territoriali da parte di formazioni nazionaliste non è una novità nella storia europea. Niente è piú fuorviante, tuttavia, che assegnare alle cartine geografiche – soprattutto a quelle indicanti una composizione etnica – un attributo di oggettività.

La mappa della composizione etnica della Bosnia utilizzata da coloro che hanno elaborato i piani «di pace» è quella elaborata dalla Cia sulla base del censimento della popolazione jugoslava del 1981. Anche dando per scontata (e sarebbe un errore) la correttezza di tale mappa, nel magma nazionale della Bosnia-Erzegovina, il ritardo di dieci anni fra la compilazione della mappa e il suo uso in sede di architettura diplomatica dovrebbe generare sospetti. Owen, Vance, Stoltenberg e i loro successori hanno abituato il mondo a pensare che i bosniaci non esistono e che la Repubblica centrale della ex Federazione jugoslava sia abitata da serbi, croati e musulmani. La chiacchiera, l'informazione e la politica di tutto il mondo hanno cosí discorso della Bosnia alludendo a odi etnici secolari e all'inesistenza storica di uno Stato bosniaco. Non è di secondaria importanza ricordare che, mentre uno Stato croato realmente non è mai esistito, l'impero bosniaco di Tvrtko I Kotromančić (1353-1391) e i suoi precedenti sotto il Bano Kulin alla fine del XII secolo abbiano costituito uno degli esempi piú significativi di edificazione di uno Stato nell'Europa medioevale.

L'idea della suddivisione di un territorio su base etnica sorvola disinvoltamente sull'identificazione che una popolazione può avere con il territorio stesso: essa sacrifica l'identità locale sull'altare di quella etnica o religiosa, in Bosnia spesso secondaria prima della guerra. «Bosniaco» è una parola che per i mediatori internazionali – cosí come per i nazionalisti – non sembra aver avuto alcun significato. Eppure la storia non legittima in alcun modo la scomparsa dell'identità nazionale bosniaca a vantaggio di quelle etniche: serbi e musulmani di Bosnia hanno combattuto fianco a fianco nella maggior parte dei conflitti degli ultimi secoli, addirittura contro i serbi di Krajina, alleati nel XIX secolo con gli austroungarici. Né mai, nella storia bosniaca, vi è stata guerra fra croati e musulmani. Val la pena di ricordare che l'organizzazione nazionalista cui apparteneva Gavrilo Princip, l'assassino dell'Arciduca Francesco Ferdinando, combatteva per l'indipendenza della Bosnia dall'impero absburgico ed era in maggioranza composta da musulmani.

Anche la popolazione serba in Bosnia – cosí come in tutte le terre abitate dai serbi – è ben lontana dal costituire un tutto unico e compatto. I secoli di migrazioni a cui i serbi sono stati costretti nell'altalena delle vicende storiche dei Balcani hanno determinato grandi differenze fra i gruppi di nazionalità serba sparsi per tutto lo spazio jugoslavo. Un esempio particolarmente rilevante è la divisione politica fra serbi autoctoni in Vojvodina (antinazionalisti in grande maggioranza e avversi a Milošević) e serbi ivi giunti dopo le migrazioni di metà secolo (base del consenso nazionalista), messa in luce durante tutte le consultazioni elettorali degli anni '90. Ma anche in Bosnia, la gran parte di coloro che discendono dai piú antichi insediamenti in Bosnia si riconosce in un'identità definita dall'appartenenza territoriale piú che da quella etnica o religiosa: bosniaci piú che serbi o ortodossi. Di atteggiamento opposto la maggioranza di coloro che immigrarono dopo l'unificazione jugoslava. Nessuna mappa, ovviamente, distingue fra queste due composizioni. È bene ricordare che il 40 per cento dei bambini nati in Bosnia fra il 1982 e il 1991 ha genitori di nazionalità differente. Ronald Wixman sul «Mercator's World» di marzo-aprile 1997 (in italiano su «Internazionale» del 5 settembre 1997) si chiede: «Quali sarebbero state le linee della mappa [bosniaca in mano ai mediatori, Ndr.] se tutta questa gente fosse stata autorizzata a dire «Noi siamo bosniaci»?».

Le carte elaborate a Dayton ripetono sotanzialmente lo spirito di una suddivisione del territorio in cui è proprio il territorio la variabile meno considerata. Un paradosso geografico fecondo di diseguaglianze e tensioni esplosive anche per il prossimo futuro.

Personaggi. Il dopoguerra ha fatto di Mate Boban uno degli uomini piú potenti della Croazia. Dopo la fine del conflitto Boban, rientrato in Croazia, è stato designato dal vertice politico zagrebese alla direzione della Jna, la grande industria petrolchimica di Sisak, spina dorsale dell'economia croata. Mentre era in corso l'istruttoria a suo carico da parte del Tribunale dell'Aia per i fatti di Heliodrom, Boban è morto d'infarto, il 7 luglio 1997.

Il nome di Mladen Naletilić, detto «Tuta», citato da Izmet nella sua testimonianza, e quello dell'ex ministro musulmano BakirAlišpahić si ritrovano, nella geopolitica del tormentato dopoguerra erzegovese, sulle liste dell'Interpol: sono indicati come i principali boss delle organizzazioni croato-erzegovesi che controllano oggi il fiorentissimo mercato delle droghe nella regione: produzione su vasta scala di marijuana e transito di eroina di provenienza turca (una novità pericolosa, poiché va perduta la posizione di monopolio avuta in tale transito dalla regione del Kosovo, che si era con essa garantita una fragile pax mafiosa nel corso degli anni di guerra). Fra i traffici gestiti dai due compari e dai loro soci erzegovesi, i rapporti delle polizie internazionali segnalano anche lo smaltimento di rifiuti tossici e radioattivi di provenienza italiana, interrati nella zona di Mostar.Ališpahić è libero, Naletilić è stato arrestato nella primavera del '96. La via che collega Mostar a Spalato, sulla costa, è oggi una delle direttrici piú fertili per la nuova economia criminale uscita dalle guerre jugoslave.

Responsabile del sistema carcerario croato-erzegovese è Zlatko Aleksovski. La sua storia contraddice in maniera singolare il pregiudizio che vuole fra i popoli della Bosnia un odio naturale. Dirigente giovanile del partito comunista a Zenica, città quasi interamente musulmana nel cuore del paese, Zlatko è un macedone di madre serba, timido con le ragazze e pacifico per natura: all'inizio del conflitto non sa da che parte schierarsi e scrive lettere a un'amica in cui ripete che questa non è la sua guerra. Avendo mandato la moglie e il figlioletto di un anno sulla costa dalmata nella speranza di metterli al sicuro dai bombardamenti serbi, Zlatko si trova a viaggiare avanti e indietro per l'Erzegovina: è cosí che entra, quasi per caso, nell'orbita dell'Hvo, dove dimostra un certo talento strategico e, allo scoppiare delle ostilità con i bosniaci, una notevole spregiudicatezza: fa bombardare in ora di punta il centro commerciale della sua città, Zenica. Per la morte delle 19 giovani vittime di quell'azione, oggi Zlatko deve rispondere dell'imputazione di crimini contro l'umanità al Tribunale dell'Aia. Ma il bombardamento è solo l'inizio di una rapida carriera che farà del giovane intellettuale riluttante uno degli ingegneri dello sterminio.

La figura piú enigmatica nella storia di quei mesi è però quella del luogotenente di Aleksovski, un musulmano passato alle truppe croate dell'Hvo con incarichi di importanza strategica nella guerra contro i suoi connazionali, benché soltanto pochi mesi prima, comandante della difesa governativa a Sarajevo, fosse accusato di crimini ai danni dei civili croati. Jusuf Prazina, consegnato alle discutibili leggende del tempo di guerra con il nomignolo di Juka, è infatti l'uomo che ha guidato la prima resistenza di strada contro l'aggressione serba di Sarajevo.

Quando decide dei destini di Izmet e di altri 4000 civili (è la cifra fornita dal croato Krešimir Zubak, oggi dirigente della federazione croato-bosniaca e allora vicecomandante dell'Hvo, ma le cifre di parte bosniaca parlano di 7000 detenuti nell'agosto '93), Juka non ha ancora 31 anni, e la sua permanenza a Mostar è ormai agli sgoccioli. È cresciuto nel quartiere di Alipašino Polje, periferia nord di Sarajevo, dove ha messo in piedi la sua banda. Tre anni prima di incontrare Izmet, Juka, poco meno che ventottenne, era un piccolo boss della malavita sarajevese, a capo di un pugno di uomini specializzati nell'estorsione, nel controllo della prostituzione e nei traffici con l'estero, in particolare Belgio e Germania dove l'emigrazione bosniaca ha prestato uomini alle mafie locali negli anni caldi successivi all'89, quando le linee di transito della droga pesante vengono ridefinite, rivoluzionando le frontiere del mercato criminale in Europa.

Allo scoppio della guerra Juka è una piccola potenza nella «mala» della capitale, dispone di uomini in armi e di un *know how* militare prezioso per la parte bosniaca priva di un esercito. «Quelli di Juka» si distinguono in spericolate operazioni dietro le linee serbe e costituiscono una vera spina nel fianco dell'esercito – a quel tempo ancora federale – che strangola la città. Dopo pochi mesi di guerra, nell'estate del '92, il giovane Prazina è a capo delle «unità speciali» dell'esercito bosniaco, tremila uomini: con una velocità che solo una guerra anomala consente, il piccolo padrino si fa generale. Generale di un esercito che non c'è. E infatti Juka, che fa del controllo del mercato nero la sua forza, capisce al volo le conseguenze che l'organizzazione nella legalità di una vera forza militare governativa può avere per i piccoli delinquenti come lui. Nel settembre del '91 il «generale» Prazina si trova in aperto conflitto con la direzione politica e militare di Sarajevo che accusa di trarre profitto dal prolungarsi della guerra. In realtà i suoi contrasti con il vertice dell'armata, in particolare con il generale Sefer Halilović, hanno per oggetto il controllo criminale del territorio. Gli uomini di Prazina si scontrano ripetutamente con la polizia bosniaca e, a ottobre, Juka è asserragliato con duecento uomini sul monte Igman, fra le linee serbe e quelle bosniache, dove combatte una guerra personale sostenuta dal racket e dal taglieggio dei civili. La sua figura ambigua crea imbarazzo nelle alte sfere e, nonostante la rapina sistematica, le sue piazzate da Robin Hood raccolgono simpatia e consensi nella popolazione della capitale.

Il «celebre combattente» viene spazzato via dalle sue posizioni sull'Igman da un'offensiva delle sue vecchie forze speciali, ora comandate da Zulfikar Ališpahić («Zuka»), pochi giorni dopo Natale. Nel gennaio del '93 Juka salta definitivamente il fosso e ricompare a Mostar dove offre all'Hvo croata un formidabile argomento di propaganda e una notevole spregiudicatezza militare: la formazione di cui diviene comandante si segnala nella primavera del '93 per le atrocità ai danni dei civili musulmani. Il 7 luglio del '93 Juka manda un ricordino anche all'ex rivale Halilović (nel frattempo rimosso dal comando dell'esercito bosniaco), la cui moglie, incinta, è assassinata per strada a Sarajevo.

Ma la strada del «generale» Prazina porta ancora lontano. Il 26 ottobre 1993 parte a Sarajevo una vasta azione contro le organizzazioni criminali annidate all'interno dell'esercito, il racket che avvolge ormai l'intera distribuzione di aiuti umanitari e generi di prima necessità viene represso con durezza. Ma Juka non è stato ad aspettare: gran maestro degli affari di guerra, conosce bene la legge per cui non c'è fronte né frontiera impermeabile ai commerci criminali, e non ha mai perso il contatto con i vecchi amici rimasti sull'altro versante delle trincee. La campagna bosniaca sui crimini di guerra era prevedibile e l'ex scugnizzo di Alipašino Polje è troppo intelligente per non capire che cosa si sta muovendo. Anche dalla parte che ha scelto, quella croata, la terra sotto i suoi piedi è malsicura: uno come lui può diventare da un giorno all'altro preziosissima merce di scambio in giochi diplomatici dove è possibile qualsiasi rovesciamento. Quando Haris Silajdzić è nominato primo ministro e nelle strade di Sarajevo si combatte casa per casa fra regolari e ribelli, Juka è già sparito da un mese, forse senza neanche salutare i vecchi amici. È un profugo, anzi, un rifugiato. Vive a Liegi, in Belgio, dove ha ottenuto asilo politico. Riannoda le file con la malavita che ne aveva fatto la fortuna prima della guerra, tenta di riprendere il suo vecchio mestiere, programma un'esistenza lontano dalla Bosnia, non tanto diversa da quella che ha vissuto finora: blindato, accompagnato da tre guardie del corpo, giorno e notte il giubbotto antiproiettile addosso. Sa che l'unità Delta, reparto d'*élite* dei servizi segreti bosniaci comandato dal figlio di Izetbegović, Bakir, lo cerca. La sua fortuna è sempre piú in bilico.

La notte di capodanno del '94 in un parcheggio dell'autostrada Liegi-Acquisgrana due autostoppisti rumeni scoprono il cadavere di un uomo giustiziato con due proiettili alla nuca. La polizia belga lo identifica immediatamente: Juka era sotto osservazione da tempo, anche se si muoveva liberamente lungo il confine con la Germania. È proprio in Germania che, secondo i risultati dell'inchiesta, il «generale» ha incontrato la «sua» pallottola. Per mano delle sue stesse guardie del corpo.

Oggi Izmet, con il suo carico di memoria, di nomi di vittime e carnefici, di riferimenti geografici e cronologici precisi e metodici, con l'indicazione di decine di altri testimoni che possono incrociare e riscontrare i suoi racconti, si propone come testimone di accusa al Tribunale internazionale sui crimini di guerra.

Due donne con le borse della spesa e con le gambe gonfie si accostarono al cancello del generale, poi si allontanarono dopo aver lanciato una lunga occhiata all'interno del giardino. Mi venne da pensare che avessero voluto entrare e, vedendomi con il padrone di casa, avessero cambiato idea. Ma c'era qualcosa di strano nel loro gesto, qualcosa di meccanico: lo avevano compiuto un po' troppo rapidamente, come in una specie di sequenza liturgica. Il generale si accorse della mia perplessità e se ne uscí in un risolino. «Vengono a dimostrare che non mi salutano – disse – è la sanzione della comunità per un profittatore di guerra». Fra le montagne i modi della convivenza a volte si cristallizzano in rituali netti e rozzi. Qualcuno aveva anche sputato sul cancello, mi raccontava il generale. La nostra conversazione, scandita dal macinino per il caffè turco maneggiato dalla ragazza musulmana, era quasi al termine.

Fino a pochi mesi prima, in quella stessa comunità, il generale era un personaggio importante, un'autorità a cui rendere omaggio con la stessa ritualità con cui ora qualcuno gli manifestava il suo disprezzo. Poi era uscito dal suo ruolo, e lo aveva fatto in una maniera eccessiva, sbilanciata, trasformandosi, nell'immaginario di quella gente, in un ambiguo affarista.

Nella lunga stagione che comprende l'estate e un lembo dell'ultima primavera e del primo autunno, il generale si trasferiva dalla città in quella casetta, nel paese dove era nato, spesso in compagnia della figlia e del nipote. Passavano i mesi caldi all'imbocco di una delle piú selvatiche valli delle Alpi piemontesi, in mezzo a boschi scuri che, quando li incontrai, accennavano già ai colori dell'autunno. Da qualche tempo, su incarico del Comitato d'accoglienza, nei fine settimana facevo visita alle famiglie che ospitavano profughi bosniaci in Piemonte. Si era organizzato un piccolo servizio di sostegno a chi aveva dato la sua disponibilità. In quell'attività di mediazione e interpretariato mi accompagnavano Alma, una donna bosniaca sposata a un italiano, e Reuf, uno dei primi profughi arrivati in seguito al programma del Comitato. Il caso del generale lo conoscevamo bene: era stato uno dei primi a mettere a disposizione la casa dove ora ci trovavamo e poi aveva periodicamente preso contatto con noi allo scopo di rintracciare, e possibilmente portare in Italia, i parenti dei suoi ospiti che chiedevano di riunire la loro famiglia lontano dal macello jugoslavo. Nel corso di tre anni, dal primo inverno di guerra, si erano avvicendate nella sua casa venticinque persone, scampate alle «pulizie etniche» della Bosnia settentrionale. Di altre quattro persone si era occupato trovando direttamente un alloggio in paese, nei pressi di casa sua.

Mettendosi a capo di una comunità di trenta persone, il generale aveva sfrontatamente superato la barriera della solidarietà orizzontale, aveva violato la legge non scritta per cui solo l'uguale aiuta l'uguale.

Un uomo alto, di sessantacinque anni, in cui si alternano maniere da gentiluomo e certe ruvidezze militari attenuate da un notevole senso dell'umorismo. «Ho passato tutta la vita a prepararmi a una guerra – mi diceva – e adesso mi trovo a trafficare con la pace». Di errori raccontava di averne fatti tanti, ma da buon soldato pensava che agire, sbagliando, fosse meglio che attendere: «In fondo nessuno sa come fare: non esiste una laurea in accoglienza profughi». Un orso di montagna, facile ai ricordi e alla malinconia. Amava cucinare per tutti: «Mostra il suo affetto – mi aveva detto il genero tempo prima – ingozzando la gente che ama».

Aveva aperto la porta a una diversità dolente e con essa aveva convissuto, donchisciottescamente. Cosí aveva in qualche modo infranto un dogma e fatto arrabbiare tutti: i suoi concittadini e i suoi beneficiati.

Avevamo parlato per ore: fino a quel momento era riuscito a trovare alloggio per tutti i suoi ex ospiti, ma per le due donne che ancora vivevano in quella piccola casa, scomoda e fredda d'inverno, non saltava fuori nulla. Per questo si era rivolto ancora una volta al Comitato. Ora era stanco. Indicò la figlia che stava versando il caffè turco per tutti e disse: «Ne parli con quella lí. In fondo sono lei e suo marito che mi hanno incastrato in questa storia». Si congedò con un giornale sotto il braccio, dopo essersi accertato con severità che mi avrebbe ritrovato a cena. Anche le due donne bosniache si ritirarono nella casa al di là del prato e rimasi con Barbara, la figlia del generale. Mi sembrava di capire l'agitazione di quella donna: ero buon amico di Michele, suo marito, e sapevo della loro situazione famigliare complicata. Mi sentivo anche un po' in colpa, ascoltando il racconto di fatti che in parte conoscevo. In fondo, ero fra quelli che avevano contribuito a trascinare Michele nella vicenda del Comitato di accoglienza. Non avevo mai nascosto la mia ammirazione per lei, che aveva condiviso una scelta per molti versi estrema, portandone spesso il peso in solitudine, forzata a gestire gli aspetti piú prosaici e quotidiani della convivenza, senza gli stimoli violenti che muovevano Michele e in parte sostenevano la sua fatica.

I primi ospiti erano arrivati a Torino in una freddissima domenica mattina, all'inizio del '93. Barbara e Michele avevano incominciato per caso a seguire le riunioni del comitato spontaneo nato per l'accoglienza dei profughi: la figura di spicco era quella di un carrozziere che organizzava viaggi nel campo profughi di Karlovac, a sud di Zagabria: un personaggio molto attento a sé, scosso da un fremito ogni volta che pronunciava la parola «io» (e generalmente la faceva seguire dalle parole «ho scelto»); uno che non esitò, di fronte all'offerta da parte di Barbara e Michele di prendere quattro persone, ad assegnarne loro prepotentemente nove. Davanti a lui saliva il fastidio naturale di Barbara per i puri del volontariato, ma il carrozziere era mosso da un impulso sincero, sapeva scegliere le parole e poi le condizioni del nucleo familiare che veniva loro proposto toglievano il fiato a qualsiasi argomento. Accettarono quasi senza accorgersene.

Erano confusi e preoccupati per la prospettiva di una convivenza cosí affollata e soprattutto per l'impegno al mantenimento dei profughi fino al loro ipotetico ritorno in Jugoslavia. Firmarono le lettere di garanzia in Questura e passarono poi un mese di tensione, che li portò dritti in piazza Castello, il mattino del 7 febbraio, a raccogliere, appena scesi da un pullman, i loro ospiti: due fratelli sui trent'anni, di nome Smajlović, con le mogli e cinque bambini, fra cui due gemelli di appena due mesi, Adis e Alisa. A loro i giornali locali, mobilitati dal carrozziere umanitario, con il solito gusto della sensazione avevano intitolato l'intera vicenda che portava a Torino i primi 32 rifugiati dal nord della Bosnia: «operazione Adis e Alisa», come una specie di film anni '60.

La distanza tra il *qui* e il *lí*, e tra il fatto e lo sguardo che vi si posa, era già tutta contenuta («anche se noi nell'agitazione non eravamo attrezzati per percepirla», secondo le parole di Barbara) nel breve scambio di battute fra Kerim, il padre dei gemelli, e un cronista locale: «Che cosa vi aspettate, ora, dall'Italia?». «Di non crepare».

Che cosa significhi perdere tutto – proprio tutto – da un giorno all'altro, tutti noi coinvolti nell'operazione accoglienza avremmo incominciato a intuirlo piú avanti, in mille modi frammentari, nelle conversazioni della mattina con la baby sitter magari, o nelle telefonate notturne che Reuf si ostinava a fare in quella che era stata la sua casa a Prijedor sperando di spaventare i vicini che l'avevano occupata («i serbi sono tutti superstiziosi», pensava, dicendo di essere il fantasma di Reuf Dedić, tornato per portarli con sé). Per il momento Barbara e Michele imparavano che cosa significhi il semplice imprestare, pieni di ansie com'erano per la difficoltà della comunicazione. Barbara mi raccontava con voce tranquilla i pensieri di quel mese d'attesa: «E come faremo a spiegare il funzionamento delle stufe? E poi chissà chi sono, spaccheranno tutto, magari senza volerlo...» Senza volerlo, appunto: come tutti noi coinvolti nella vicenda bosniaca, Barbara e Michele coltivavano il loro personale, medio bagaglio di pregiudizi inconfessati, centrati proprio sulla differenza fra il *qui* e il *lí*.

Con la loro auto e con quella di un amico portarono i nove ospiti e i loro poveri bagagli in campagna, dove il generale aveva preparato un ricco pranzo che imbarazzò tutti. «Infatti li lasciammo da soli quasi subito, eravamo perplessi e goffi nell'offrire la nostra disponibilità. Notai solo che Kerim aveva la faccia un po' sporca e che Nuzra era stanchissima, senza forze. In piú non ci capivamo, cosí dopo mezz'ora uscimmo con sollievo, chiudendo la porta».

Il generale e i suoi scoprirono in fretta che le loro preoccupazioni sul corretto uso delle stufe e del camino erano infondate: i bosniaci erano piú esperti di loro in tutto. Nel giro di poco tempo ripararono il cancello, riordinarono la cantina, coltivarono l'orto abbandonato e ne fondarono un altro, ricostruirono il pergolato della casa vecchia.

Le difficoltà c'erano, ma Barbara e Michele non erano soli: il generale («Ho lavorato come un cane tutta la vita e se adesso non potessi permettermi qualche capriccio sarei veramente un fallito»), era disponibile a qualunque spesa, e poi c'erano astanti, amici, curiosi. E gli altri nuclei di accoglienza (a Castelnuovo Don Bosco, a Dronero, ad Alba, un po' dovunque in Piemonte) incominciavano a coordinarsi e a fornirsi assistenza reciproca, per il tramite del Comitato torinese. Iniziarono ad arrivare soldi e vicini di casa dapprima diffidenti e poi generosi nell'offrire verdura e abiti per i bambini. «È la prima fase dell'accoglienza – mi aveva detto il generale –: quella epico-romantica, seguono poi la fase cinico-repressiva e quella serbo-bosniaca, quando li prenderesti a cannonate».

Loro, i profughi, ogni volta che potevano mostravano le foto portate via nella fuga: foto di una giovinezza perduta, di amici morti, di case costruite e abbandonate. Kerim ripeteva il racconto di una fucilazione a cui era sfuggito buttandosi nel fiume, sua moglie parlava della gravidanza vissuta in un bosco, con il piccolo Kemal al seguito. Alla fine di queste fughe il campo di Karlovac, diretto da un'ex suora francescana, Alessandra Morelli, e la possibilità di un transito in Italia. Barbara e Michele cercavano in giro soldi e pannolini e passavano le sere a bere caffè bosniaco e a mangiare dolci strani e zuccherosi. E intanto i gemelli crescevano, con il latte Nidina procurato da pediatri di buona volontà; le bambine piú grandi andavano a scuola e Kemal si mostrava fantasioso e allegro, anche se i suoi raccontavano che era sfuggito piú volte alla morte, correndo su campi minati (il suo primo disegno all'asilo fu una casa che saltava in aria, colpita da una granata).

La primavera portò via il freddo e l'uso delle stufe, a cui nessuno pensava piú. Il generale cucinava per tutti e gli amici riempivano il giardino ogni domenica e facevano il bagno nel torrente insieme a Kerim, suo fratello Edhem e Michele. Barbara, madre da poco tempo, stava lontano dall'acqua, e i bosniaci la riempivano di attenzioni e la coccolavano, con cuscini sotto il sedere, coperte e cappelli. Ogni tanto si sentiva stanca e litigava con Michele, perché lui era molto impegnato e avevano poco tempo per stare da soli. Quando partiva per la Croazia per andare a prendere dei profughi, lei cercava di mostrarsi tranquilla, ma non sempre ci riusciva. Le sarebbe sembrato peggio, però, cercare degli alibi e farlo restare a casa: non funziona – pensava – un progetto di convivenza per il quale si è chiusa la porta ad altre persone, anche se a volte la voglia di non vedere è forte...

Nella casa era arrivata intanto un'altra famiglia, proveniente dal campo di concentramento di Trnopolje (il capofamiglia era stato a Omarska, un nome piú volte sussurrato, con uno strascico di timore e insieme di pudore, nelle sere d'inverno) e priva di documenti d'identità. «Un giorno mio genero – mi disse il generale a cena – se ne arriva da Karlovac con l'aria di uno che si vergogna e mi dice: "Sai, ho un problema". A me è venuto un mezzo accidente perché ho capito subito di che problema parlava, ma mi andava di fare il duro e gli ho chiesto soltanto: "Quanti sono?". Mi ha detto che erano quattro, ma aspettavano un bambino».

Un caso, di nuovo, non una scelta: un regalo quasi imposto da Alessandra Morelli. Michele si era unito alle attività del Comitato accoglienza diventandone uno degli organizzatori. Nella convivenza con la famiglia Smajlovic aveva imparato a masticare un po' di serbocroato, «con l'accento di un contadino della Krajina bosniaca» facevano notare divertiti i suoi ospiti. A Karlovac era andato per organizzare la fuga da Banja Luka di certi parenti di Kerim. La Morelli, donna di grande praticità, aveva accettato di aiutarlo, ma aveva buttato lí, come per caso, una frase: «Vorrei che conoscessi delle persone». Michele era tornato ossessionato dalla famiglia che lei gli aveva presentato: quattro persone sfuggite ai campi di sterminio del nord bosniaco. Erano stati oggetto di ogni tipo di violenze, le due bambine avevano assistito allo scempio dei genitori e ora non articolavano parole, soltanto una riga di lacrime permanente sulla guancia e l'aria spaventata di chi aspetta il suo turno. Il padre e la madre, diffidenti e sottili come spettri, cercavano con fatica i gesti di un'antica cortesia spezzata dalla brutalità che li aveva travolti. Alessandra Morelli aveva detto a Michele: «Questi non sopravvivrebbero in un campo profughi, una situazione collettiva darebbe loro il colpo definitivo». Sapeva che in Piemonte si stava organizzando una rete di accoglienze per nuclei familiari. «Se non ve li portate via entro quindici giorni – aveva aggiunto, preoccupata – li perdiamo».

Piú tardi io, traducendo brani di un diario, incominciai a entrare nella notte di Omarska e a intravvedere il profilo oscuro di un'Europa diversa da quella disegnata dai princípi illuministi che avevo creduto indissolubilmente legati al suo nome; ma a Michele allora, il 7 maggio, era bastato trovarsi di fronte un uomo ferito nella dignità, mutilato del pollice, magrissimo (45 chili per due metri di altezza), una donna senza denti in attesa di un figlio, una bambina di quattro anni che scuoteva la testa meccanicamente e in continuazione e un'altra piccolina spaventata.

Iniziò un periodo difficile per tutti, nella casetta del generale: i primi arrivati si sentivano a disagio, chiamati ad accogliere un'altra famiglia quando erano essi stessi devastati e angosciati; a volte Barbara e il generale non riuscivano a far altro che stare a guardare le ragazze piangere per un'ora, senza sapere o potere far nulla. Altri erano arrivati: sedici persone vivevano troppo vicine con le loro angosce e le loro paure del passato e del futuro. Si cercava lavoro per qualcuno, perché a poco a poco i nuclei si rendessero indipendenti. Il generale non chiedeva niente a nessuno e parlava solo quando aveva qualcosa da dire. Ogni tanto ridacchiava al pensiero delle voci che si spargevano nel vicinato, voci secondo cui lo Stato lo finanziava per il mantenimento dei profughi e lui, in silenzio, si arricchiva in quel modo ingegnoso e subdolo (la menzogna si invera attraverso la verosimiglianza e la verosimiglianza richiede il dettaglio: la cifra pro capite, secondo quelle illazioni, andava dalle sessanta alle ottantamila lire al giorno). Nascevano le prime tensioni tra le famiglie. La sera suonavano la chitarra, cantavano ma poi scendeva su tutti la tristezza per il pensiero degli amici rimasti laggiú, per le lettere mai arrivate, per il paese perduto per sempre, per i genitori.

Già, i genitori. E tutti i parenti rimasti ai lavori for-

zati o internati in qualche campo nelle regioni «libera-
te» dai conquistatori. I discorsi si facevano piú osses-
sivi, la nostalgia diventava bisogno, irrefrenabile bisogno di ammucchiare brandelli di memoria, di ricosti-
tuire l'identità violentata, di lasciare una traccia, in
contraddizione con la voglia di assimilarsi. Se una donna diceva che questa guerra non sarebbe mai finita, il
marito ripeteva che ora la sua patria erano la moglie e
i figli. Eppure in tutti rimaneva febbrilmente viva l'immagine, apparentemente banale, di mucchi di carta da
bollo scomparsi, di archivi cancellati: avevano nostalgia dell'anagrafe e del catasto.

Il senso di quello che era accaduto nelle loro città si
chiariva parzialmente anche per gli italiani nell'immagine dei bulldozer che portavano via le macerie e pa-
reggiavano al suolo interi quartieri: monumenti storici, religiosi, ma soprattutto, e con meticolosità particolare, uffici anagrafici e catastali. Il significato di
quell'operazione era inequivocabile: chi non esisteva
piú non doveva neppure essere mai esistito. Ora si trovavano ad affrontare, invece di quelle carte sprofon-
date nel nulla, un'altra burocrazia, sfuggente e incomprensibile a menti abituate al rigido sistema socialista:
code snervanti per un permesso provvisorio di soggiorno, cavilli e difficoltà apparentemente insormon-
tàbili, frustrazioni e nervosismi, ma anche porte che si
aprivano inaspettatamente, imprevedibili solidarietà
da parte dell'agente di turno che, con un colpo di bac-
chetta magica, risolveva in un lampo problemi ingombranti come montagne. Il generale, pensionato e ormai
«nonno» di cinque bambini bosniaci, accompagnava
instancabilmente i suoi ospiti, ora in questura, ora alla Usl, all'ispettorato del lavoro, alla motorizzazione
civile, all'ufficio di collocamento, al servizio sociale, al
consolato, all'ufficio stranieri del comune. Affrontava
le richieste piú assurde (una volta un funzionario della questura aveva preteso che i fuoriusciti dal campo di
sterminio esibissero documenti rilasciati «dall'ambasciata jugoslava», cioè dall'autorità che in quei campi

li aveva internati. Il generale in quell'occasione aveva tentato di spiegare al solerte funzionario che la Jugoslavia non esisteva piú e quel nome era stato usurpato dalla Serbia. Invano. Ma era stato sufficiente tornare qualche settimana dopo e trovare un altro funzionario, magari con un altro chiodo fisso piú aggirabile).

Anche la messa in regola della loro situazione burocratica in Italia, però, segnava in maniera sempre meno reversibile il loro distacco dalle origini.

La richiesta, poi, di rintracciare e far fuggire i genitori anziani rimasti in patria arrivava al Comitato da gran parte dei nuclei di bosniaci accolti in giro per la regione. E, invariabilmente, l'arrivo dei genitori in una famiglia di profughi, dopo la commozione e la gioia del primo incontro, significava un'acutissima crisi, lo sprofondare in uno stato depressivo e a volte violento, davanti alla consapevolezza del taglio irreversibile delle radici.

In quei mesi Barbara e la sua famiglia videro dissolversi progressivamente la speranza dei loro ospiti di tornare a casa. Difficile perdere tutto, anche la memoria, essere cancellati dalla storia, vivere alla periferia di se stessi, sempre in allarme all'idea di essere scambiati per immigrati, per gente che ha scelto di andare via.

Barbara si chiedeva se Adis e Alisa avrebbero mai capito il sacrificio dei loro genitori che ora, a ventisette e trent'anni, dicevano di non aver voglia di vivere, di sentirsi vecchi, di «tirare avanti per i figli».

Barbara e Michele erano sempre piú coinvolti, invischiati loro malgrado, nella rotta di quelle vite offese. «Michele diceva spesso che dopo averli visti negli occhi era impossibile tornare alla vita di prima, lasciarli lí. Ogni volta che tornava da Karlovac impiegava giorni interi, a volte settimane per uscire da una nuvola di tristezza, di paura persino». La guerra aveva perso ogni distanza da loro due, era entrata nelle loro vite come una condizione presente, quasi un futuro obbligato. Michele ridendo diceva spesso di essere «jugodepresso». «Il fatto – mi diceva Barbara – è che non eravamo piú

in grado di discutere le nostre azioni»: la scelta era stata una soltanto e soltanto all'inizio: quella di lasciarsi
travolgere. Dopo di allora tutto aveva incominciato a
correre da sé. Il non poter piú discutere il dettaglio e il
motivo delle azioni quotidiane, sovrastate da un unico
gesto originario, avrebbe finito per risultare pesantis-
simo per la loro intimità, anche se Barbara, abbassan-
do lo sguardo, mi diceva con un filo di pudore: «Il fatto che Michele e io non siamo piú insieme c'entra solo
fino a un certo punto con questa storia».

Lasciarsi travolgere: la scelta di Barbara e del suo
compagno aveva finito per essere dirimente, in molti
sensi. Aveva portato a una selezione imprevista anche
delle loro amicizie. La loro vita privata fagocitata aveva subíto una sterzata anche negli aspetti e nei tempi
che rimanevano estranei alla convivenza con i profughi. Incontrare Barbara e Michele e parlare di Jugoslavia e di guerra era tutt'uno. «Gli amici e i colleghi
di lavoro – mi raccontava lei – hanno uno strano atteggiamento, sembra che debbano mettersi sempre e
per forza in relazione con un nostro ruolo legato all'accoglienza. C'è chi aderisce con entusiasmo romantico,
chi prende le distanze, chi si sente giudicato, chi giu-
dica. Insomma, nell'immagine di chi ci incontra, i bosniaci sono diventati la forma stessa della nostra esistenza». Barbara e Michele erano diventati oggetto di
chiacchiere febbrili da salotto: coccolavano troppo i
profughi, non si preoccupavano di coltivare la gratitu-
dine di questi verso gli ignoti finanziatori del loro progetto di accoglienza, curavano la loro stessa gratificazione nel rapporto vampiresco con la sofferenza, ge-
stivano male i soldi affidati loro, non si rendevano
conto di questo, non si rendevano conto di quello...
Eppure, nonostante i rapporti di grande affetto, di intimità quasi familiare, Barbara e Michele avevano ba-
dato a non immischiarsi nelle complicate geometrie di
clan che si intuivano in mezzo alle relazioni in parte
occulte che correvano fra i loro ospiti. L'incalzare dei

bisogni quotidiani era però tale da togliere il fiato: fra un'operazione chirurgica, una ricerca di documenti, una caccia a scarpe, suppellettili, appartamenti, medicine per i bosniaci, avevano perso ogni residuo di vita privata.

E in piú capivano che la distanza fra il *qui* e il *lí* aveva agguantato anche loro, mettendoli inesorabilmente dalla parte del *lí*. Il primo segnale di allarme arrivò da una direzione inattesa. «Abbiamo venduto i bosniaci a lotti», mi diceva Barbara: avevano aperto un conto corrente intestato ai profughi e avevano poi distribuito bollettini per il bonifico periodico ad amici e parenti, chiedendo di sottoscrivere piccole quote mensili (dalle trenta alle cinquantamila lire) per il mantenimento degli ospiti. Con quel semplice sistema avevano trovato un sostegno sicuro alla loro fatica economica. Alcuni amici si erano incaricati di pubblicizzare al massimo l'operazione raccogliendo a loro volta quote fra i loro conoscenti. Un giorno giunse la notizia che alcuni fra quelli che avevano contribuito ritiravano le loro quote perché secondo loro il denaro non veniva speso in modo corretto.

Barbara e Michele si trovarono per la prima volta ad affrontare il problema delle «voci», quell'elemento potentissimo e inarginabile che avrebbe determinato in maniera pesante il corso successivo delle loro esistenze: i soldi venivano usati per pagare vacanze di lusso e comodità non adeguate alla condizione di profugo, oppure i bosniaci rifiutavano qualsiasi offerta di lavoro perché trovavano piú comodo vivere alle spalle di chi finanziava l'operazione, o ancora mostravano un intollerabile disprezzo per il denaro faticosamente raccolto da chi li ospitava («addirittura qualcuno giurava di averli visti fare un'offerta a un marocchino per strada!»). «Era tutto falso – Barbara si stava accalorando – naturalmente, loro chiedevano solo di lavorare, a ogni costo e in ogni modo, in nero, di notte, a rischio della salute». Ma dovevano imparare che ciò che si dice è piú vero e piú efficace di ciò che è. «Una mia zia che

vive in paese si allontanò definitivamente da noi dopo
che Mensura, una delle ragazze ospiti, le ebbe esposto
il suo problema: la forfora. Mensura voleva uno shampoo contro la forfora, e questo da parte di una profuga era intollerabile». La parola «profugo» doveva in-
collarsi a quelle vite come un marchio, segnava una condizione irreversibile, di non cittadinanza. «Il profugo
è uno a cui si può far visita, ma con cui non si può fare una vacanza. Al massimo – diceva Barbara – puoi
tollerare che porti i figli alla festa del tuo». È vero.
L'espressione che apre ogni discorso sui profughi, mar-
cando inesorabilmente le loro vite, è: «nelle loro condizioni». Barbara precisò: «Anzi, "come possono permettersi, nelle loro condizioni, di..." e poi segue un
elenco di comportamenti sconvenienti come fumare,
rifiutare, desiderare una macchina, avere la forfora».

Mentre ascoltavo Barbara e si avvicinava l'ora di cena, mi si chiariva quel che era successo a lei e Michele, usciti dal consesso civile senza volerlo, ostinati in
una sfida quasi impossibile.

«Il giudizio su quella gente», continuava lei tor-
mentando una tazzina come se sapesse leggere il futuro nei segni lasciati sul fondo dal caffè «ciascuno lo ta-
glia su se stesso. Guarda Edina», indicò la ragazza musulmana che lavorava in fondo all'orto. «Tutte le notti
che Dio mette in terra, senza feste, senza pause, trenta o trentuno volte al mese, le passa al capezzale di
un'anziana malata. Dalle nove di sera alle otto del mattino. Poi, prima di andare, fa le pulizie in casa, fino a
mezzogiorno. E questo in nero, per quarantamila lire
a notte. Un milione e duecentomila al mese con cui
mantiene la famiglia a Donji Vakuf. Sai cosa mi ha detto un'amica a cui lo raccontavo? "Anche noi, in casa
editrice, all'inizio prendiamo quella cifra". Un altro,
di ritorno dalle Azzorre, si arrabbiò perché cercavamo
di far fare una vacanza al mare alle bambine uscite da
Trnopolje: "Vivono in quella vostra casa di montagna
bellissima dove io starei benissimo: *nelle loro condizioni* la vacanza è uno spreco"».

Il racconto di Barbara mi faceva uno strano effetto, vedevo per la prima volta chiari e insieme, come in provetta, tutti i nodi irrisolti del progetto azzardato che avevamo messo in piedi con l'avventura dell'accoglienza, le stesse contraddizioni in cui anch'io mi agitavo, anche se in maniera meno violenta e con minor coscienza. Il contatto con un profugo mette alla prova i tuoi valori, nel dettaglio: te li va a stanare in tutti gli angoli di falsa coscienza in cui puoi nasconderli, costringe a verificare senza vie di fuga il tuo sistema di vita. È contro l'istinto di sopravvivenza che vai a sbattere, quello che trasforma una persona in condizione di svantaggio in uno che deve in qualche modo scontare la colpa dell'inferiorità. Chi attraversa la soglia della benevolenza a distanza, della carità da conto corrente, delle fiaccolate e degli armadi svuotati per raccogliere coperte e cappotti, scopre come è naturale, davanti a chi ha perso tutto, misurare la distanza che ti separa da lui, intendere la disparità come un fatto di natura. E succede anche a quello che sta portando aiuto e che si avvicina con le migliori intenzioni. «È quello che è capitato anche a noi, fin dalla storia delle stufe. Io non credo, per esempio, che siano in malafede tutti quelli che offrono lavoro a condizioni di schiavitú».

Barbara faceva riferimento a una realtà che mi era ben nota: al Comitato arrivavano quotidianamente offerte di lavoro impraticabili. Ed era fatica sprecata tentar di convincere chi dava a una coppia una casa gratis, «in cambio di una prestazione di custode per lui e colf per lei», che poi c'era il problema del vitto, che non bastava concedere un pezzo di terra per l'orto, che avrebbero avuto bisogno di soldi per comprarsi carne, pane e altre cose...

«Se noi non accettiamo queste proposte, veniamo tacciati di integralismo, di scarso realismo (e Michele per la verità un tantino integralista lo è diventato). A un amico pacifista riconosci una grande coerenza se rifiuta un lavoro redditizio in una ditta informatica che lavora per il mercato militare, ma a un *profugo* non con-

cedi margine di scelta». Che è come dire che non gli
concedi margine di cittadinanza. Cioè profugo è il contrario di cittadino, di portatore di diritti. Con frasi che
cominciano con «nelle sue condizioni» tracci frontiere, classifichi, proprio come fai con coppie di termini
come *qui* e *lí*, *Europa* e *Balcani*. Ma lo scenario che di-
segni, parlando di recessione economica e di disoccu-
pazione, non vale mai per te, al riparo degli ammor-
tizzatori sociali di cui godi senza volerlo riconoscere:
«Fai di te stesso – diceva Barbara – il metro del giudizio, ma non è mai vero che accetti l'equivalenza fra te
e loro, se non per dire come sono ingrati loro e malpa-
gato tu». «C'è chi dice – continuava la figlia del generale – che sospendendo il giudizio siamo noi a mante-
nerli in una condizione di minorità, a non trattarli da
adulti. Ma la verità è che a un adulto consenti di aver
bisogno di uno shampoo antiforfora. Su di loro pesa
una maledizione che non li lascerà piú».

Devi fermarti a ragionare per capire che cos'è che
davvero fa nascere le distanze. La spontaneità e il cuore sono balle: «All'amica perdoni con una risata la follia dell'acquisto di una *station wagon* in occasione della nascita del primo figlio, perché non c'è il sentimento di una diversità da cui mettersi al riparo». La
macchina familiare per la nascita di un figlio. La casa
con una stanza in piú. L'investimento immobiliare. Natale a Bardonecchia. Il budget familiare. La concretezza, la sicurezza, i piedi per terra. Questo è l'irra-
zionale, l'astratto. È la costruzione di mondi immagi-
nari che escludono la coscienza della precarietà sulla
cui superficie costruiamo le nostre case. «I profughi dicono che "buono è il fratello di fesso" e questa frase
dipinge Michele. Pensare che io, quando ho scelto lui,
che è per gli amici la testa fra le nuvole, l'astrattezza
fatta persona, ho scelto l'unico che mi sembrasse fer-
mamente deciso a non farsi fregare. Quello che con occhi asciutti sapesse rifiutarsi a quelle fantasie che passano sotto il nome di concretezza e che ti consegnano
in modo passivo all'ultimo simulacro di creatività che

ti è concesso: quello del consumo». Barbara si era nascosta fra le montagne, per difendere il suo bisogno di sottrarsi alle trappole che accompagnano la nascita di un figlio, e per non chiudere la porta di casa: «È in nome del figli», diceva «che si accettano patti prima inaccettabili, che ci si scopre quasi maturi per un delitto». È vero. C'è poco tempo per soffermarsi su frasi come «l'asilo di Corso Matteotti è ben frequentato» e i dubbi ti assillano già da subito, quando cominciano a entrare in casa i soldatini e le armi giocattolo: «"Hai paura del ridicolo", un amico ride: "Io ci ho giocato e sono venuto su bene lo stesso". Lo guardi sospettosa, ti sembra che senza soldatini e armi giocattolo magari sarebbe venuto meglio». Eppure il mondo, Barbara, ti ripete di non essere rigida e cosí cedi lo spazio (tutto lo spazio) per amor di democrazia agli spot dei Power Rangers.

Mi sembrava che Barbara non facesse che parlare, in cifra, di Michele, l'assente. Aveva finito per cancellarsi, per timidezza. Diceva che quell'uomo astratto e acchiappanuvole che aveva scelto, e a cui tutti guardano con una certa benevola tenerezza, sapeva risolvere problemi complessi e concreti (persone da portare via dalla guerra, una lingua ostica da imparare, documenti, burocrazia, dogane, alloggi, colloqui di lavoro, trappole sanitarie). «Gli uomini seri al loro posto di lavoro e la domenica a sciare e a giocare, lui a realizzare qualcosa che viene chiamata utopia solo per la paura di doverci provare». È difficile parlare a questa donna di astrattezza, di arbitraria costruzione di mondi, di fantasie, dopo l'invenzione di questo caotico universo italo-bosniaco che adesso inghiottiva anche lei e Michele. «Eppure non siamo tanto strani. Si lavora otto ore, come tutti, Michele è uno che si ipnotizza davanti alla tv e rimane schiavo dello *zapping*…»

Ma se Barbara e Michele erano usciti da un consesso, non erano per ciò entrati nell'altro clan, quello dei bosniaci. Le sorprese non dovevano venire solo dagli amici italiani. «Una sera cercammo di riunirli per chiarire alcune cose: ci sono pochi soldi, quelli che ci arrivano sono offerti da un gruppo di amici e non da un'entità astratta a cui è stato dato il nome infelice e dal sapore sovietico di "comitato"; è necessario che tutti loro, i bosniaci, diano prova di solidarietà senza ricorrere a noi per ogni bisogno. Di recente una coppia ospitata da noi aveva traslocato (lui aveva solo una moto, lei era incinta) senza che nessuno offrisse loro un aiuto. Un'altra delle nostre ex ospiti ci aveva telefonato per protestare perché al cognato era stata pagata la bolletta del telefono e a lei no». In tutti questi casi erano Barbara e suo marito a essere caricati di incombenze e problemi, a sentirsi rivolgere la richiesta di far da arbitri alle tensioni familiari degli ospiti. Avevano convocato quella riunione per far presenti questi problemi e si erano trovati invece davanti a un muro inatteso. Due soli dei cinque capifamiglia si erano presentati all'incontro: uno doveva assistere la moglie malata, un altro non era stato avvertito in tempo, uno aveva preferito andare a dormire... «Cominciammo a esporre il nostro pensiero con calma e subito, inaspettatamente, ci trovammo a fare i conti con risentimenti e accuse degli uni verso gli altri. Dove chiedevamo solidarietà trovammo rivalità, falsità, gelosie». Un dialogo fra sordi che era sfociato in litigio, o meglio in un'urlata amara di Michele, che non riusciva a credere che le fatiche di due anni non fossero state comprese, che tutto si risolvesse in una gara a chi prendeva di piú o a chi si sentiva migliore degli altri per avere preso meno. «Fu un giorno nero per noi – diceva Barbara –, in cui furono pronunciate parole dure da entrambe le parti: difficile che tornasse il clima romantico di un tempo, ammesso che non fosse stata sempre una nostra illusione. Marco dormiva in mezzo a quelle urla, in un lettino improvvisato». Tornare indietro però non si poteva: «Bisognava guardare avanti, anche se con uno sguardo piú disincantato è difficile affrontare tante privazioni di denaro, tempo ed energie. Da allora, poi, molte cose sono precipitate. Abbiamo scoperto odi feroci fra le varie famiglie, apparentemente motivati da futilità e in tutti un risentimento, a volte sordo a volte gridato, nei nostri confronti per le presunte disparità nel trattamento da parte nostra, oppure perché non ci eravamo schierati nei loro litigi. Uno ci disse, una volta, che eravamo stati "infantili", perché non avevamo capito subito che loro non andavano d'accordo. Mio padre come al solito la butta sul ridere e dice che se si lamentano tutti vuol dire che ha trattato tutti allo stesso modo. Ma loro a poco a poco si sono convinti che tutto quello che abbiamo fatto ha avuto qualche tornaconto poco visibile. È stato in primo luogo fra loro che è circolata la storia dei contributi statali (o dell'Onu o di chissà chi diavolo) che ci saremmo intascati. Pensa che ce n'è anche uno, il piú imbecille di tutti, che ci ha denunciati ai carabinieri», Barbara per la prima volta quel pomeriggio ebbe un moto di autentica rabbia «e dice che se dovesse mai scoprire che gli aiuti che ha avuto non venivano dallo Stato o da qualche istituzione, lui ci restituirebbe tutto fino all'ultima lira».

Il generale ricomparve e ci convocò per la cena. Barbara non aveva finito. Stava parlando molto, piú di quanto non avesse mai fatto con me. Non perché stesse assaporando la gioia adolescenziale e un po' perversa di mostrare le ferite: parlava come una persona a cui sta crollando addosso la casa. Mi chiedeva aiuto, forse, per rintracciare qualcosa al di là del senso confuso di avere sbagliato, di avere abusato di energie limitate che dovevano essere impiegate altrimenti.

Fra lei e Michele su quella storia che continuava a dettare giorno per giorno i loro tempi e loro modi è poi sceso il silenzio. «Non mi viene in mente una parola piú adatta di "sbigottimento": non riusciamo a capire e quindi non vediamo una via d'uscita. Continuavamo a correre e a farci rubare il tempo e, annaspando, ci scoprivamo a lanciare segnali d'allarme. Ad esempio, alla vicina di tavolo a una cena di amici dissi una volta: "è un momento difficile, di fatica accumulata in questi

anni, in cui è successo questo e questo, eccetera eccetera". Risposta: "Eh sí, io e Nicola ci chiedevamo come facevate. Noi piuttosto che aprirci cosí al volontariato preferiamo aprire la casa agli amici, avere sempre
gente per casa..."».

L'espressione di Barbara mostrava una stanchezza
non superata: «Volontariato, capisci? Un'altra volta
Michele ha detto a una collega di lavoro: «"è un momento difficile, di fatica accumulata in questi anni, in
cui è successo, eccetera eccetera". Risposta: "Eh sí,
l'avevo capito. Ultimamente Barbara non era piú lei.
D'altra parte una coppia giovane in crisi se la sa cava-
re da sola". Tutti hanno fretta di concludere che abbiamo esagerato, che abbiamo sbagliato e quindi hanno fatto bene, loro, a chiudere ben bene la porta e a
coltivare gli affetti familiari, le amicizie, gli interessi
letterari. Tutti a trovare normale che questo sia l'epi-
logo per due che non hanno misurato bene le proprie
forze: quando si esce di via è normale perdersi, e va
beh, separatevi, non siete i primi né gli ultimi, se vi
pentite potete rimediare e rifarvi una vita normale. Michele ha creduto di fare l'alternativo, di poter trovare
un senso che non si risolvesse nel lavoro e negli hobby.
Ma che follia: e poi ci sono i figli, la montagna, gli amici e gli interessi religiosi o sportivi, musicali o gastro-
nomici. Hanno tutti fretta di spiegarti che ti sei mosso per calmare un non meglio precisato senso di colpa,
o per cercare gratificazioni e santità. Allora ti irrigidi-
sci, smetti di confrontarti. Ti dicono che hai fatto quello che hai fatto per dare sfogo a un disagio esistenzia-
le, magari a un problema di coppia. A un certo punto
un bosniaco ci ha detto di aver pensato in un primo
momento che noi lo avessimo accolto in casa perché
non riuscivamo ad avere figli. Una mia amica mi ha anche detto: "A te viene naturale l'impegno sociale. A
me no. Io mi ritrovo nel rapporto con i bambini"». Il
figlio di Barbara, quattro anni, in quel periodo era in
vacanza con il padre. «Non so che madre sono, forse
la mia amica ha ragione, però Marco cresce allegro e

sereno, per adesso. Con Michele pensavamo che i valori non li trasmetti a parole, ma forse è una fregatura: tutt'e due, Michele e io, siamo cresciuti all'ombra di famiglie tutto sommato sicure, e le nostre idee sono maturate in circostanze strane e irripetibili che ci hanno tenuti al riparo anche quando ci esponevamo con le scelte e i comportamenti. Pensa ai tre decenni che abbiamo attraversato: gli anni '60 con il boom e la tranquillità dei nostri genitori, i '70 con tutto quello che hanno costruito e distrutto, ma soprattutto con l'irripetibile mobilità sociale, quando entravi in un liceo classico anche con un cognome impresentabile, e poi gli anni '80, quando trovavi lavoro. Trovavi lavoro anche con una laurea in lettere. C'è un tempo e una data di scadenza anche per i valori: probabilmente trasmettere il nostro sistema morale a Marco significa fregarlo, non dargli strumenti efficaci, avviarlo alla marginalità. I decenni che lo aspettano, la collocazione sociale che gli si sta preparando, il tipo di istruzione, le aspettative... Non so cosa fare per non consegnarlo al vuoto, davvero. Lo mando ai boy scout?» Risi, perché Barbara aveva pronunciato tutto il suo discoso con un sorriso amaro, disarmante: «Sei diventata più estremista di Michele», dissi. «Infatti di solito preferisco non parlare di queste cose: danno solo fastidio o imbarazzo. Non è che voglia giudicare le scelte altrui, rivendico solo il diritto di non capire. D'altra parte è difficile capire anche me e Michele, per non parlare di te e degli altri strani personaggi del Comitato. Ti aiuta, in queste situazioni, decidere di non capire. Tu stesso dici che la Bosnia è il "paese delle sfingi". Ti ho spiegato quanto sono stronzi, i profughi, quanto ignorano il concetto di solidarietà, ma potrei citarti molti altri casi: Braco che dice che insegnerà ai figli e ai nipoti ad amarci e a rispettarci prima e più degli altri per quello che abbiamo fatto, Mirsada che piange e dice tre volte: "Non ci sono parole per dirti grazie". Questo può, deve bastare. E poi, se anche questo non ci fosse, tu te la senti di buttare via tutto, tu non rifaresti ogni passo, per quanto rozzo, approssimativo, sbagliato?».

Barbara e il suo compagno, alla ricerca di un gesto che scavalcasse il loro ostinato non capire, si erano persi. Adesso, a volte, ognuno per conto suo, si scoprivano a pensare che sarebbe stato meglio non cercare di intromettersi nel destino di chi è sommerso, comunque sommerso, e coltivare meglio un orticello che – diceva Barbara – «è brutto a vedersi per il mondo, senza neanche un frutto o una piantina che stia in piedi». Barbara rifletteva sugli errori a cui quella storia l'aveva consegnata. «La cosa che mi sta piú a cuore, adesso, è non dare ragione a chi ci sbatte in faccia un peloso "avete sbagliato". Anche Michele non dovrebbe dargliela vinta».

Andammo a cena. Erano stati preparati piatti bosniaci. Le due donne musulmane mi diedero delle fette di torta da portare a mia figlia. Pensavo di dover parlare a Michele, cosa che poi non feci mai. Rividi Barbara e il generale molto tempo dopo, una mattina di novembre a Torino. Lungo vie diritte e battute da un'aria insolitamente fredda per la stagione, lui tutto grigio e lei con il suo solito cappotto rosso, andavano insieme a un convegno ministeriale sull'immigrazione, per ascoltare il sindaco della loro città che, con una battuta brillante, spiegava agli astanti che purtroppo a Torino sull'emergenza-profughi si era fatto soltanto del *bricolage*.

Torino 1992.

Un appello. Nel novembre del 1992 sul «Manifesto» e su «Cuore» viene pubblicato un appello della direzione del campo di transito allestito dall'Alto commissariato delle Nazioni Unite per i rifugiati (Unhcr) a Karlovac, dove si trovano 3800 profughi scampati alla campagna di «pulizia etnica» in corso nel nord della Bosnia, intorno alle città di Doboj, Banja Luka e Prijedor, al confine con la Vojna Krajina croata. Karlovac, in territorio croato, si trova in quel momento a meno di quattro chilometri dalla linea del fronte fra i croati e i serbi secessionisti della Krajina di Knin, una linea calda dove ancora in quei giorni sono frequenti i duelli di artiglieria e le incursioni notturne di pattuglie da entrambe le parti. Direttrice del campo – la piú grande missione Unhcr in ex Jugoslavia – è un'italiana di 32 anni: Alessandra Morelli, ex suora francescana, laureata in scienze politiche, al primo incarico per conto delle Nazioni Unite. La situazione che si trova ad affrontare ha caratteristiche drammatiche, accentuate dall'ostilità sempre meno latente delle autorità croate poco disposte a sopportare i profughi, in massima parte musulmani, nel momento in cui la conflittualità fra il governo bosniaco e la Croazia si fa aperta. In Croazia, in quel momento, hanno trovato rifugio quasi 400.000 persone fuggite dai territori investiti dalla guerra in Bosnia.

Nei mesi successivi la tensione raggiunge il suo apice e i profughi di religione musulmana trovati all'esterno di strutture delle Nazioni Unite incominciano a essere arrestati e inviati in Bosnia come ostaggi in mano all'organizzazione militare croata (Hvo) che li utilizza per scavare trincee sotto il fuoco dei reparti governativi bosniaci. Alcuni subiscono una sorte anche peggiore: il 24 novembre del '93 il vicecomandante croato della piazza di Novi Travnik ammette l'uso di «bombe umane»: i civili musulmani imbottiti di esplosivo e collegati a fili elettrici vengono fatti camminare verso le trincee governative. Donne e bambini sono invece utilizzati per scambi di prigionieri.

Nell'autunno del '92 precisi accordi fra l'Unhcr e il governo croato regolano l'afflusso dei profughi nelle strutture Onu: il diritto all'accoglienza è accordato soltanto agli ex internati nei campi di concentramento serbi della Bosnia settentrionale muniti di certificazione rilasciata dalla Croce Rossa internazionale. Ma a Karlovac ogni giorno e ogni notte arrivano famiglie intere, persone ferite e psicologicamente devastate, fuggite a piedi dalle zone dello sterminio. Vengono da regioni in cui la «pulizia etnica» è quasi completata con trasferimenti forzati, massacri selettivi, allestimento di campi di sterminio. Si presentano spesso in condizioni al limite della sopravvivenza, a piccoli gruppi, in silenzio, e si fermano sulla soglia del campo Unhcr, nella piazza vecchia di fianco al campanile ortodosso crollato e rimasto coricato a terra. Eppure l'ordine è di tenere la porta chiusa.

La direzione del campo non tiene in alcun conto le disposizioni: nel dicembre del '92 a Karlovac sono ospitati ben ottocento «clandestini», in sciopero della fame contro la richiesta da parte croata di consegnarli alle autorità militari. In quei giorni l'ex francescana Alessandra Morelli sta conducendo anche una battaglia personale contro la sua stessa organizzazione e contro il governo croato. Ma le strutture messe a sua disposizione sono largamente insufficienti e le quasi quattromila persone affidate a lei e al suo staff sono ammassate in una vecchia caserma austroungarica concepita per una guarnigione di 400 effettivi: a Karlovac si vive in quaranta per camerata, in una parvenza di intimità garantita da coperte militari appese a fili della biancheria che dividono le «case» delle diverse famiglie. Dietro quelle coperte può capitare di essere ospitati, a piedi scalzi e bevendo caffè turco, come nelle case bosniache di un tempo.

Nonostante l'allestimento di strutture sanitarie efficienti, di scuola e asilo forniti di campi gioco per bambini, di laboratori artigiani e l'impegno per creare identità e lavoro, le condizioni degli accolti sono segnate dalla precarietà. I suicidi sono tutt'altro che una rarità e le tensioni scatenate dalla convivenza forzata, accentuate dall'allarme, dalla frequenza dei bombardamenti e, in seguito, dalla minaccia costante della polizia locale che arriva a tentare di sequestrare profughi varcando le soglie del campo, sono difficilmente governabili anche per la direttrice, dotata di un insolito carisma che la fa amare dall'intera popolazione del campo.

La situazione a Karlovac si fa insostenibile nell'inverno '92: impossibile tenere al caldo gli accolti, scarse le forniture alimentari e sanitarie, la popolazione del campo cresce di giorno in giorno. Programmi di accoglienza sono allestiti in tutto il mondo e il compito di Alessandra Morelli è di avviare i profughi bosniaci alle strutture create per loro dalla Norvegia al Pakistan, dalla Scozia all'Australia. Fra le assenze imbarazzanti e significative quella del governo italiano: paese confinante con la Croazia, l'Italia non ha avviato alcuna politica per l'accoglienza delle vittime del conflitto jugoslavo e, anzi, vanta – per bocca di un dirigente della polizia di frontiera nel corso di un convegno intergovernativo italo-sloveno tenuto a Trieste nel febbraio del '93 – «ben 22.000 respingimenti alla frontiera».

Con l'appello pubblicato sui giornali nel novembre del 1992, la direzione del campo di Karlovac rende nota la situazione di emergenza in cui versa e chiede alle associazioni, alle istituzioni, alle famiglie, di prendere coscienza di quanto avviene a pochi chilometri dal confine italiano e di organizzare iniziative di accoglienza. Poche righe e un numero di telefono, in vista di un inverno che si annuncia durissimo.

Il Comitato torinese. Da Torino chiamano due persone: Gianni Sgambelluri ed Eugenio Chiotti. Tutto quello che si può fare da Karlovac è dare all'uno il numero di telefono dell'altro. Chiotti con la moglie Silvia e Sgambelluri si mettono in contatto e coinvolgono immediatamente gli amici, poi gli amici degli amici, quindi la partecipazione si allarga. Ci sono studenti, commercianti, un cassintegrato, qualche straniero (un curdo, un tunisino), uno skipper con la moglie, un ex ufficiale di marina, un medico, un insegnante di ginnastica. A una prima fase di sbandamento e confusione segue un periodo di grande attività, coordinato dal sindacalista Eugenio Delfino che ha assunto la direzione del Comitato – nel frattempo costituitosi in associazione – rivolgendosi a un esperto di problemi legali correlati alla condizione di rifugiato: l'avvocato Lorenzo Trucco.

Dopo l'arrivo dei primi trentadue bosniaci da Karlovac, le famiglie che si sono offerte di accoglierli si accorgono che è necessario un coordinamento più articolato; non si tratta infatti, come hanno creduto all'inizio, di garantire semplicemente un inverno al caldo: la Croazia è per i loro ospiti un inferno ed è impensabile rimandarli indietro. Inoltre il ricongiungimento delle famiglie è un diritto e quasi tutti i profughi ospitati chiedono che in qualche modo si organizzi la fuga dei parenti rimasti in Bosnia.

All'iniziativa del Comitato spontaneo di Torino aderiscono numerosi gruppi di tutto il Piemonte, in particolare, nel primo periodo, un nucleo facente riferimento alla Caritas di Cuneo, un gruppo di famiglie di Dronero, organizzate da una coppia di insegnanti, un gruppo di cittadini di Caluso raccoltisi intorno alla disponibilità da parte del Comune a offrire una costruzione precedentemente adibita a scuola, un gruppo di Invorio organizzato da una famiglia, uno di Vignale Monferrato coordinato da un veterinario. All'attività organizzativa del Comitato prendono parte anche alcuni dei profughi ospitati, appartenenti a tutte e tre le etnie presenti in Bosnia e Croazia, anche se in maggioranza musulmani, provenienti dalla Krajina bosniaca. I rapporti con il campo di Karlovac si fanno sempre piú stretti. Alessandra Morelli individua nel Comitato torinese l'organizzazione adatta a smaltire i casi di nuclei familiari particolarmente deboli, per la presenza di neonati, per l'assenza di adulti in grado di lavorare, per le condizioni di salute. L'iniziativa torinese è l'unica via di fuga per molti fra coloro che a Karlovac sono ospitati clandestinamente.

La collaborazione con Alessandra Morelli continua anche dopo l'ottobre '93, quando il campo viene trasferito in Slavonia orientale, a Gašinci, dove oltre quattromila persone trovano ospitalità sotto tenda all'interno di un «cordone di sicurezza» allestito dalle autorità militari croate. Lo staff dell'Unhcr riesce a far costruire in pochi giorni un vero e proprio villaggio di prefabbricati capace di ospitare tutti i rifugiati. L'operazione sarà conclusa con il trasferimento di Alessandra Morelli – che ha dimostrato le sue non comuni capacità – sul terreno della guerra ruandese, l'anno seguente.

La seconda fase dell'attività del gruppo torinese consiste proprio nell'organizzazione delle fughe (un'ottantina) dalla Krajina bosniaca. Per questa operazione ci si avvale della collaborazione di alcune famiglie croate disposte a ospitare i fuggiaschi al confine con la Bosnia, dell'agenzia messa in piedi da un ex giornalista tedesco di nome Fischer che ha creato un centro di prima accoglienza a Novska, sulla linea di confronto serbo-croata in Slavonia occidentale, della Caritas di Banja Luka (in esilio a Zagabria) e di alcuni corrieri bosniaci in grado di recapitare ai fuggitivi i documenti necessari all'espatrio. Nel corso di una delle consegne, uno di questi corrieri, di nome Mustafa, viene assassinato insieme al figlio. Dei diciotto destinatari degli incartamenti, nove sono uccisi nelle loro abitazioni nel sobborgo di Garići a Kotor Varos (Bosnia centrosettentrionale). Gli altri vengono poi ospitati nel campo profughi di Filetto in provincia di Ravenna.

Turismo umanitario. Incredibilmente, la parte burocratica dell'operazione è la piú complicata. In primo luogo è necessario ottenere le carte per far entrare in Italia i profughi bosniaci. Davanti all'assenza di una legislazione univoca in materia (la legge 290 del 1992 sui rifugiati di guerra somali e jugoslavi aspetterà a lungo i decreti attuativi e l'arbitrio delle Questure in materia sarà ampio anche in seguito), a Torino si studia un *escamotage*: vengono rilasciate dalla Questura lettere di garanzia per ingressi in Italia a scopo turistico. Sui moduli di richiesta viene però scritto che il cittadino bosniaco invitato è stato contattato nel corso di attività umanitarie e non dispone dei mezzi di sussistenza necessari in patria. Il mostro giuridico cosí creato, il «turismo umanitario», nonostante la sua apparenza grottesca, salva la vita a quasi cinquecento persone. Per ogni bosniaco invitato è necessario trovare un cittadino italiano che disponga di un appartamento e di un reddito minimo certificabile di un milione e cinquecentomila lire nette mensili. Molto spesso le pratiche sono lente e sul cammino incontrano ostacoli imprevedibili. Le richieste d'aiuto sono però altrettanto spesso urgentissime, quasi sempre in occasione degli ultimatum che progressivamente vengono intimati alla popolazione non serba ancora residente nei paesi e nelle città occupate.

La necessità e la burocrazia verrebbero spesso in collisione senza la collaborazione volontaria e silenziosa di alcuni singoli agenti di polizia, disponibili a seguire personalmente i casi dei fuggitivi bosniaci e a facilitare la presentazione della documentazione necessaria. Oltre ai dirigenti dell'Ufficio Stranieri della Questura di Torino, val la pena di citare il nome dell'agente Pasquale Chiaralanza, ben presente alla memoria di qualche centinaio di rifugiati dalla ex Jugoslavia.

Dopo di ciò bisogna ottenere i visti di transito attraverso il territorio della Croazia. In particolare nel 1993, durante la guerra croato-musulmana, ottenere questo tipo di documenti è quasi impossibile. La collaborazione con Delfino e i suoi compagni da parte dell'ambasciata italiana a Zagabria, in particolare la simpatia mostrata dall'ambasciatore Salvatore Cilento per l'iniziativa di questi privati cittadini tanto ostinati, è stata decisiva. Ma ancora di più lo è stato il ruolo svolto da una misteriosa signora zagrebese di nome Branka Hajdin Rocchi. Figlia della Zagabria absburgica, già interprete presso l'ambasciata italiana, ben introdotta negli ambienti governativi, questa donna sorniona e affettuosa – in origine incaricata dalle autorità croate per i profughi di raccogliere informazioni sulle attività umanitarie italiane – oserà in seguito rischiare e perdere il posto di lavoro per la sua attività in favore degli esuli musulmani. Grazie agli uffici della signora Rocchi, Delfino e compagni riescono a scambiare la presa in carico di qualche ferito o grande invalido croato che viene curato in Italia con oltre cento permessi di transito per coloro che in quei giorni in Croazia sono considerati nemici di guerra. Con il silenzioso assenso delle rappresentanze diplomatiche, e grazie alla «distrazione» delle autorità croate, è organizzata, fra l'altro, anche la fuga in Italia di un prigioniero di guerra detenuto all'ospedale militare di Zagabria. La signora Rocchi ha oggi perso ogni mezzo di sostentamento, compresa la pensione, e vive nella capitale croata con la vecchia madre malata. Le passeggiate notturne per la vecchia Zagabria gelata con lei sono uno dei ricordi più cari di chi l'ha conosciuta in questi anni e la sua è una delle figure più affascinanti di tutta la vicenda.

Poi ci sono i corrieri, il recapito dei documenti direttamente alle persone che devono fuggire in Italia, il viaggio rischioso attraverso la frontiera bosniaco-croata. Per quanto riguarda le carte che devono essere rilasciate dalle «autorità» serbo-bosniache, il metodo è il più banale: corruzione. Dopo la fuga in Croazia, nei tempi più brevi possibili, è necessario portare in Italia i fuoriusciti, per evitarne l'arresto da parte della polizia croata. Lo scoglio, in questa fase, è l'attraversamento della Slovenia. L'ambasciata italiana qui è un po' meno partecipe, anche in seguito al ruolo di «sbarramento» nei confronti dei profughi bosniaci attribuito ufficialmente dai paesi della Comunità Europea alla Slovenia. Per ognuna delle «spedizioni» del Comitato è necessario che una richiesta di transito giunga contemporaneamente all'ambasciata italiana a Lubiana, al ministero sloveno degli Esteri e ai posti di frontiera sloveni di Bregana e Fernetti, per i quali devono passare i profughi: un fax controfirmato dal dirigente dell'unità di crisi voluta dal ministro italiano Fernanda Contri per l'emergenza profughi, il dottor Riccardo Compagnucci, recante l'autorizzazione da parte del governo italiano, i nomi e i numeri di passaporto di tutti i profughi in transito. Questo deve avvenire cinque giorni lavorativi prima del transito stesso ma, sistematicamente, alla frontiera slovena il fax non risulta pervenuto. Un membro del Comitato rimaneva a disposizione telefonica a Torino 24 ore su 24, durante le «spedizioni», per inviare copia datata del fax alle frontiere. In questo caso la collaborazione della polizia italiana di frontiera a Fernetti è indispensabile: dalla terra di nessuno croato-slovena è necessario telefonare al posto di frontiera di Fernetti, chiedendo che un agente italiano confermi al collega sloveno la richiesta italiana, e poi aspettare che il posto sloveno di Fernetti comunichi la conferma a quello di Bregana. Un'attesa intorno alle cinque ore in terra di nessuno è la norma.

Giunti in Italia è necessario richiedere entro otto giorni il permesso di soggiorno per motivi turistici, della durata di tre mesi. Per la richiesta è necessaria la presenza del garante italiano con al seguito tutta la documentazione sulla possibilità di mantenere l'ospite (dichiarazione dei redditi, contratto d'affitto o atto di proprietà dell'alloggio, eventuale assenso scritto del coniuge). Capita di aspettare anche undici mesi il rilascio di tale permesso, indispensabile per l'accesso al servizio sanitario, per la ricerca di un lavoro, per la scolarizzazione dei bambini (famiglia Zenkic). Ottenuto questo primo documento, è possibile far valere, ai sensi della legge 290, la condizione di rifugiato dalla ex Jugoslavia, che dà diritto a un permesso per motivi umanitari, della durata di un anno. Con questo secondo tipo di permesso è possibile l'iscrizione al collocamento ed è garantito il diritto all'istruzione fino al livello medio-inferiore. Comincia allora, per i garanti italiani, la trafila di volta in volta diversa degli ispettorati del lavoro, delle direzioni scolastiche, delle unità sanitarie, eccetera.

Cifre. Dopo una prima fase caratterizzata dall'accoglienza presso famiglie, durante la quale sorgono numerose complicazioni dovute alla convivenza stretta, oggettivamente impraticabile a lungo termine, il Comitato torinese organizza gruppi di cittadini raccolti intorno ad associazioni umanitarie o piccoli comuni di provincia disposti a trovare alloggio a famiglie di profughi, a sostenerle finanziariamente e, successivamente, a cercare lavoro per garantire autonomia e radicamento agli ospiti. È anche organizzato il reperimento di una seconda accoglienza per i casi piú problematici.

Con questa modalità vengono portati in Piemonte e ospitati, negli anni fra il 1992 e il 1996, 478 profughi. Circa altrettanti trovano nel Comitato un sostegno economico o semplicemente organizzativo. Vengono commessi molti errori, a detta degli stessi organizzatori, ma quasi il 70 per cento degli accolti trova una sistemazione autonoma e definitiva da noi. Dopo gli accordi di pace di Dayton un certo numero di famiglie opta per un ritorno nei territori sotto controllo governativo in Bosnia centrale: anche in questo caso, il Comitato fornisce assistenza e accompagnamento. Oltre all'accoglienza in Piemonte sono organizzate alcune operazioni in Bosnia, in particolare in favore dell'ospedale psichiatrico infantile «Drin» di Fojnica.

Se i rapporti con i piccoli comuni costituiscono la spina dorsale dell'operazione, discontinui e ambigui sono quelli con il Comune di Torino che non fornisce alcun tipo di assistenza o di sostegno.

Un punto critico è raggiunto con la famigerata «operazione Irma» (nome ufficiale Medevac) voluta dal governo italiano nel marzo del '94. L'operazione, di grande impatto emotivo e d'immagine, prevede il ricovero in ospedali italiani di bambini bosniaci feriti. Nella fase iniziale, però, nessuno pensa alla presenza dei familiari di questi bambini e, mentre governo e comuni si palleggiano le responsabilità economiche, a Torino accade anche che persone chiamate in Italia dalle autorità statali finiscano per essere ospitate nelle case degli stessi profughi giunti in precedenza.

In particolare, a Torino, ospitano gli sfortunati «utenti» dell'operazione Irma le famiglie di Alma Mustajbegović e di Reuf Dedić. Tempo dopo interviene l'Istituto San Paolo che sostiene le spese di alloggio dei piccoli feriti. La parte sanitaria dell'operazione è esemplare e i risultati brillanti. Dopo le dimissioni dagli ospedali, però, a persone che sono state prelevate nelle loro case non viene offerta altra alternativa che i campi allestiti in Friuli in caserme e accampamenti militari: cittadini bosniaci sono trasformati contro la loro volontà in profughi.

Il Comitato accoglienza profughi non gode di alcun finanziamento pubblico o di donazioni da parte di enti o istituzioni e rimane sempre rigorosamente autofinanziato con il metodo della presa in carico da parte di gruppi di italiani. Un calcolo anche approssimativo del movimento di denaro realizzato con questo sistema (con versamenti da parte dei singoli che raramente superavano le 50.000 lire) è veramente impossibile. L'attività di coordinamento del Comitato va a esaurirsi con l'esaurirsi dell'emergenza, ma ovviamente i suoi membri continuano a mantenere i contatti e a sostenere in modo diverso le famiglie dei profughi.

Capitolo quarto
Sul ponte

C'è uno strano silenzio, rotto soltanto a tratti dalle radio che gracchiano vicino alla carcassa d'autobus, all'estremità del ponte. Poi un colpo. Alto, sopra la testa. Dietro di lui ci sono quattro persone, in fila indiana, a cinque metri una dall'altra, passo lento nonostante la pioggia, disarmate. Si volta, appena un po', per vedere se qualcuno è stato colpito. Si volta appena, gira l'addome, guarda al di sopra di una spalla. Silenzio. Una raffica, tre colpi a terra, due a bersaglio. Uno all'inguine, l'altro al torace. Saltella. Cade, è ancora vivo, cosciente. Quattro persone spaventate corrono, lo scavalcano. Gli ordini dicono che i feriti non si raccolgono, ognuno per sé. E quel giorno gli ordini vengono rispettati. Lui resta lí. I soldati croati gli lanciano una corda, ma lui non riesce ad afferrarla. Poche ore fa discuteva gli ordini. È anche questo che lo ha fregato: era uno che discuteva gli ordini.

Gabriele Moreno Locatelli, 34 anni, da Canzo in provincia di Como, morí il 3 ottobre del 1993 in una sala operatoria pulita e miracolosamente libera, come se fosse in attesa di lui, all'ospedale Koševo di Sarajevo. Era stato colpito poche ore prima sul ponte di Vrbanja, il «ponte dei salici» davanti al grattacielo dell'Assemblea, il Parlamento bosniaco, durante una manifestazione pacifista. Era un volontario dell'ufficio aperto dall'organizzazione «Beati i costruttori di pace» nella capitale assediata. L'ultimo atto nella storia della sua morte si svolse nell'atmosfera allucinata della città alla vigilia della resa dei conti fra l'esercito

governativo appena nato e le bande criminali, ricicla-
te in apparato militare, che difendevano e insieme ter-
rorizzavano la popolazione civile. Ventitré giorni dopo la tragedia di Moreno, sotto gli occhi dei serbi tranquilli e silenziosi, incominciò la battaglia finale fra i
reparti speciali della polizia governativa e le due brigate «ribelli», la IX motorizzata e la X collinare dei generali Ramiz Delalić (*Celo*, il calvo) e Mušan Topalović (*Caco*).

È difficile stabilire quando e come iniziò il folle sus-
seguirsi di eventi che condussero alla tragica morte di
Moreno, sul ponte di Vrbanja. Non so se Moreno par-
tecipò alla prima marcia della pace, nel dicembre 1992,
quando poco meno di cinquecento volontari, due vescovi, cinque parlamentari e un pugno di giornalisti vol-
lero dimostrare al mondo che l'azione nonviolenta poteva arrivare dove la diplomazia e le armi non sapevano o non volevano arrivare. Certo la curva che porta al
ponte di Vrbanja incomincia lí, nei giorni estivi in cui
prese forma l'idea di don Albino Bizzotto da Padova,
carismatico leader dei pacifisti raccolti nel cartello chiamato «Beati i costruttori di pace», di raggiungere Sarajevo assediata ed entrarvi per una testimonianza nonviolenta. Forse Moreno non c'era, forse sí: fu in quel
momento, comunque, che scattò il meccanismo.
La rete di movimenti pacifisti, che involontariamente riprendeva il nome di un'organizzazione nonviolenta danese infiltrata da agenti hitleriani durante
la seconda guerra mondiale, si era formata l'anno precedente in occasione delle manifestazioni contro la
guerra del Golfo. Ad essa avevano aderito le realtà piú
svariate, dai settori piú intransigenti del pacifismo cattolico alla sinistra radicale. Quelle stesse forze si strin-
sero intorno alla nuova iniziativa di don Albino, esal-
tata dalla stampa di area cattolica e da testate presti-
giose a sinistra, come «il manifesto», «Avvenimenti»,
«Liberazione». Le adesioni furono meno numerose del
previsto, per la verità, ma qualificate: fra gli altri mon-

signor Tonino Bello, allora vescovo di Molfetta, e il vescovo di Ivrea Luigi Bettazzi, due importanti punti di
riferimento per tutto il mondo dell'impegno sociale,
non solo cristiano.

I primi momenti della fase organizzativa che prece-
dette la marcia sono avvolti nel mistero e nella confusione. Furono presi contatti con le parti in guerra e con
le rappresentanze delle Nazioni Unite e della Comunità Europea, ma senza grandi risultati. Poi, un giorno d'estate, nella sede padovana dei Beati Costruttori, fece la sua apparizione uno strano personaggio: Cur-
tis Dobbler, cittadino americano, apparentemente un
pacifista professionista. Dobbler si rivelò molto più abile e preparato dei colleghi italiani. Molti lo ricordano
al telefono per ore intere. A chi gli chiedeva da dove
venisse l'americano, don Albino rispondeva: «È il cielo che lo manda». Non si seppe mai altro. Ma Dobbler
riuscì a organizzare la marcia.

A cavallo fra novembre e dicembre i pacifisti partirono: 496 partecipanti, di cui 30 spagnoli e 10 inglesi.
Don Albino era ben deciso non solo ad arrivare a Sarajevo, ma ad arrivarci il 10 dicembre, anniversario della Dichiarazione dei Diritti dell'Uomo. A Spalato, sulla costa croata, a Dobbler si unì un altro personaggio
sconcertante: Atris Sadallah, cittadino siriano, ex ufficiale dell'esercito inglese, veterano della guerra delle
Malvinas. Spuntato non si sa da dove, Sadallah si af-
fiancò a Dobbler e Bizzotto alla guida delle operazioni. Non conosceva una sola parola di serbocroato, ma
fu lui a condurre le trattative per il passaggio dei posti
di blocco di tutte e tre le parti in guerra, con risultati
straordinari. Molti dei giornalisti al seguito della carovana ricordano la sua intesa particolare con i militari
serbi.

Sadallah e Dobbler viaggiavano a parte, su un pul-
mino verde: secondo i testimoni di quei giorni si com-
portavano in modo strano, parlavano solo con Bizzotto, sfuggivano gli altri manifestanti. La fiducia in loro
non era però messa in discussione dai Beati Costrutto-

ri, mentre cresceva per contro l'attrito con i giornalisti al seguito. Una delle prime sere la marcia si arrestò
in Erzegovina. C'erano dubbi, tensioni: la notte in
quelle zone era un pericolo da non sottovalutare. Don
Albino non mostrava indecisioni. Su «Avvenimenti»
Michele Gambino lo descrisse cosí: «Capitan Bizzotto, come il William Bleigh del *Bounty*, usa la frusta, accusa i piú recalcitranti di spargere il panico fra la ciur-
ma, sibila che ci vorrebbe uno psichiatra».

A Kiseljak, una ventina di chilometri da Sarajevo,
territorio controllato dai croati, la marcia ebbe una sosta piú lunga delle altre. Si trattava per superare la cintura serba intorno alla capitale: per entrare in città don
Albino era disposto a lasciare dieci ostaggi a Ilidza.
Usava la teoria dell'equidistanza – «non diamo l'impressione di essere schierati con una delle parti in lotta» – per far accettare l'idea. Nelle ore di Kiseljak, ai
giornalisti al seguito capitò di assistere, nella palestra
in cui erano alloggiati i manifestanti, a uno dei *training*
organizzati dai Beati Costruttori per i volontari in zona di guerra. Vi si insegnavano alcuni comportamenti
ritenuti sicuri dagli organizzatori. Fra le regole sugge-
rite quella di gettarsi nella buca scavata da una granata in caso di bombardamento d'artiglieria. È un'idea
diffusa, anche se non ne è chiara l'origine, che due granate non cadano mai nello stesso punto. Su questa no-
zione vi fu un diverbio fra gli organizzatori del *training*
e alcuni giornalisti esperti di guerra, fra cui il fotoreporter Claudio Olivato di Padova, che tentarono di
convincere i manifestanti che la «stella» lasciata da una
granata di mortaio incide l'asfalto di una strada soltanto per qualche decina di millimetri. Le indicazioni
divulgate sembravano ereditate da un immaginario di
guerra piuttosto astratto. Purtroppo a quell'armamen-
tario da film di *marines*, e a quei *training*, apparteneva
anche l'idea che se qualcuno viene ferito è bene lasciarlo dove si trova e non tentare di soccorrerlo.

A Kiseljak alcuni decisero di fermarsi. L'ipotesi era
di entrare in città a bordo dei dieci pullman a disposi-

zione dei manifestanti; nessuna delle parti offriva garanzie che gli automezzi non fossero presi di mira. Da-
nilo Mangano, giornalista *free lance* che collaborava con
il «Corriere della sera», ha registrato su una cassetta
audio la riunione tenuta dai giornalisti la notte prima
dell'ingresso in città. Vi si sentono le voci di alcuni corrispondenti già da tempo impegnati nelle zone a rischio. Una dice: «Non ho nessuna intenzione di entrare, né con i pullman né senza pullman, perché ci spareranno addosso». Si discute dei rischi collegati
all'ingresso in città su mezzi piú visibili e lenti di una
macchina normale. «In questo momento – dice uno dei
giornalisti – ai serbi fa comodo far finta di accettare
che i pacifisti entrino: a farci fare un giro turistico di
tre ore ci fanno una bella figura. Il rischio non è legato ai serbi, ma allo scriteriato che tira da dietro una finestra». Fino a quel momento, in Jugoslavia sono morti 53 giornalisti. La conversazione ha un tono realisti-
co. Per valutare i rischi si tenta un'analisi. Si cerca di
capire se qualcuno ha interesse a creare un incidente.
La domanda centrale è: «Su chi ricade la colpa se un
pacifista rimane ammazzato?» «Su di lui», rispondono quasi in coro i giornalisti. Molti ridono: «La colpa
è sua, perché ha firmato. Ha firmato la cambiale in
bianco!».

La «cambiale in bianco» era una dichiarazione scritta rilasciata dai manifestanti secondo cui qualunque
eventuale incidente nel corso dell'iniziativa non sarebbe stato da attribuirsi alle milizie serbe (sarà questa
una modalità che caratterizzerà molte delle successive
azioni dei Beati Costruttori).

La mediazione di Sadallah fu decisiva a Ilidza dove,
in cambio di un'ambulanza e di una non meglio preci-
sata quantità di denaro agli assedianti serbi, ai volontari fu dato il via libera per entrare nella capitale bosniaca. A trattare per la parte serba fu il comandante
Velibor Veselinović, sentito in confessione da don Fa-
brizio Forte di Trento che garantí della sua buona fede. Per la parte bosniaca, in città, a occuparsi della mar-

cia fu Ibro Špahić, un personaggio ambiguo, emerso dal sottobosco politico dell'era comunista, che godeva della fama di profittatore di guerra. Špahić era fra l'altro il destinatario a Sarajevo di invii di aiuti umanitari e denaro da parte di organizzazioni italiane.

Per l'ingresso in città i serbi posero una condizione: i pullman dovevano entrare di notte, a fari accesi, mentre a Ilidza si sarebbero fermati dieci «ospiti». In una città in cui «cecchini e artiglieri tirano anche sulle foglie che cadono dagli alberi» l'ingresso a fari accesi pareva a molti un suicidio. «Ormai andiamo avanti»: con questa frase don Albino tacitò gli indecisi. L'inviato della Bbc abbandonò la marcia: «They are mad». La notte dopo, i pullman fecero il loro ingresso a Sarajevo. Neanche un colpo contro di loro.

Era il dieci dicembre novantadue, il mondo, si dissero i vincitori di quel giorno, non avrebbe piú potuto ignorare la tragedia di Sarajevo. Nei fatti l'operazione si concluse con notevole soddisfazione dei militari serbi che dimostrarono di non impedire l'accesso alla città ai convogli umanitari.

Erano stati a Sarajevo qualche ora, fecero parlare di sé per anni. Uscirono portando con sé una donna e due bambini. Un risultato vero, bello. Monsignor Tonino Bello disse: «L'Onu dei poveri ha fatto quello che l'Onu dei ricchi non è stata capace di fare».

L'«Onu dei poveri» volle ripetersi pochi mesi dopo, mentre infuriava in Erzegovina la guerra croato-bosniaca. Nell'agosto '93 venne lanciata l'iniziativa per una nuova marcia di pace su Sarajevo, che fu denominata *Mir Sada* (Pace adesso). Un gruppo di ragazzi venne spedito a Sarajevo a organizzare la logistica della nuova dimostrazione. Due di loro, Luigi Ceccato di Milano e Luca Berti, pesarese, riuscirono a entrare in città grazie a un permesso vaticano, gli altri erano in possesso di una tessera stampa delle Nazioni Unite. Trovarono alloggio all'hotel «Città Vecchia» del quartiere storico di Bašćaršjia, dove stabilirono la loro sede.

L'atmosfera in città era strana: mentre in Erzegovina croati e bosniaci si scannavano, nella capitale si stavano ponendo le basi per la futura federazione e i comandi militari dell'Hvo croata agivano in coordinamento con i governativi. La stessa brigata croata della
capitale era in buona parte costituita da musulmani.
Qualcosa poi si stava preparando, qualcosa di grave che
nemmeno Moreno e i suoi compagni potevano immaginare. Le parti che si contendevano il terreno metro
per metro non erano due, come raccontavano i giornali e le tv all'estero, ma quattro. Oltre ai serbi, ai croati dell'Hvo e all'esercito governativo, era ormai cresciuto a dismisura in città un quarto potere, spietato,
efficiente, capace di decidere i destini dei civili, controllare il mercato nero, determinare le sorti del con-
fitto. Juka Prazina, leggenda vivente, eroe dei primi
giorni d'assedio, una specie di Robin Hood famoso per
le generose donazioni ai poveri della città, se n'era andato chissà dove. Al suo posto erano rimasti i suoi vecchi luogotenenti, criminali comuni legati alla rete organizzativa che in città veniva chiamata «mafia», nonostante il respiro limitato e la dimensione locale del
giro criminale: la mafia di Alipašino Polje e la mafia di
Bašćaršija. Juka, il boss, aveva organizzato i suoi uomini in milizia territoriale, procurato le armi, ingaggiato battaglia. Le carriere militari di questi piccoli stra-
teghi di fortuna erano state folgoranti: generali a
trent'anni, Juka e i suoi erano diventati una potenza.
A dominare in città, dopo la fuga del «generale» Prazina, erano Ramiz Delalić, il Calvo, e, soprattutto,
Mušan Topalović, *Caco*, uno che entrava nell'ufficio
del presidente Izetbegović aprendo la porta con un calcio, uno a cui, dicono, il vecchio Alija rivolgeva la preghiera di non sgozzare troppi civili serbi per non pre-
giudicare la politica di convivenza scelta dalla presidenza bosniaca. Non era un criminale, *Caco*, prima
della guerra: chitarrista nell'orchestra folk di Kemal
Monteno, dicevano che fosse impazzito dopo aver perso tre dita della mano sinistra giocando a chi tiene piú

a lungo in mano una granata senza sicura. Sul suo conto corrono storie e leggende: fu lui, che controllava i boschi del Trebević e dell'Igman, a vendere al suo stesso governo la legna per la costruzione del tunnel sotto la pista dell'aeroporto. Di lui dicono che, rimasto senza pallottole durante uno scontro sul Trebević, abbia fermato i combattimenti per comprare i proiettili dai suoi stessi nemici. Folle forse non era, sicuramente era un cocainomane. Non poteva piú suonare la chitarra, *Caco*, ma era in grado di imporre la sua legge ai caschi blu, teneva la regia del mercato nero che vedeva soci a pari quota serbi, bosniaci musulmani, croati e uomini delle Nazioni Unite. La sua legge era spietata, la sua regola reagire al massacro con il massacro. Civili serbi e croati, ma anche musulmani, ad arbitrio venivano prelevati dalle sue truppe e spediti a scavar trincee sotto il fuoco degli assedianti. Raramente tornavano indietro. Intorno al capodanno '93, *Caco* non si era fatto scrupoli nel sequestrare e uccidere il politico croato Josip Gogala che aveva denunciato i soprusi sulla popolazione di Sarajevo. *Caco* e i suoi stavano diventando ingombranti, troppo ingombranti, per la Bosnia-Erzegovina che nasceva come Stato e si accreditava al mondo come garante della originaria natura multiculturale e civile del Paese, nel tentativo di ottenere il sostegno internazionale che, solo, poteva compensare la sua debolezza nei confronti dell'aggressione nazionalista serba.

A creare ulteriori difficoltà ai ragazzi «paracadutati» a Sarajevo da don Albino concorreva poi il fatto che proprio i Beati Costruttori erano in quei giorni i promotori delle manifestazioni e dei *sit in* nelle basi militari italiane da dove sarebbero dovuti partire i *raid* dell'Alleanza atlantica a cui sembravano affidate tutte le residue speranze della città con la caduta in mano serba del monte Igman. Le immagini di don Albino e dei suoi collaboratori che protestavano contro i *raid* alla base Nato di Aviano furono trasmesse dalla televisione bosniaca, facendo crescere la rabbia degli assediati. Nell'hotel «Città Vecchia» si vissero giorni di grande tensione, i nervi dei giovani volontari furono messi a dura prova e non sempre fu l'equilibrio a trionfare. Alcuni testimoni raccontano del gioco della candela, ingaggiato da uno dei ragazzi per innervosire i cecchini: nella convinzione che i tiratori scelti sparassero su ogni fonte luminosa nella notte, qualcuno degli italiani si divertiva a far scorrere una candela accesa sul davanzale di una finestra esposta al tiro: «è per far sprecare colpi ai cecchini», diceva. Racconta un testimone che una volta la candela fu dimenticata sul davanzale e il fuciliere, economo e paziente, fino a quel momento silenzioso, attese qualche minuto per tirare nella stanza parzialmente illuminata. Quella volta, per fortuna, non fece vittime.

Intanto in Italia si allestiva la seconda carovana. Ai partecipanti venne distribuito un volantino con nove frasi in serbo-croato, l'itinerario e una curiosa classificazione dei rischi in cui il massimo era indicato con l'espressione «10/10 + bonus». Le adesioni furono piú scarse della volta precedente, le difficoltà piú gravi. La guerra croato-bosniaca in Erzegovina era nel suo momento culminante e l'itinerario previsto passava per i luoghi piú caldi e pericolosi dello scontro: la valle che unisce Prozor a Gornji Vakuf e Novi Travnik, dove solo due mesi prima erano stati assassinati Guido Puletti, Fabio Moreni e Sergio Lana, alla guida di un convoglio di aiuti umanitari diretto a Zavidovići in Bosnia centrale. Percorrere quella strada era un suicidio: lo sapeva chiunque si fosse trovato sul terreno in quei giorni. I pacifisti italiani vennero infatti fermati dai croati sul lago di Rama, prima di Prozor. Don Albino li arringò nel tentativo di convincerli a proseguire senza le autorizzazioni. Ci fu chi fece testamento, chi pregò, chi scrisse ai genitori, come nei film sullo sbarco in Normandia. La maggior parte decise di tornare indietro. Sulla via del ritorno si guastarono i pullman e decine di manifestanti raggiunsero Tomislavgrad a piedi. Una quindicina di americani, membri di un'organizzazione nonviolenta radicale, decisero di proseguire a piedi, travestiti da clown. Si persero, furono ritrovati dai caschi blu inglesi nei boschi fra Prozor e Jablanica. Il messaggio inoltrato dagli inglesi agli organizzatori della marcia fu: «Veniteveli a riprendere perché noi gli spariamo».

Non è chiaro come, ma a Sarajevo arrivarono comunque 58 persone, guidate da un autista di pullman in preda a crisi mistiche («Dio mi ha detto di andare avanti»): 58 persone «sfuggite al controllo di don Albino». Luigi Ceccato seminò il panico fra gli abitanti della città vecchia, abituati a misurare il pericolo dai gesti dei vicini, correndo a perdifiato in via Vašo Miškin per annunciare ai compagni l'arrivo dei 58 marciatori. Le autorità musulmane rimasero sconcertate e fortemente irritate dalla comparsa di quegli strani personaggi spuntati non si sa come dalle zone a controllo serbo, dove erano stati rifocillati e aiutati dagli assedianti. Nonostante i proclami, *Mir Sada* fu un fallimento vistoso. Ai Beati Costruttori, unica fra le organizzazioni in città, fu negato dalle autorità lo status di associazione umanitaria riconosciuta. La frustrazione per questa operazione fu tra le cause principali delle sciagurate decisioni dei due mesi successivi.

Dopo il rovescio di *Mir Sada*, i ragazzi a Sarajevo incontrarono problemi enormi. La loro presenza in città garantiva l'afflusso di piccole quantità di aiuti umanitari, in quei giorni un patrimonio dal prezzo incalcolabile per gli assediati offesi dalla fame. I Beati Costruttori dell'hotel «Città Vecchia» furono oggetto di un tentativo di corruzione da parte di dieci magistrati del Tribunale di Sarajevo che chiesero parte degli aiuti in cambio della patente fino ad allora rifiutata all'organizzazione. Non si sa se la tangente venne pagata. Quel che è certo è che dopo quell'episodio l'ostilità dei locali crebbe ulteriormente. L'attività dei pacifisti italiani, improntata alla piú assoluta imparzialità, all'equidistanza fra le parti in lotta, era malvista dalle autorità

militari e politiche. Don Albino era noto per aver in-
trattenuto rapporti con le autorità serbe di Pale e per
aver mercanteggiato con i serbi di Ilidza il passaggio
delle sue «carovane di pace». Il soprannome con cui
era noto in città era «don serbo». Se gli aiuti concreti
portati in città, del resto, erano pochi, un servizio che
i Beati Costruttori riuscivano a garantire era il transito della posta. Nessuno di loro, però, era in grado di
leggere il serbocroato, e quindi di controllare il contenuto delle missive che portavano con sé attraverso la
linea del fronte. Le autorità, nel timore che qualcuno
si servisse dei Beati Costruttori per far uscire informazioni riservate, chiesero al contingente Unprofor di
svolgere una funzione di filtro e censura sulla posta affidata agli italiani.

Nel mese di settembre Moreno doveva rilevare Silvia Nelvina nell'incarico piú delicato: la responsabilità
nella gestione degli aiuti umanitari affidati ai Beati Costruttori. Si trattava di una vicenda complessa e imbarazzante: nessuno aveva tenuto il conto della quantità
di materiali portati al seguito della carovana di *Mir Sada* che giacevano abbandonati nei magazzini Unhcr di
Spalato. Una preda facile e ambita per i professionisti
del furto, istituzionali e non, specializzati nella razzia
degli aiuti umanitari. Chi aveva organizzato il deposito delle merci non aveva preso tutte le carte necessarie
al controllo. Secondo gli accordi con l'Unhcr e con il
governo bosniaco ai Beati Costruttori sarebbe stata affidata la gestione solo del 30 per cento delle merci in
deposito a Spalato, il resto sarebbe stato affidato al governo bosniaco. Ma anche quel 30 per cento si volati-
lizzava nello stillicidio dei voli Onu da Spalato a Sarajevo: gli imballaggi arrivavano aperti, svuotati. Il protocollo che era stato fatto firmare ai ragazzi era in
lingua bosniaca e conteneva una clausola (la VIII) che
toglieva loro ogni diritto di controllo sul transito delle
merci. Ma Silvia, Filippo Saccarola e Moreno erano
persone testarde e determinate, riuscirono a imporsi,
andarono a Spalato, alzarono la voce, affrontarono dei

rischi, si inimicarono tutti: bosniaci, funzionari civili delle Nazioni Unite, militari inglesi che presiedevano alla spartizione dei beni materiali. Un giorno, all'aeroporto, Silvia, Filippo e Moreno entrarono in un ufficio Onu dove non c'era nessuno. Sulla lavagna videro l'elenco dei materiali inviati per aiuto umanitario con l'indicazione del tipo di merci smistate, della quantità e della destinazione: c'era scritto Pale, Ilidza, Grbavica (i quartier generali serbi). Silvia fu aggredita da un soldato, i ragazzi furono accusati di spiare fra segreti militari, furono ammoniti dagli inglesi. Rischiavano la revoca di tutti i permessi. Silvia si accorse che quintali di merce sparivano nella terra di nessuno fra l'aeroporto e il magazzino *Magros* dove venivano stipate le merci. Da Spalato ottennero le carte che dimostravano che tutto era stato caricato sugli aerei: la sparizione delle merci avveniva nel territorio controllato dagli inglesi.

A essere derubata, oltre ai Beati Costruttori, era anche l'organizzazione umanitaria musulmana Merhamet, secondo una denuncia televisiva che trovò successivamente riscontro nelle inchieste e fu indirettamente confermata dai maldestri tentativi delle autorità di sostituire le merci scomparse con altre di provenienza ignota. Silvia, Moreno e gli altri incaricarono un avvocato di tutelarli, si andò alla causa, ci fu un incontro con i responsabili di tutte le parti. Alla fine i ragazzi vennero accontentati: avrebbero avuto il loro 30 per cento. Il responsabile bosniaco degli aiuti, Fouad Babić fu di lí a poco sollevato dall'incarico e aprí un locale notturno, «Il porcospino»: si era nella Sarajevo del '93 dove mancava tutto, a partire dall'acqua. Babić pasteggiava a vino francese.

Nella battaglia per gli aiuti si strinse una curiosa alleanza fra Silvia e Moreno. Silvia ricorda Moreno cosí: «Era un tipo chiuso, non legava molto con noi, manifestava una certa freddezza nei rapporti umani. Con gli altri si stabiliva fin dal primo momento un rapporto molto aperto. Era la situazione a unirci. Con lui era diverso». Ma Moreno e Silvia in qualche cosa si assomigliavano, erano ostinati, orgogliosi, indipendenti, andavano spesso in conflitto con gli altri volontari. Furono molto criticati, ad esempio, per la scelta di rivolgersi a un avvocato, sottraendo con ciò fondi che potevano essere donati ai civili. Moreno, poi, spesso veniva sorpreso a mangiare cioccolato e c'era chi sosteneva che il cioccolato lo si doveva portare ai bambini dell'orfanotrofio. «Dobbiamo essere forti – diceva lui – se vogliamo durare qui». Silvia ricorda i *raid* di Moreno al mercato per comprare patate e cipolle con cui cucinava minestre saporite: «Il suo scopo era triplice, coccolarsi un po', fare arrabbiare gli altri volontari che sostenevano che dovevamo condividere la fame dei sarajevesi poveri e, non ultimo, cucinando evitare almeno una parte delle interminabili riunioni che tenevamo ogni sera». «Comunque – ricorda Silvia – anche quelli che lo criticavano mangiavano le sue minestre di cipolle». Una sola volta litigarono, Moreno e Silvia. In Italia, a fine settembre, dove erano tornati per pochi giorni. Moreno disse che non intendeva rientrare a Sarajevo finché non fossero pronte le carte per il riconoscimento dei Beati Costruttori come Organizzazione Non Governativa. «Non puoi – aveva detto Silvia –: tu sei un volontario destinato a Sarajevo, non a Padova». «Purtroppo – dice oggi Silvia – fui convincente: aveva detto che sarebbe stato via una settimana, rientrò dopo tre giorni. Era un tipo testardo, pragmatico, freddo».

Nel mese di settembre, a Sarajevo il clima si faceva ogni giorno piú difficile, i ragazzi in città venivano avvicinati da personaggi ambigui e pericolosi. Alle loro attività si erano uniti alcuni bosniaci. C'erano persone di buona volontà, Alma e Šerif ad esempio, sinceramente coinvolti nell'attività umanitaria dei Beati Costruttori, ma c'erano anche avvoltoi di ogni specie decisi a impadronirsi degli aiuti. I volontari resistettero, guidati da Moreno e da Silvia, ma questo rese loro le cose sempre piú difficili. Furono avvicinati anche da uomini di *Caco* e *Celo* che offrivano depositi nelle zone da loro controllate per gli aiuti. Non ci cascarono, ma pregiudicarono con ciò i loro rapporti con gli uomini della Bašćaršjia. A mettere a disposizione un locale per lo stivaggio delle merci fu Edo Smajić, un ex ciabattino che, conoscendo bene la nostra lingua, era diventato un punto di riferimento per i giornalisti e i volontari italiani in città. Cugino di Ibro Špahić, Edo aveva assunto una certa importanza a Sarajevo: il suo numero di telefono compariva accanto a quelli della Presidenza bosniaca, delle Nazioni Unite, della Croce Rossa, sul vademecum che i *press center* dell'Unprofor mettevano a disposizione dei giornalisti diretti nella capitale. A fine agosto nel magazzino di Edo si verificò un furto che provocò la costernazione delle autorità locali: le merci dei Beati Costruttori erano svanite nel nulla.

Fra i bosniaci che ronzavano intorno ai ragazzi dell'hotel «Città Vecchia» c'era un informatore di Haris Lukovac, responsabile personale della sicurezza del presidente Izetbegović, c'erano un membro della guardia privata del presidente, un addetto ai centralini dei servizi segreti bosniaci, un poliziotto, un'ex spia titoista riciclata. Intorno ai volontari si muovevano giochi pesantissimi di cui non erano consapevoli. Loro non giocavano, rischiavano la vita per una scelta.

Incominciarono le minacce. Una serie di avvertimenti di tipo vagamente mafioso: un poliziotto addetto al controllo dei magazzini *Magros* dove si concentravano tutti gli aiuti umanitari, avvertí i ragazzi che agenti della sicurezza chiedevano informazioni su di loro; Ibro Špahić, in persona, si presentò per dire: «Attenti, sappiamo che Bizzotto ha amici a Pale. Se aprite un ufficio a Pale la pagate»; qualcun altro fece sapere a Moreno e ai suoi compagni che la polizia aveva un piano per incastrare «don serbo» per una storia di droga, appena avesse messo piede a Sarajevo. Poi la cir-

coscrizione di *Stari Grad* (città vecchia) li espulse dalla
sede che avevano trovato. Le valigie dovevano essere
pronte per il 2 di ottobre. Il disagio era grandissimo,
accentuato dal fallimento di *Mir Sada*. Qualcuno, letteralmente, dava i numeri.

Dicono che l'idea venne a Ceccato. Fu lui a parlare
per primo del ponte. Tutti lo presero per pazzo. Era
un'idea assurda. Una manifestazione pacifica sul ponte di Vrbanja, tagliato in due dalla prima linea, il luogo d'incontro dei quattro poteri in conflitto: sulla riva
di *Stari Grad* l'*Armjia* governativa e i croati dell'Hvo,
dall'altra parte *Caco* e, di fronte, i serbi. Né Moreno,
né Silvia, né i bosniaci presero sul serio quell'ipotesi.
Ma a Padova qualcuno ne fu affascinato. Già da un mese don Albino stava organizzando una marcia analoga
sul ponte di Mostar che segnava la linea di scontro fra
croati e musulmani.

I fatti di Mostar me li raccontò un ufficiale spagnolo del battaglione Unprofor di stanza nel capoluogo erzegovese. Si era nella fase piú acuta e sanguinosa del
conflitto. I fronti si erano frantumati e, se a Sarajevo
resisteva un'alleanza formale tra i bosniaci difensori e
il Consiglio Croato di Difesa (Hvo), nella valle della
Lašva, in Erzegovina occidentale e sulla direttrice Jai-
ce-Gornji Vakuf-Jablanica infuriava la guerra croato-
bosniaca. A Mostar la linea del fuoco correva lungo l'asse di quello che i locali chiamano *Bulevar*, il viale centrale che divide la città vecchia dai quartieri-modello
dell'edilizia titoista. Nella città storica, in gran parte a
est della Neretva, erano assediati sessantamila bosniaci a maggioranza musulmana, in condizioni spaventose. Ottocento metri piú in alto, sulla collina che so-
vrasta i quartieri antichi, le batterie serbe; di fronte,
nella città nuova, i croati di Bosnia armati fino ai denti e decisi a cancellare per sempre la presenza musulmana da quella che doveva diventare la capitale del loro Stato etnicamente puro. Mostar era una città disperata e pericolosa. Impossibile capire da quale parte

arrivasse il pericolo, la guerra assumeva forme confuse e paradossali. Il capo della polizia olandese, Jan Mejvogel, l'anno dopo, documentò le concessioni in *leasing* di carri armati da parte dei serbi ai croati. Ma è anche noto che i musulmani assediati «affittavano» dai serbi sulla montagna salve di artiglieria per colpire i nemici croati nella parte ovest della città. Una delle tante storie: il comandante della piazza musulmana «affitta» quaranta granate dalle batterie serbe, poi dirige il tiro da osservatore sulla parte croata della città; gli artiglieri serbi obbediscono via radio alle sue indicazioni. Ma dopo le quaranta granate il tiro continua: quarantuno, quarantadue, fino a cinquanta. Il bosniaco chiama allarmato l'ufficiale serbo che comanda la batteria: «Ehi, quelle in piú io non posso pagarle!». La risposta è una risata, l'ufficiale serbo è stato compagno di corso del bosniaco all'accademia militare federale, e le dieci granate in piú sono «omaggio della ditta». Una leggenda di guerra, forse, ma perfettamente coerente con il clima di surreale commercio di morte che caratterizzava quella fase dei combattimenti.

Dalle due estremità dei ponti sulla Neretva il fuoco impazzava: tiro di cecchini, raffiche di mitragliatrice leggera e pesante, colpi di mortaio. Giorno e notte. Fu in questo clima che si decise una manifestazione di pace: in città sbarcò una delegazione di «Beati i costruttori di pace», guidata da don Albino in persona con altri 19 preti, frati e suore, con l'obiettivo di incontrare le autorità religiose della parte musulmana assediata. L'idea era di attraversare disarmati – le mani in alto, al grido di «Mir, mir», pace pace – uno dei ponti, sfidando il fuoco delle due parti. Fu chiesto il permesso alle autorità militari di entrambe le sponde. I musulmani rifiutarono, i croati anche, ma si mostrarono piú possibilisti. Il dirigente militare della piazza era l'avvocato Ivan Tomić, uomo coltissimo e raffinato, umanista sanguinario abituato a comprare le armi in Italia, perfettamente padrone della nostra lingua. La sua idea fu di far firmare ai coraggiosi pacifisti un documento in cui si dichiarava che qualsiasi cosa fosse accaduta sul ponte, la responsabilità non sarebbe stata della parte croata.

Fu a questo punto che intervennero i Caschi blu: il comandante spagnolo, insospettito dalla trovata di Tomić, cercò di convincere i manifestanti che quel foglio poteva suonare come una sentenza: in un clima impazzito come quello di Mostar la guerra di propaganda poteva ben avvalersi della morte di alcuni coraggiosi volontari cattolici per mano dei feroci musulmani asserragliati sulla riva est. Ci furono esitazioni, il parere di don Albino era: «Andare avanti». L'ufficiale spagnolo curò personalmente i contatti con la parte assediata e fissò per i pacifisti italiani un appuntamento con l'imam di Mostar est. Poi offrí un blindato bianco delle Nazioni Unite per l'attraversamento del ponte. La coerenza dei manifestanti lo sbalordí: il blindato venne rifiutato, in quanto si trattava di un'arma. Misericordia di Dio e di un mitragliere ignoto, la prima raffica sparata in aria disperse i manifestanti che si erano avventurati sul ponte, senza che nessuno rimanesse ferito. Era il primo ottobre 1993.

La situazione a Sarajevo era diversa, forse qualcuno pensava che in qualche modo fosse piú «controllabile». In quei giorni era previsto in città un convegno ecumenico presieduto da un alto prelato vaticano: esponenti di tutte le religioni sarebbero convenuti intorno a un tavolo nella città assediata. Un gesto di pace coraggioso ed estremo appariva a molti reso ancor piú significativo da quella circostanza. Il ponte di Vrbanja era un luogo ideale, un simbolo: su quel ponte era caduta, il 5 maggio del 1992, la studentessa Suada Dilberović, prima vittima ufficialmente censita della guerra bosniaca. Il 21 di maggio del '93 poi, sul terrapieno a ridosso del ponte, un cecchino aveva ucciso due fidanzati, Boško Brkić e Admira Ismić, mentre tentavano di attraversare la Miljačka per raggiungere i quartieri a controllo serbo con l'intenzione di sfuggire all'assedio. A ucciderli erano stati probabilmente gli uomini di *Caco* che amava farsi pagare dai civili per consentire loro la fuga dalle zone assediate, ma spesso poi li faceva assassinare lungo il tragitto. La loro storia aveva fatto il giro del mondo: serbo lui e musulmana lei, i loro corpi erano rimasti per sei giorni abbracciati sul greto del fiume perché nessuno aveva avuto il coraggio o la possibilità di recuperarli. I Beati Costruttori pensavano che pregare e portare fiori nel luogo in cui Boško e Admira erano caduti potesse essere un efficace gesto simbolico.

Moreno si pronunciò contro l'ipotesi della manifestazione sul ponte, e comunicò la sua posizione ai vertici del movimento, in Italia. Non fu il Numero Uno, da Padova, a mobilitarsi, ma il Numero Due, don Angelo Cavagna di Budrio, Bologna. Giunse a Sarajevo con un aereo delle Nazioni Unite, lungo il corridoio che legava la capitale con l'aeroporto militare di Falconara, conosciuto con il nome di *Maybe Airlines*. Sbarcato in città, padre Cavagna si diede da fare, riunì i pacifisti presenti e tenne un'assemblea. L'idea era che si potesse ripetere l'esperienza di Mostar, dopo aver avuto qualche garanzia dalle autorità locali. A Moreno fu detto che se non se la sentiva poteva non partecipare, ma la marcia sul ponte si sarebbe fatta.

La gente di Sarajevo ricorda bene Moreno: dei pacifisti stanziali era il solo a sapersi muovere in città, a conoscere alla perfezione le zone esposte al tiro, a saper calcolare i rischi di ogni iniziativa. Non solo si sapeva muovere: Moreno Locatelli si muoveva. Visitava famiglie, andava a prendere l'acqua per chi non era in grado di muoversi, sfidando i cecchini e le granate, si prodigava come infermiere a domicilio. Unico in città, si prendeva cura degli zingari Rom: aveva conquistato l'affetto e la stima di un gran numero di civili e godeva del rispetto dei militari. Moreno aveva girato tutta Sarajevo, ma nemmeno lui era mai stato al fatidico ponte di Vrbanja, nei pressi del palazzo dell'Assemblea: per arrivarci bisognava superare un'infinità di posti di blocco, neanche i *pass* delle Nazioni Unite garantivano il transito a quella che a ragione era considerata una delle aree piú pericolose della città.

Padre Cavagna si assunse il compito di contattare tutti e cinque i poteri in città (le parti in lotta e l'Unprofor). All'hotel «Città Vecchia» erano alloggiati anche due giornalisti: Edoardo Giammarughi del «manifesto» e il fotografo Mario Boccia, fra i piú esperti reporter impegnati nelle guerre jugoslave. Giammarughi e Boccia, in possesso di un'auto con targa italiana e forti di buone relazioni con le autorità di tutte le parti in lotta, si offrirono di accompagnare don Angelo e i suoi collaboratori nel giro di consultazioni. Quelli che disponevano della tessera stampa accreditata dall'Unprofor (don Angelo e due ragazzi di nome Sulis e Parrello) attraversarono le linee con i due giornalisti e incontrarono i serbi nei sobborghi occupati di Lukavica e di Ilidza. A Lukavica incontrarono il maggiore Indjić, un uomo importante, ufficiale di collegamento con le Nazioni Unite e figura di rilievo nei servizi segreti. Il suo nome conobbe una certa celebrità quando furono pubblicate in tutto il mondo le registrazioni delle sue conversazioni via radio con i responsabili del contingente francese delle truppe di pace, il maggiore Albinet e il colonnello Duburg, che lo avvertivano dell'ora, della rotta e degli obiettivi – fittizi – dei primi raid Nato sugli assedianti:

– State al gioco, mi raccomando.
– Ok.
– Ok?
– Ok.

Indjić ricevette i delegati pacifisti insieme a un maggiore dell'Unprofor: «Siete pazzi: anche se non vi spariamo noi, chi garantisce che non vi spareranno quegli altri?». Cavagna disse che conosceva Veselinović, la trattativa si spostò allora a Ilidza dove Velibor Veselinović, il comandante serbo «convertito» da padre Forte durante la prima marcia dei Beati Costruttori, minacciò di arrestare tutti gli italiani: «Se lei, Cavagna, va sul ponte con la sua divisa dell'esercito vaticano, che combatte una guerra contro di noi, i miei uomini sono autorizzati a sparare». Parrello, giovanissimo, ricorda il colloquio parola per parola. Dopo Ilidza si fece un tentativo anche a Pale, la capitale dei serbi di Bosnia, dove la delegazione non fu neppure ricevuta. «Tutto a posto», disse padre Cavagna al ritorno in città, anche se nei verbali della riunione di quel giorno si legge la frase di Enzo Parrello: «Il maggiore ha espresso parere pesantemente negativo per la pericolosità, ma non ce lo può impedire». Boccia, Giammarughi e Sulis furono esclusi da quella riunione: i primi due perché estranei all'organizzazione, il terzo veniva emarginato per essersi fidanzato con una ragazza bosniaca. Padre Cavagna precisò che con i serbi non si erano capiti perché non c'era interprete. Altri testimoni affermano che un interprete era presente sia all'incontro con Indjić sia a quello con Veselinović.

Il comandante dell'esercito bosniaco alla richiesta dei manifestanti non rispose. Si rivolse a un suo subalterno e la frase che pronunciò fu all'incirca questa: «Prendete questi disgraziati, portateli a forza all'aeroporto, cacciateli sul primo cargo in partenza e toglietemeli dai piedi per sempre». I croati non diedero autorizzazioni e Caco (ci andarono Cavagna, Moreno, Ontanetti e Šerif) rispose con un ambiguo: «Se volessi ammazzarvi lo farei in questo momento». Anche la Croce Rossa sconsigliò l'iniziativa avvertendo che essa si esponeva al rischio di strumentalizzazioni. Si telefonò a Padova, il parere centrale fu che la manifestazione doveva essere fatta. L'ultimo a essere consultato fu il cardinale Vinko Pulić che non impedí, non promosse, si limitò a benedire.

Il gruppo era spaccato: Ontanetti, Cavagna, Ceccato e Berti erano favorevoli, contrari gli altri. Moreno argomentò che una manifestazione che partiva dal mancato rispetto della propria vita non poteva essere considerata un'iniziativa nonviolenta. Inoltre il rischio era di provocare uno scontro a fuoco tra le postazioni a ri-

dosso del ponte, e in quei giorni uno scontro a fuoco
poteva significare un successivo bombardamento di artiglieria sul centro cittadino. Il gesto di pace poteva
provocare lo spargimento di molto sangue.

Ma alla fine della riunione Moreno non era riuscito
a impedire la manifestazione. Nessuna ricognizione era
possibile a priori. Il passaggio era impedito dai posti di
blocco. Si decisero le modalità: cinque persone, in fila
indiana, a cinque metri l'uno dall'altro avrebbero attraversato il ponte da ovest a est. Luigi Ceccato da Milano in testa, poi padre Cavagna, Luigi Ontanetti da
Firenze, Luca Berti da Pesaro. Moreno decise che sarebbe andato anche lui. Non approvava l'idea che i feriti fossero lasciati dove cadevano. Quella sera vi fu
un'accesa discussione fra Moreno Locatelli e Luca Berti a proposito della regola dei feriti. Moreno disse che
non sapeva esattamente che cosa avrebbe fatto nel caso di un incidente: «Adesso penso che contravverrei
alla regola e cercherei di portare un eventuale ferito al
riparo, poi sul momento non so...». Moreno sarebbe
passato per ultimo sul ponte.

Nella tarda mattina del 3 ottobre nessuno fermò i
manifestanti diretti al ponte di Vrbanja. Ancora poche
ore prima avevano chiamato don Albino appena tornato a Padova da Mostar: «Andate». Un ufficiale norve-
gese dell'Onu dichiarò in seguito di aver dato l'ordine
di bloccare la manifestazione. Era un suo preciso dovere: i tre in possesso di tessera stampa Unprofor rica-
devano direttamente sotto la giurisdizione dell'Onu.

Nessuno li fermò. Nonostante le precise disposizioni del regolamento militare delle Nazioni Unite non ci
sono verbali o rapporti sull'episodio. Le autorità internazionali fornirono in seguito tre versioni diverse:
il rapporto sui fatti si è perso nella sede Unprofor di
Zagabria, il rapporto sui fatti è andato distrutto in un
incendio a Sarajevo, il rapporto sui fatti non esiste, e
perché dovremmo averne uno?

Nessuno li fermò. Strano. Avevano bandiere. Cantavano «Grazie alla vita che mi ha dato tanto». Rag-

giunşero Vrbanja poco dopo l'ora di pranzo. Silvia, Alma, Šerif e gli altri si fermarono al riparo dei *container* dietro il palazzo dell'Assemblea. Loro andarono avanti. Nessuno li fermò. E chi avrebbe dovuto farlo? Misteriosamente, quel giorno non c'erano i militari governativi al posto di blocco prima del ponte. Molti particolari strani attirarono l'attenzione dei testimoni presenti. Vicino alla carcassa d'autobus, accanto alle postazioni bosniache di prima linea, c'era una barella pronta. Non è un'immagine frequente, una barella in prima linea. Ci fu chi pensò che l'incidente fosse previsto. C'era una strana calma, nessuno sparava, quasi non si sentivano rumori dalle due sponde. Pioveva. Pioveva furiosamente, ma il silenzio sovrastava anche la pioggia. Ontanetti dirà in seguito che quello strano silenzio aveva cancellato anche il rumore dell'acqua del fiume, in quel punto vorticosa e violenta. La cosa piú strana, però, non era la barella, e neanche il silenzio. La cosa piú strana era l'assenza dell'*Armija*. A controllare la situazione era Haris Lukovac, responsabile della sicurezza personale del presidente Izetbegović. Con lui un personaggio misterioso che non sarà mai identificato: venne presentato come un giornalista, e infatti portava appeso alla giacca il permesso stampa Unprofor, nella versione blu, riservata ai corrispondenti stranieri (ai giornalisti bosniaci era rilasciato un *pass* di colore giallo). L'uomo parlava continuamente via radio in perfetto serbo-croato. Qualcuno notò che la voce che rispondeva era femminile e che l'uomo, parlando, istintivamente si voltava verso i piani alti dell'edificio vicino alla riva che ospitava il Parlamento della Repubblica bosniaca e i comandi dell'*Armija*. Il «giornalista» sembrava avere campo libero e trattava alla pari con Lukovac. Quando sul posto giunsero altri giornalisti, Lukovac li trattò ben diversamente e ad alcuni spaccò addirittura la macchina fotografica, a uno puntò la pistola alla tempia: «Fila all'ospedale, o ti ammazzo», disse, chissà perché. In seguito Haris Lukovac dichiarò di essere arrivato tardi, quando i manifestanti erano già sul ponte, per bloccare la marcia. Tutti i testimoni concordano nel dire che si trovava già sul luogo quando Moreno e gli altri lo raggiunsero.

Nessuno li fermò. Fecero una sosta vicino alla spalletta, poi, in un silenzio irreale, incominciarono la loro passeggiata sul ponte. Lentamente arrivarono in vista dell'altra sponda, si sentirono spari a raffica e uno di loro gettò i fiori sul greto dove i due sfortunati fidanzati erano stati colpiti. Padre Cavagna pregò per loro e per Suada Dilberović, Ontanetti recitò la promessa scout: «Con l'aiuto di Dio prometto di fare del mio meglio per aiutare il prossimo e compiere il mio dovere verso Dio e verso il mio Paese...». Pausa. «...E verso l'umanità». Poi tentarono di continuare verso la sponda serba. Ceccato, il primo, era quasi arrivato. Fu a questo punto che giunse la seconda raffica. Forte. Inequivocabile. Alta, sopra le teste. Un avvertimento, non si sa se di *Caco* o dei serbi. Secondo quanto era stato stabilito, i cinque si voltarono e ripresero, con la stessa lentezza, alla stessa distanza, il cammino. Ora Moreno era il primo. Camminava lentamente, come stabilito, con le mani in vista. Era quasi arrivato all'autobus quando partì un altro colpo e lui si voltò a guardare se qualcuno era stato colpito.

Rimase venti minuti sul ponte, da solo. Perdeva sangue a fiotti. All'inizio saltava, scalciava. Fu con le ultime forze che tentò di trascinarsi verso l'autobus carbonizzato. Il «giornalista» con il *pass* blu fu sentito urlare nella radio: «Se non mi dite i nomi di quelli che sono andati sul ponte non lo mando a prendere». Dopo un tempo che parve a tutti infinito due soldati dell'Hvo lasciarono la loro postazione e corsero a raccogliere Moreno. Qualcuno notò che non ci fu fuoco di copertura da parte degli alleati né fuoco d'offesa da parte nemica, come se valesse un tacito accordo fra le parti, come se i due dell'Hvo sapessero di non rischiare la vita in quel momento. Lukovac taceva, il «giornalista» guardava il Parlamento. La barella aveva avuto il corpo che aspettava.

Moreno fu portato all'ospedale Koševo dove morí dissanguato nel tardo pomeriggio. Ad aspettarlo c'era una sala operatoria pulita e misteriosamente libera. In quei giorni all'ospedale della capitale assediata arrivavano in ogni momento corpi straziati dalle granate, vittime di cecchini, uomini, donne e bambini bisognosi di intervento urgente. Quella mattina la sala operatoria era lí, come se aspettasse. Ci sarebbe stata un'inchiesta, dalle risultanze contraddittorie. Il chirurgo che operò Moreno, il dottor Abdulah Nakuas, sempre accompagnato da un militare silenzioso, in un primo momento dichiarò che i colpi che lo avevano ucciso venivano da non piú di cento metri, poi si corresse e disse trecento metri, una distanza problematica anche per un tiratore scelto. Una perizia successiva sui vestiti confermò che l'angolo di entrata era troppo acuto perché il proiettile venisse da lontano: era stato sparato dall'alto, a distanza relativamente ravvicinata, da destra verso sinistra. Il tiro a raffica non poteva essere opera di un cecchino, approssimativamente la fonte poteva essere individuata nell'edificio Union sulla linea fra le posizioni serbe e quelle di *Caco*.

Molti dicono che se Moreno fosse stato raccolto immediatamente, sarebbe ancora vivo. Successivamente padre Cavagna dichiarò che solo all'ospedale, quando tutti si tolsero le giacche, si rese conto di essere l'unico a indossare un giubbotto antiproiettile. Poche ore dopo sarebbe ripartito per Bologna.

Sarajevo 1993.

La sera del 3 ottobre, immediatamente dopo la morte di Gabriele Moreno Locatelli, il fotoreporter padovano Claudio Olivato telefonò a don Albino Bizzotto che disse con sicurezza: «Sono stati i musulmani». Il sacerdote non spiegò il motivo della sua affermazione.

Si sono fatte molte ipotesi sulla morte di Locatelli. Il regista Giancarlo Bocchi ha realizzato un filmato che raccoglie un gran numero di testimonianze sulla vicenda. Soltanto dopo tre anni la Procura di Brescia ha aperto un'inchiesta sull'episodio. Il film di Bocchi, insignito del Premio Trieste per il nuovo cinema europeo, non potrà essere visto dai telespettatori italiani, essendo stato completamente ignorato dalla Rai e da altre reti. A trasmetterlo è soltanto la Tv svizzera. Sulle interviste e sulla documentazione raccolte dal regista, una delle principali fonti di questo capitolo, si muove l'ipotesi accusatoria della Procura di Brescia. Anche la perizia balistica sui vestiti di Moreno Locatelli è stata voluta dal regista a sostegno dell'inchiesta su cui si basa il suo film. Per cause difficili da determinare l'indagine della Procura di Brescia appare insabbiata, senza che sia verificata l'attendibilità della dichiarazione di un bosniaco, all'epoca dei fatti inquadrato nei reparti di *Caco*, che si autoaccusa della morte di Moreno e dichiara di aver ricevuto l'ordine via radio.

La battaglia della città vecchia. Nell'autunno del 1993 (secondo anno di assedio), nella città percorsa da timori di colpo di stato da parte delle milizie «ribelli» di *Caco* e *Celo*, il gioco dei servizi segreti si accentua e si aggroviglia fino a produrre temporanei accordi fra le parti in lotta. Uomini della X collinare, pochi giorni dopo la morte di Moreno, accerchiano in armi la Presidenza bosniaca. È convinzione comune che *Caco* sia il braccio armato dell'ala dura dello schieramento musulmano che progetterebbe un colpo di Stato. Si parla insistentemente, in quei giorni, dell'eventualità di un «incidente» che avvii il repulisti nell'apparato militare. La morte di Moreno, che forse doveva solo essere ferito, non viene sfruttata a questo fine. La resa dei conti arriva però poco tempo dopo.

Il 24 ottobre 1993 l'incarico di formare il nuovo governo della Repubblica di Bosnia-Erzegovina è affidato ad Haris Silajdzić, già ministro degli Esteri. Silajdzić, nel discorso dell'insediamento, annuncia un programma di ripristino della legalità e di caccia ai responsabili di crimini di guerra. Sembra un appello formale, ma le conseguenze saranno immediate. Il governo bosniaco sceglie la legalità nella speranza di ottenere maggior credito presso le Nazioni Unite. L'insediamento di Silajdzić è salutato dal presidente del parlamento serbo-bosniaco Momčilo Krajšnik come un gesto di realismo: l'ex ministro degli esteri bosniaco, gradito agli americani, è considerato una «colomba», disponibile a soluzioni diplomatiche invise ai duri dello schieramento musulmano che, al livello politico, fanno riferimento ad Alija Izetbegović e all'attuale vicepresidente della Federazione Croato-bosniaca Ejup Ganić.

L'ultimo sabato del settembre '93 un commando non identificato aggredisce nel centro di Sarajevo Izmet Bajramović, uno dei principali leader militari indipendenti della capitale. Come Juka Prazina, Bajramović ha incominciato la sua carriera offrendo al governo la sua milizia criminale (qualche centinaio di uomini) in difesa della città, ottenendo in cambio il controllo dei traffici illeciti che nutrono l'economia informale di quei mesi di guerra. Bajramović si specializza nelle estorsioni, nel controllo degli aiuti umanitari e, soprattutto, delle uscite a pagamento dalla città assediata. Politicamente, la sua figura è complessa: a differenza dei «colleghi» *Caco* e *Celo*, Bajramović è apertamente schierato contro le posizioni di radicalismo islamico che stanno prendendo piede ai vertici militari con la benedizione di Izetbegović. Il suo potere in città è grande e quando, nel maggio del '93, la polizia bosniaca cerca di arrestarlo, reagisce attaccando con armi da fuoco il ministero dell'Interno dove è insediato il suo principale avversario politico Jusuf Pušina. Il diverso schieramento politico non impedisce a Bajramović di dividere con *Caco* e *Celo* il controllo del territorio e del racket, ed è quindi difficile stabilire se l'agguato di settembre sia da attribuirsi alla necessità governativa di sbarazzarsi di un personaggio ingombrante o a un regolamento di conti fra cosche. Molte fonti, comunque, chiamano in causa direttamente il governo. Bajramović, curato dai piú importanti chirurghi della capitale, viene trasferito all'estero per cure ulteriori su intervento personale di Haris Silajdzić nell'ottobre del '93 e, con ciò, definitivamente allontanato dal teatro bosniaco.

Il 25 ottobre la città è sorpresa dall'appello dello stesso presidente Izetbegović contro «il crimine organizzato di guerra». Un'inchiesta ordinata dalla presidenza nella capitale ha portato alla scoperta di fosse comuni nel bosco Gaj a Kazanj sul Boguševac e sotto il tunnel sulla Dariva. Dentro, corpi di civili carbonizzati o decapitati. Cinquecento, secondo fonti vicine alle autorità. L'identificazione delle vittime è resa assai difficoltosa dallo stato delle salme, ma da ciò che si può ricostruire i morti risultano appartenere a tutte le tre etnie principali della città. Come già aveva fatto Juka Prazina, come Izmet Bajramović, loro rivale in affari, *Caco* e *Celo* hanno da tempo imposto un clima di terrore fra la popolazione dei quartieri di prima linea, organizzando il racket e imponendo rastrellamenti arbitrari e sequestrando civili, soprattutto di etnia serba, e costringendoli a scavare trincee sotto il fuoco nemico, finendo spesso per «giustiziarli» se sopravvivono alle operazioni.

Il giorno successivo all'appello del presidente, parte a Sarajevo una vasta azione contro le brigate dei generali «ribelli». Sette poliziotti civili di Sarajevo inviati ad arrestare Mušan Topalović – *Caco* – sono assassinati e gettati dalla finestra del quartier generale della X Brigata collinare. Le loro tombe si trovano oggi nel «Parco degli eroi» di fronte all'edificio della Presidenza. Come spesso accade sul teatro balcanico, il fatto si veste di notevoli significati simbolici. Le vittime dell'ultimo crimine dell'ex chitarrista sono sette, come i sette fratelli uccisi dal pascià di Sarajevo nel diciottesimo secolo, proclamati martiri dell'Islam e ricordati in un monumento nei quartieri storici della capitale. Il monumento si trova esattamente a ridosso delle finestre della casa di *Caco*. Topalović e Delalić il Calvo si asserragliano nel centro cittadino con numerosi fedeli e ostaggi civili. La città è teatro per ore di violenti scontri a fuoco fra regolari e «ribelli». Nella serata del 26 ottobre il Calvo, comandante della

IX motorizzata, si consegna alle truppe governative liberando 25 civili che teneva in ostaggio. Sarà processato per estorsione, contrabbando, prostituzione e altri reati a danno di civili. La mattina dopo, in seguito a una telefonata del presidente che gli garantisce l'incolumità, *Caco* si arrende e si consegna alle truppe regolari. Viene freddato sulla porta del suo quartier generale. Dei 500 soldati fermati, 428 vengono rilasciati dopo una dichiarazione di fedeltà all'esercito regolare. La situazione torna interamente sotto il controllo governativo. Le cifre ufficiali parlano di 17 morti: tre poliziotti dei «gruppi speciali», sei membri della polizia militare e otto civili. Non sono contati però i caduti fra i soldati «ribelli». È arrestato anche un terzo ufficiale, ex comandante di brigata nel V Corpo d'Armata bosniaco a Bihać: il generale Zulfikar Ališpahić, detto *Zuka*.

Il 2 novembre è arrestato il capo di stato maggiore delle forze armate bosniache, generale Sefer Halilović, ex comandante in capo dell'esercito bosniaco, già destituito l'8 giugno, in seguito all'accusa di crimini di guerra nella zona di Jablanica. Il giorno dopo vengono arrestati altri ufficiali bosniaci, è incriminato anche l'ex ministro dell'interno Bakir Ališpahić. A capo delle Forze Armate è confermato il generale Rasim Delić, in carica ad interim dalla destituzione di Halilović, affiancato dal serbo Jovan Divjak, nuovo numero 2 dell'armata e comandante della piazza di Sarajevo.

Anche il ministro degli interni Jusuf Pušina è destituito: nessuno dei protagonisti della stagione piú calda di Sarajevo sopravvive all'autunno del '93. Finisce la stagione ambigua dei cosiddetti «eroi criminali»: la presidenza bosniaca insiste sempre piú apertamente sull'organizzazione professionale dell'esercito – il cui contraltare è tuttavia l'annessione ad esso delle unità paramilitari, anche di quelle di marca radicale islamica – e sulla sua centralizzazione. I vertici militari sono interamente rinnovati e sul mercato nero cala un velo di silenzio. Nel dopoguerra bosniaco si ritroveranno, tra le fila delle organizzazioni criminali in affari con le mafie di tutto il mondo, sia alcuni dei vecchi «profittatori di guerra», sia alcuni dei loro avversari.

L'operazione contro le bande militari a Sarajevo coincide con lo scioglimento, il 5 novembre, dell'Hvo locale (1500 uomini), il cui comandante, Slavko Zelić, è arrestato per collaborazionismo con i serbi.

Il 20 dicembre del 1994, in seguito a un'inchiesta sulle

fosse comuni a Kazanj, sul monte Trebevic, cinque luogotenenti di Mušan Topalović, detto *Caco*, sono dichiarati colpevoli da un tribunale bosniaco per l'eccidio di centinaia di
civili serbi nel 1993. Le condanne non superano i sei anni.

Il «generale» *Caco* è stato ufficialmente riabilitato dalla
Repubblica di Bosnia-Erzegovina nel novembre del 1996,
mentre a Brescia si apriva l'inchiesta sulla morte di Gabriele Moreno Locatelli. Il corpo di *Caco*, in precedenza considerato disperso, è stato riesumato per essere seppellito con
funerale di Stato, alla presenza di quindicimila persone.
L'Arabia Saudita ha proclamato Mušan Topalović, *Caco*,
«martire islamico».

Haris Lukovac è oggi Console della Repubblica di Bosnia-
Erzegovina in Belgio. A Moreno è stata dedicata una piazza nella capitale bosniaca.

Mercato nero, casco blu. Ciò che Moreno, Silvia e Filippo
scoprono negli hangar dell'aeroporto di Sarajevo controllato dai caschi blu della missione Unprofor (*United Nations
Protection Force*) non è sorprendente alla luce dello scandalo sollevato in quello stesso autunno dai vertici militari Onu.
Nel settembre del '93 l'inviata a Sarajevo del «Guardian»,
riprendendo una denuncia della stessa televisione bosniaca,
denuncia le complicità di alti funzionari e ufficiali Unprofor
con i personaggi di cui si parla in questo capitolo. In ottobre è proprio il comandante del contingente Unprofor in Bosnia, il generale belga Francis Briquemont, a ordinare un'inchiesta sull'organizzazione militare delle Nazioni Unite a Sarajevo, coinvolta nella gestione mafiosa del mercato nero e
nel controllo della prostituzione: «Non ci trovo nulla di sorprendente. Ero bambino durante la seconda guerra mondiale, non si parlava che di mercato nero. È impossibile sor-
vegliare ciascun individuo. Certo non posso tollerare che uomini dell'Unprofor si siano lasciati andare a questo genere
di cose». Con questa dichiarazione Briquemont smentisce
di fatto il suo predecessore Morillon che aveva coperto i traffici.

È noto a tutti coloro che hanno operato nel campo degli
aiuti umanitari che per un lungo periodo, soprattutto nel '93,
è stato impossibile far entrare nella capitale un solo grammo
di farina o un cerotto senza consegnarlo nelle mani dei Caschi blu. Un apposito servizio di vigilanza, istituito dall'Unprofor, è affidato a ufficiali di un nucleo ispettivo inglese:

chi viene sorpreso a consegnare direttamente aiuti alle organizzazioni umanitarie presenti in città (Caritas, Croce Rossa, Merhamet comprese) rischia, fra l'altro, la revoca di tutti i permessi d'accesso alle zone controllate dai Caschi blu. La spartizione dei carichi che segue all'affidamento delle merci agli uomini delle Nazioni Unite prevede la consegna di un 40 per cento circa del materiale agli assedianti serbi, la suddivisione di una quota analoga fra le parti militari nella città assediata e l'utilizzo al mercato nero del 20 per cento restante. Alla «logistica» del traffico partecipano, con pari diritti, le organizzazioni criminali dei quartieri assediati e di quelli a controllo serbo. L'inchiesta promossa da Briquemont si conclude con condanne e con l'allontanamento di numerosi alti funzionari dai vertici Unprofor, confermando pienamente le accuse del «Guardian», nel silenzio assoluto dei media di tutto il mondo.

Aiuti umanitari. La questione del ruolo avuto dal sistema degli aiuti nel conflitto bosniaco, e piú in generale la questione dell'aiuto umanitario in situazioni di guerra, è particolarmente delicata. Quella dell'impegno civile, in particolare italiano, nella ex Jugoslavia è senz'altro la storia di uno straordinario movimento di massa, in buona parte spontaneo, capace di operazioni spesso precluse alle forze ufficiali. In numerose situazioni la presenza dei volontari o dei professionisti delle organizzazioni umanitarie ha costituito il solo legame con il mondo e la sola speranza di sopravvivenza per le popolazioni civili. Centinaia di convogli sono partiti dall'Italia e da altri paesi in direzione di città assediate e villaggi isolati, altrimenti dimenticati. Fra l'altro, il primo contatto con il mondo dopo mesi d'assedio, tanto per Vukovar nell'ottobre del '91 quanto per Mostar est il 24 novembre del '93 fu l'arrivo di un convoglio italiano. Alto anche il tributo in vite che il volontariato di pace ha pagato.

Si potrebbero citare decine di iniziative coraggiose ed efficaci; fra le organizzazioni è impossibile non menzionare *Médecins du monde*, impegnata non solo nel campo medico, ma anche nella raccolta di una mole impressionante di testimonianze per il Tribunale internazionale sui crimini di guerra. Per l'Italia va ricordato lo sforzo del Consorzio Italiano di Solidarietà (Ics), che raccoglie decine di organizzazioni e fornisce appoggio, consulenza e mezzi alle iniziative umanitarie attraverso uffici aperti in tutte le aree di crisi e nelle capitali di Croazia, Serbia e Bosnia. Fra i meriti dell'Ics c'è quello di non aver ceduto ai condizionamenti delle parti in guerra. Vi sono state iniziative coraggiose anche da parte di associazioni sorte spontaneamente, di enti locali e persino di singoli. Una storia che continua con i rapporti consolidati fra realtà italiane e realtà jugoslave, anche fra le più difficili (va citata, almeno, l'iniziativa della Casa della pace di Trento a Prijedor) e che impone elementi di riflessione anche alle agenzie ufficiali internazionali.

Eppure, quella dell'impegno civile in Jugoslavia è una storia piena di ombre, di approssimazioni, di errori sui quali molto spesso la galassia, varia e litigiosa, del volontariato di pace non è disposta a riflettere.

La vicenda di Moreno Locatelli non è isolata. Vi si rintracciano, anzi, esempi di comportamenti assai diffusi nel caso jugoslavo, comportamenti le cui conseguenze, spesso diametralmente opposte alle intenzioni, andrebbero analizzate impietosamente. Non si tratta solo di velleitarismi, narcisismi e imprudenze. E non si tratta nemmeno dell'autoreferenzialità delle marce e delle fiaccolate, delle catene umane e delle veglie con cui si rappresenta periodicamente, per strada e sui *media*, il rito purificatorio della mobilitazione.

Come nel caso della marcia denominata *Mir Sada*, molto spesso gli aiuti sono stati consegnati alla leggera ad «autorità» locali non meglio identificate, senza un controllo sull'effettiva destinazione delle merci. Con ciò si è fornita a volte una risorsa ai «signori della guerra»: derrate consegnate alla cieca si traducono in rifornimenti alle retrovie del fronte, spesso secondo un disegno organizzato da personaggi intraprendenti legati alle parti in conflitto. Se iniziative di pace si sono trasformate in strumenti di condizionamento e ricatto in mano ai combattenti, la responsabilità ricade anche, in certi casi, sul cinismo e sulla spregiudicatezza di alcuni volontari, più interessati al credito che le operazioni umanitarie garantiscono in patria che non al loro esito. Accade anche, di fronte all'impossibilità di far transitare carichi voluminosi attraverso le zone di guerra, che grosse somme di denaro siano consegnate con le migliori intenzioni nelle mani di personaggi a dir poco ambigui. Il caso più rilevante di questo movimento di valuta a nobili fini è quello dell'assedio di Bihać, dove l'aiuto umanitario ha costituito il fondamento di un vero sistema di economia parallela.

Abdićstan. Personaggio chiave della vicenda di Bihać (*enclave* musulmana stretta fra i territori serbi di Croazia e Bosnia orientale, isolata dalla metà del '92 al settembre '95) è il miliardario Fikret Abdić, musulmano, fondatore con Izetbegović del partito al governo in Bosnia (Sda). Abidć è già stato protagonista – abbastanza involontario – di un episodio decisivo nell'ascesa di Slobodan Milošević nell'ottobre 1988 quando, boiardo di Stato, è incarcerato per il crac del colosso alimentare Agrokomerc di Velika Kladuša. Sugli sviluppi di quel caso, che rivela corruzione ai massimi livelli dello Stato e connivenze internazionali, il padrino di Belgrado costrusce infatti gran parte della «rivoluzione antiburocratica» con cui sostituirà la vecchia classe dirigente serba con una *nomenklatura* a lui fedele.

Membro della presidenza collegiale bosniaca, Abdić il 27 settembre del '93, con una mossa a sorpresa, dalla sua roccaforte di Velika Kladuša, nel nord della «sacca di Bihać», proclama la secessione dalla repubblica di Bosnia-Erzegovina, alleandosi con gli assedianti serbi e aprendo un pericoloso secondo fronte per il V corpo d'armata bosniaco asserragliato nella città assediata. Con questo episodio inizia il periodo piú duro per Bihać, strangolata e ridotta alla fame, ma si apre per i circa 50.000 «secessionisti» fedeli ad Abdić un'epoca di singolare prosperità. Nei primi dieci mesi di vita, la repubblichetta del miliardario musulmano, ribattezzata «Abdićstan» dalla voce popolare, si arricchisce grazie al controllo dei convogli umanitari diretti nella città assediata e al contrabbando. Abdić, con il suo collega serbo Borislav Mikelić, impone un pedaggio di 350 dollari per ogni camion di aiuti umanitari in transito sui suoi territori e organizza la rapina sistematica dei beni di prima necessità che vengono rivenduti agli stessi assediati a prezzi aumentati fino a dieci volte il valore reale. Perché il mercato nero controllato dai due compari di Velika Kladuša possa prosperare, sono gli stessi uomini di Abdić a organizzare il traffico di valuta pregiata verso la città assediata: in sostanza nel 1993 è impossibile inviare a Bihać anche una sola carota, ma si ha la certezza del buon esito di qualunque spedizione di denaro dall'estero.

Abdić conosce la preoccupazione dei profughi per i parenti intrappolati a Bihać e vi costruisce sopra un fiorente sistema di speculazione, portando alla sua perfezione il meccanismo del taglieggio sugli aiuti umanitari. Nonostante la sistematicità di tale pratica e il regolare fallimento delle spedizioni, un gran numero di organizzazioni internazionali continua per anni a inviare convogli, contribuendo attivamente al «miracolo» abdiĉstano. Per molti, l'importante è tornare in patria alla guida di camion vuoti.

I bambini commuovono. È la regola che ha dato vita ad alcune prove di cinismo estremo, come la caccia ai piccoli feriti scatenata dai giornalisti occidentali accorsi a Sarajevo in vista dei raid aerei minacciati dalla Nato nel gennaio '94. Delusi dal mancato *scoop* (non vi sarà alcun raid), i cronisti di mezzo mondo si gettano sulle corsie dell'ospedale pediatrico in cerca di casi strazianti con cui nutrire la fame internazionale di emozioni. «Stella» involontaria e dolente di quello show è una bambina musulmana colpita da meningite il cui nome – Irma – serve a dar lustro ad alcune gran dame di carità in vena di *vernissage*. Dopo il grande evento mediatico dell'«operazione Irma» (cui si è accennato) i riflettori si spengono, i tailleur delle dame vanno in tintoria e Irma muore in un ospedale londinese.

Ma l'episodio piú clamoroso di uso ambiguo dell'infanzia riguarda l'«Ambasciata dei bambini», organizzazione fondata a Sarajevo nell'aprile del 1992 da Duško Tomić, serbobosniaco, ex agente della polizia segreta, con i soldi donati da una università e con altri fondi di provenienza ignota. Nel '92 l'«Ambasciata» ha sede in un edificio di proprietà della fabbrica d'armi Pretis Unis di Vogošća, una delle punte di diamante dell'industria bellica jugoslava. L'organizzazione ottiene da subito un grande credito internazionale e i suoi convogli, sempre piú numerosi e ben forniti, sono per lungo tempo i soli a poter circolare liberamente dentro e fuori Sarajevo. Ambasciatori bambini vengono spediti dall'intraprendente Duško nelle capitali di tutto il mondo a propagandare l'aiuto umanitario, l'adozione a distanza e l'accoglienza per le piccole vittime di guerra. Il successo è grande e anche in Italia si registrano iniziative di un certo rilievo a sostegno dell'«Ambasciata dei bambini». Forti di credenziali tanto serbe quanto croate e musulmane, i camion di Duško incominciano a portare «in salvo» piccoli bosniaci, orfani o affidati dalle famiglie che sperano di sottrarli all'assedio. Finché su quattro camion dell'«Ambasciata» in transito in territorio governativo vengono trovate armi, occultate sotto i pianali. Duško Tomić è arrestato con l'accusa di traffici illegali e il governo bosniaco blocca tutti i permessi di espatrio per minorenni non accompagnati da un genitore. Ad aggravare i sospetti sull'«Ambasciata dei bambini» giungono dall'estero numerose denunce su bambini mai arrivati alle destinazioni dichiarate dall'«Ambasciata». Secondo le risultanze dell'inchiesta aperta a carico di Tomić dalla magistratura di Sarajevo risultano tutt'ora dispersi circa 4000 bambini ufficialmente inviati in luoghi d'asilo improbabili come Libia e Afghanistan.

La fiducia che legava, in nome di una condivisione di valori spesso solo presupposta, gli anelli della catena umanitaria è stata spesso tradita. Forse il caso piú impressionante riguarda gli aiuti in Erzegovina occidentale, nell'epoca del conflitto croato-musulmano. Beni per decine e decine di miliardi partono da località di tutta Europa in direzione di Mostar e dintorni. Ma, per la posizione strategica di quell'area da cui si controllano tutte le comunicazioni con l'interno bosniaco, i militari croati ricavano da questo flusso di merci un beneficio e uno strumento di ricatto verso tutta la Bosnia. E mentre a Tuzla, Goražde, Maglaj si muore di fame, nelle località erzegovesi etnicamente ripulite dai croati si vive comodamente grazie ai convogli.

È imbarazzante il ruolo di mediazione svolto in questa situazione da alcuni religiosi. Mi capitò personalmente di far visita a padre Željko, un sacerdote conosciuto in occasione di un ciclo di conferenze in Italia sul campo profughi da lui gestito nella cittadina erzegovese di Čitluk. Nel campo, raccontava, erano ospitate ottomila vittime delle campagne di guerra in Erzegovina. Quando giunsi a Čitluk non trovai traccia del campo, né degli ottomila profughi. Nella cittadina, ordinata, pulita e intatta, vivevano quattromila persone e operavano trentasei organizzazioni umanitarie. Padre Željko si rifiutò di offrire ospitalità per due notti a una vedova con tre bambini che accompagnavo, perché musulmana: «Che cosa penserebbero le vittime croate se io accogliessi questa donna?», mi disse.

Nessun controllo è stato possibile esercitare, poi, su molte delle cosiddette «adozioni a distanza» per cui negli anni di guerra ingenti somme di denaro venivano spedite periodicamente in Erzegovina da famiglie italiane per il mantenimento di bambini in difficoltà. Nel migliore dei casi, la selezione dei destinatari di queste offerte, demandata a religiosi locali, avveniva secondo un criterio rigidamente etnico.

La Jugoslavia era una specie di ornitorinco, un animale strano e male assemblato dall'aria scoordinata, con il muso convesso in corrispondenza della Macedonia. La Croazia è una testa di coccodrillo che stringe la Bosnia tra le fauci, la Slovenia una mano che impugna una pistola, la Serbia un fagotto, la Vojvodina un tappo e il Montenegro uno sfiatatoio. Le forme sulla carta geografica si lasciano decifrare, come i pezzi di un mosaico sensato.

Le strade, poi, nel 1993 avevano tutte uno strano nome. A deciderlo era la geografia della sicurezza militare. I convogli battevano piste di sabbia o giravano intorno a fosse scavate in quello che un tempo era asfalto, andavano lenti, superati dai fuoristrada spinti a tavoletta sui tornanti del Vran, o dell'Igman o della Krušćica. A segnare la via certe palette nere con un simbolino bianco in vista: una forma geometrica, un fiore, un animale, a seconda del nome, appunto. C'era la *Pacman*, con la pallina che spalanca la bocca per ingoiare i fantasmini, come in un videogioco di fine anni '70. Poi c'erano la *Opal*, la *Emerald*, la *Raven*, ma anche la *Swan*, la *Kite*, la *Pigeon*, la *Salmon*. E sulle palette il cigno, la trota, il piccione... Alcune avevano nomi che, se pronunciati, prendevano un suono cupo: la *Gull* e la *Falcon*, per esempio, che scomparivano a nord nelle pieghe della Krajina bosniaca conquistata dai serbi, o la *Viper*, inaccessibile ai convogli, che si arrampicava fra i sassi di Erzegovina fino alle città proibite dell'est: Foča, Višegrad, Goražde.

Per andare a Tuzla si partiva sulla *Circle*, fino a Tomislavgrad dove incominciava la *Triangle*, una specie
di pista da sci larga e verticale sulle pendici del Vran,
affacciata sulle isole del lago di Rama e su Prozor, la
città-finestra. Poi la *Diamond*, che saliva fra i boschi
costeggiando un ruscello, dalle parti della miniera di
Radovan; quindi un tratto della *Škoda*, i tornanti fan-
gosi della *Criton* che confluiva sulla *Acorn* poco prima
di Ribnica, nella foresta; di lí la *Mario* (c'era l'idrauli-
co con i baffi, sulle palette) e poi la *Hawk* a fianco della grande centrale termoelettrica, fino a Tuzla. Per Zavidovići stessa strada fino alla *Škoda*, poi *Monk*, *Ruby*,
Lada e un tratto di *Duck*.

La storia di Sergio Lana, Fabio Moreni e Guido Puletti finisce sulla *Diamond* dove furono intercettati e
assassinati nel tardo pomeriggio del 29 maggio 1993.
Erano diretti a Zavidovići con un carico di aiuti umanitari e i documenti per l'espatrio di una quarantina di
vedove con bambini che dovevano trovare accoglienza
a Brescia. Viaggiavano insieme ad Agostino Zanotti e
Christian Penocchio, sopravvissuti. Della loro fine,
sembra, si sa tutto.

Sono da poco passate le quattro del pomeriggio, è
una giornata tersa, persino calda. Il viaggio da Spalato
è andato bene, senza intoppi. All'ultimo *check-point*
delle Nazioni Unite, subito dopo Gornji Vakuf, buone
notizie: la strada è libera, nessuna attività di combattimento, non ci dovrebbero essere ostacoli. La via dei
diamanti sale fra boschi fitti dai colori brillanti, costeggiando un torrente che scende a valle dalle pendici della Vranica e, nonostante la tensione, può essere
piacevole la lentezza a cui si è costretti dallo sterrato.
Sono passati meno di dieci minuti dal «via libera» dei
Caschi blu, Zanotti è alla guida di una Lada Niva blu
targata Spalato, di fianco a lui siede Guido Puletti, dietro c'è Christian Penocchio. Sul camion che arranca
davanti a loro sono seduti Fabio Moreni e Sergio Lana. Puletti armeggia con interesse intorno alla radio

montata a bordo del fuoristrada. Sta ascoltando una comunicazione del battaglione francese, prima incuriosito, poi sempre piú attento e nervoso: «Senti un po' che cazzo dicono questi!». Zanotti si irrita: «Siamo sulla *Diamond*, la radio ci serve, spegnila adesso!».

Guido non farà mai in tempo a tradurre ai suoi compagni di viaggio il messaggio dei francesi: il camion si arresta di colpo, Moreni cerca di chiamare via radio, dal bosco escono uomini armati che si dispongono ai lati degli automezzi. Indossano abiti civili mescolati a pezzi di mimetica, portano insegne musulmane: sul calcio di un fucile c'è un adesivo verde con scritte bianche in arabo. Puletti è il primo a intuire che non si tratta di un posto di blocco come gli altri: dice ai suoi compagni di tenere le mani bene in vista e non fare gesti bruschi. Dai cespugli sono saltati fuori altri uomini, una ventina. Portano berretti verdi, il segno delle prime unità paramilitari musulmane. Vengono controllati i documenti, le armi spianate, poi un membro del *commando* sale sulla Lada. I mezzi ripartono lungo una stradina che devia sul fianco della montagna. Dopo trecento metri, quando la *Diamond Route* è fuori dalla vista, una sosta. Spunta il capo, un uomo tarchiato con una faccia da gnomo (sono le parole di Penocchio), gli occhi chiari dall'aria calma, il pizzo cortissimo.

Si chiama Hanefija Prijić, figlio di Fazlija, è nato nel villaggio di Jagnjid, nel distretto di Gornji Vakuf, il quattro di marzo del 1963. Lo chiamano «Paraga», come il capo ustascia croato: non è ironia, probabilmente, ma un segno di omaggio verso la fazione estremista croata che è rimasta al fianco dei musulmani nella guerra contro i suoi stessi connazionali. Ha trent'anni, «Paraga», ma ne dimostra di piú. Con lui c'è una donna, le guance grandi, morbide, gli occhi chiari anche lei, una faccia da bambina. Penocchio ha un giubbotto blu con mille tasche, come tanti fotoreporter, simile a quello che portano gli ustascia della Hos. «Paraga» gli chiede se è un croato, Penocchio nega, spaventato, l'altro ride: «*Io* sono un ustascia!».

Moreni viene lasciato alla guida del camion, mentre i suoi compagni sono fatti salire su un carro tirato da un trattore con altri cinque miliziani. Tre chilometri circa, un gruppo di uomini segue il trattore cancellando le tracce con delle frasche, vengono strappati i contrassegni «Caritas» dagli automezzi, asportate le targhe. I soldati si mostrano gentili, offrono sigarette, Puletti è nervoso, avverte gli altri di non fraternizzare, di rispondere solo alle domande dirette, di tenere le mani sempre in vista. Tre chilometri, poi una specie di «campo base», ci sono civili, un pastore con un vecchio moschetto, armi piú pesanti, mortai a treppiede, lanciarazzi... Il camion è portato via. Moreni raggiunge gli altri, cerca di rassicurarli, si preoccupa molto di Sergio Lana, il piú giovane. Dice che il soldato che era con lui sul camion parla tedesco e gli ha assicurato che non vogliono altro che il carico: sono in grave difficoltà e devono rifornirsi con ogni mezzo. C'è una discussione fra i cinque o sei membri piú influenti della formazione, poi gli italiani sono fatti salire di nuovo sul carro, vengono scelti tre soldati per accompagnarli, il capo e la donna li seguono sul fuoristrada. Altri tre o quattro chilometri. Il comportamento dei soldati è diverso: niente violenza fisica, ma una nuova freddezza. Penocchio chiede che intenzioni abbiano, ma viene zittito. Il sentiero si snoda in piano, allo scoperto, i cinque vedono numerosi civili, anche dei bambini con la cartella di scuola che salutano con la mano. Moreni prega in silenzio. Lana è spaventato, dice: «Chi crede in Dio preghi...». Qualcuno propone di chiedere ai miliziani che cosa succederà. Puletti rifiuta, Moreni si decide e si rivolge a un uomo che porta un teschio cucito sulla manica della giacca: «Voi pum pum noi?». L'altro lo guarda e risponde semplicemente: «Money», poi insiste, indica la tasca posteriore di Zanotti che gli consegna il portafogli. I cinque vengono derubati di tutto. Un soldato intona una canzone.

In una radura il gruppo si ferma, scendono dai mezzi, il capo mostra una cartina geografica indicando il

sentiero: «Di là Travnik». Il capo e la donna si fermano, mentre i cinque – nell'ordine: Zanotti, Lana, Puletti, Penocchio e Moreni – proseguono scortati da due
soldati che aprono e chiudono la fila. Dopo poche decine di metri si fermano, quello con il teschio sulla giacca sfila gli orologi ai cinque. Sono su un tratto di sentiero in costa, pianeggiante e scoperto, a fianco di una
scarpata. L'uomo con il teschio fa un paio di passi a
monte, si mette al centro della fila, di fronte a Puletti,
a un metro di distanza. Imbraccia il *kalashnikov* e carica. Cambia l'espressione del viso: «Distaccato – dirà
Zanotti – Prima ci parlava, reagiva, ora era come se
non avesse nessuno davanti a sé». Moreni dice quasi a
fil di voce: «Ragazzi, scappiamo, questi ci ammazzano». L'uomo incomincia a sparare, a colpo singolo. Puletti è freddato sul posto, Moreni e Penocchio si but-
tano a valle per la scarpata, a rotoloni. Zanotti e Lana
corrono a perdifiato sul sentiero. Sentono le pallottole fischiare, raffiche vicino ai piedi, rami che si spez-
zano. Corrono affiancati per venti metri, si dividono,
si ricongiungono, Lana zoppica, ha male a una gamba.
Zanotti non capisce, lo incita a correre, si butta giú per
un pendio, crolla in un torrente e resta nell'acqua, si
finge morto. Sono le 19 circa di sabato 29 maggio, nei
pressi della miniera di Radovan.

Agostino Zanotti uscirà dall'acqua a notte e vagherà
per i boschi fino all'alba quando sarà raccolto nei pressi di Bugojno da soldati dell'*Armija* regolare bosniaca.
È convinto che nessuno sia stato colpito e che i suoi
compagni siano semplicemente persi per i boschi. Penocchio si è nascosto in un cespuglio, vicino al luogo
dell'eccidio, ha sentito i miliziani che lo cercavano, ha
visto il corpo di Moreni sventrato e gettato in un cespuglio da due uomini. Risale il pendio all'imbrunire,
trova il corpo di Puletti, lo tocca: i piedi – gli hanno
portato via le scarpe – sono freddi, duri. Christian Penocchio vagherà due notti e un giorno e sarà trovato
all'alba di lunedí da tre soldati bosniaco-musulmani a
valle.

Ufficialmente è tutto chiaro: delitto per rapina, la magistratura di Brescia apre un'inchiesta e ricostruisce con una certa precisione i fatti del 29 maggio, procedimento contro ignoti. Poi «Paraga» viene identificato, il pubblico ministero dispone la carcerazione cautelare nei suoi confronti, ma il giudice per le indagini preliminari respinge l'istanza: trattandosi di «delitto comune» commesso fuori dai confini nazionali, non sussistono le «condizioni di procedibilità» nei confronti dell'indiziato, se questo non si trova sul territorio dello Stato. Hanefija Prijić detto «Paraga» è oggi un personaggio celebre, considerato una specie di eroe di guerra: firma senza scomporsi l'avviso inviatogli in Bosnia dalla Procura di Brescia e se ne resta a casa sua, progettando anche di darsi alla politica. Il suo «delitto comune» non è perseguibile fuori d'Italia.

Tutto chiaro.

Una rapina come tante.

In Italia si scatena un impietoso dibattito sugli aiuti umanitari spontanei. Dalle poltrone, dalle scrivanie, dalle redazioni e da qualche salotto si alzano mille voci a stigmatizzare l'imprudenza dei volontari, l'avventatezza di missioni organizzate senza effettiva conoscenza del territorio e della situazione. Inspiegabilmente la stampa mostra una tendenza a gettare la croce su Puletti, identificato come il leader della spedizione. A lui, in fretta e furia, molti attribuiscono la responsabilità indiretta di quanto è avvenuto sulla via dei diamanti. Il governo interviene istituendo, presso l'unità di crisi del ministero degli Esteri, un tavolo di coordinamento delle associazioni impegnate in ex Jugoslavia. D'ora in poi tutte le azioni umanitarie dirette al terreno di guerra saranno poste sotto l'egida e il controllo della Cooperazione italiana, una realtà proteiforme e ambigua che si accredita nelle capitali coinvolte sotto la scritta «Ambasciata d'Italia, sezione umanitaria». L'intento è impedire nuove avventatezze.

Si sa tutto di Hanefija Prijić, il capo del commando, l'assassino. Si conoscono persino le sue opinioni politiche, riportate oggi dai quotidiani locali: è un laico, si schiera con il partito dell'ex «colomba» Haris Silajdzić. È un eroe, sulle sue gesta è stata composta una ballata.

Di Moreni so poco. Solo quello che risulta dalla perizia necroscopica, la seconda, disposta dalla magistratura di Brescia. Fabio Moreni – «Trattasi di cadavere di un uomo dell'apparente età di anni 30-40, di robusta costituzione corporea, in assai scadenti condizioni di conservazione, della lunghezza di 182 cm circa. Colorazione verde-putrefattiva al volto... attinto da almeno 11 colpi d'arma da fuoco a proiettile unico» – era un imprenditore cremonese, dedito da anni ad attività umanitarie. Era stato fra i primi a correre in aiuto delle genti travolte dalla guerra in Bosnia centrale e aveva messo in gioco tutti i mezzi di cui disponeva. Era, fra gli italiani, uno dei piú esperti conoscitori del territorio bosniaco.

So ancora meno di Sergio Lana – «Giace supino e non indossa indumenti. Rigidità cadaverica risolta in tutti i distretti. Colorazione verde-brunastro di tutto il soma, con enfisema putrefattivo del volto e dello scroto. Numerose larve di dittero sono presenti sotto il corpo... è stato attinto da almeno 20 colpi d'arma da fuoco a proiettile unico» –: aveva vent'anni.

Di Puletti – «attinto da almeno tre colpi... lesioni sfacelativo-emorragiche dei tessuti molli del torace, del dorso, dell'arto inferiore destro, nonché lesioni fratturali plurime delle costole e sfacelativo-emorragiche del polmone sinistro» – invece ho una foto. È una foto un po' insolente, in cui si vede gente allegra ed emozionata, raccolta in gruppo sui sedili di un autobus in partenza. Si sbracciano verso l'obiettivo, quasi tutti ridono. Immagini il tipo che spara battute a voce alta, quello che gli fa il controcanto e uno che racconta di quella volta che, mentre gli altri sistemano i bagagli. Guido spunta da dietro la mano di un fotografo con le dita aperte nel segno della vittoria. È seduto, un poco distante dagli altri, con lo sguardo serio, rivolto a qualcosa che sta fuori della cornice.

La foto fu scattata durante la prima marcia della pace verso Sarajevo, e forse proprio nei pressi della strada dei diamanti.

Lui non era certo uno sprovveduto né un incosciente, non era il tipo che si allontana nel bosco di notte da solo, né lo spavaldo in cerca di gloria. Era una persona umile, meticolosa, ironica. La vita lo aveva abituato a guardare oltre le cose, a tacere, a programmare. Quando pranzava in un ristorante chiedeva a sua sorella o alla sua compagna: «Che cosa piace a me?» e ordinava quello che gli veniva indicato. Prima di un viaggio gli piaceva mettere in scena una piccola *gag* domestica: preparava la lista di tutto quello che avrebbe mangiato mentre era lontano da casa. Dicono poi che si attenesse scrupolosamente al programma alimentare concordato. Sulle sue spalle si era posato un sistema familiare fatto di due figli e una moglie, e poi due genitori, tre sorelle e un fratello fuggiti dall'Argentina sulle sue tracce.

Era arrivato a Brescia in una mattina freddissima del dicembre '77, dopo un breve periodo trascorso all'Elba presso parenti italiani che lo avevano accolto in fuga dalla dittatura. Gli altri lo avevano seguito perché era lui il nodo di quella famiglia. Il suo senso dell'umorismo li teneva insieme. Aveva scherzato anche due mesi prima, quando l'ambasciata italiana a Buenos Aires lo aveva tirato fuori dal campo di concentramento allestito dai militari golpisti: «Soy un desaparecido». Dopo giorni e notti di tortura. Lo avevano rapito il 20 settembre, in dieci o dodici, per la sua attività sindacale e politica. Lui aveva cominciato nel '71 – a diciott'anni – a La Rioja, dove aveva conosciuto il lavoro estivo dei braccianti agricoli, aveva continuato nel sindacato e in organizzazioni studentesche prima e operaie poi. Lavorava presso un ministero, come impiegato. A ventun'anni gli era nato il primo figlio, a ventidue il secondo. Poi il sequestro, la tortura, la fuga, la pioggia a Fiumicino, l'accento argentino soffiato nel fiato condensato di Brescia, l'aria che si fa gonfia di goccioline gelate e non vedi a un metro dai piedi. E il lavoro in fabbrica, lontano da casa, sveglia alle quattro, un tratto a piedi al confine fra le case e la campagna, verde per terra e nero in aria, il pullman, i cancelli. La moglie e i figli erano tornati in Argentina nell'80, lui li aveva seguiti, clandestino. Ma era troppo pericoloso e nella primavera dell'anno dopo il ritorno a Brescia, definitivo. Poi una nuova compagna, Cinzia, nuovi progetti.

Era un giornalista, adesso, dopo molti viaggi in America, in Africa, nell'Europa dell'est presa dall'euforia dell'89. Lavorava per molti giornali, dal '91 era sul teatro jugoslavo, nel '93 era fra i pochissimi giornalisti occidentali ad aver intervistato Radovan Karadzić. Conosceva bene la paura, la precarietà, la solitudine.

Non era neppure il leader del convoglio partito da Spalato la mattina di quel 29 maggio. Condivideva il fine della spedizione ed era entrato in contatto assiduo con il «Coordinamento Bresciano Iniziative di Solidarietà con la ex Jugoslavia» che l'aveva organizzata. Ma era soprattutto il suo lavoro a spingerlo al seguito della carovana organizzata da Zanotti, uno dei responsabili del coordinamento, e da Moreni, esponente della Caritas di Ghedi che si era unita all'iniziativa. Christian Penocchio, un fotografo, lo aveva seguito per contribuire al suo lavoro di documentazione, Sergio Lana era al primo viaggio, al seguito di Moreni. Strano: di Puletti hanno sempre parlato come di un volontario, mai come del giornalista professionista che era.

Ma le stranezze incominciano subito, a poche ore dalla loro morte, quando i corpi non sono neppure ancora tornati in Italia.

Agostino corre a perdifiato sul sentiero, sente gli spari, vede la polvere alzarsi da terra, sollecitata dalle pallottole. Raggiunge Lana, non si accorge subito che zoppica, «Madonna, ci uccidono. Scappa, corri!», lo supera, cade, si infila nel torrente. È convinto che non

ci siano vittime. Pensa, spera, che abbiano sparato soltanto per spaventarli. Passa la notte nei boschi, cer-
cando di scendere a valle. Lo recuperano i soldati
dell'*Armija* alle cinque del mattino del 30 maggio, in
mezzo ai faggi, vicino a un villaggio. Lo portano in una
casermetta dove rimane fino alle 9 e 30, poi al comando militare di Bugojno per l'identificazione, quindi alla polizia civile.

Bugojno, un tappeto di macerie, in mano musulmana, aggredita a ondate dai croati. È lo snodo fra la strada dell'altopiano di Kupres che viene da Spalato, attraverso le pianure di Livno, e quella che congiunge Jaice (e piú a nord, una volta, Banja Luka e Zagabria) a
Jablanica, crocevia per Mostar e Sarajevo. Oggi quelle
strade si chiamano *Albatross*, *Emerald*, *Opal*, *Square*.
Bugojno: quartieri periferici rasi al suolo, un ponte sulla Vrbas, l'albergo internazionale bruciacchiato e chiuso nelle sue lamiere che al tempo di Tito davano l'impressione della modernità. Poi quattro o cinque strade
larghe e impolverate che in tempi migliori hanno ospitato il mercato: edifici che portano la memoria del passato asburgico e dei suoi vezzi esotici, all'incontro con
un oriente piú immaginato a Vienna che realmente esistito. Palazzi merlettati con le trifore arabesche, improbabili come le canzonette turcheggianti che impaz-
zarono a metà dell'Ottocento quando l'Austria-Un-
gheria riuscí ad annettersi questa fetta di impero
ottomano senza colpo ferire. Feste, reggimenti a cavallo e una nuova moda orientale che dilaga per mezza Europa. Ora muri sventrati, segnati da raffiche e
voragini da lanciagranate, polvere, sacchi di sabbia,
nessun vetro alle finestre, solo cartoni tenuti insieme
con il nastro adesivo degli aiuti umanitari.

Sono le dodici in punto del 30 maggio, domenica,
quando al comando di polizia di Bugojno compare un
ufficiale inglese, un capitano. Agostino viene portato
di nuovo sulla *Diamond Route*, per un sopralluogo. Lui
e l'inglese. È scioccato, nervoso, chiede al militare di
tornare indietro: «Non si può rischiare la vita due vol-

te nello stesso posto nello stesso giorno». Non sono passate ventiquattr'ore dal momento in cui il camion di Moreni è stato fermato, proprio lí, dagli uomini di «Paraga» Prijić. L'inglese capisce, tornano indietro. Agostino è ospitato al comando generale dell'Unprofor, battaglione inglese, di Gornji Vakuf.

Non fosse per la guerra furibonda, combattuta strada per strada, casa per casa, stanza per stanza letteralmente, non fosse per le ferite oscene lasciate dalla violenza in ogni angolo del paesaggio, Gornji Vakuf piantata in un pianoro in mezzo alle pinete, potrebbe sembrare un pezzo di Svizzera da cartolina. Non fosse per il minareto, anche. E invece tutto è cupo come un segreto trattenuto a stento, come il rancore di complici tormentati dal silenzio. Tutti parlano concitatamente, alla base sono presenti ufficiali e soldati dell'*Armija* bosniaca, berretti verdi in gran numero. Il comandante ha sul fucile lo stesso adesivo verde e bianco notato il giorno prima da Agostino su un'arma del *commando* di «Paraga». Nervosismo alle stelle. Agostino ha la netta sensazione che tutti sappiano perfettamente quel che è successo il giorno prima, che tutti conoscano i colpevoli. Ne chiede conto all'interprete che non traduce la sua domanda. Viene investito a male parole. Poi tutto si calma. C'è un telefono, Agostino chiede di chiamare qualcuno, gli inglesi rispondono che è impossibile comunicare all'esterno. Viene organizzata una pattuglia che ispezionerà le zone dell'eccidio, alla ricerca di sopravvissuti. È domenica, ma è festa anche lí: è la festa del secondo Bajram, in qualunque casa musulmana si è accettati come un dono di Dio, anche nelle case piú povere si è certi di ricevere un caffè alla turca e una fetta a forma di rombo della *baklava*, il dolce di noci bagnato d'acqua e zucchero.

Vanno nei villaggi, rifiutano la *baklava*, chiedono informazioni. Qualcuno è passato, un italiano, uno strano. È passato in un villaggio dove c'erano solo donne e bambini, ha cercato di parlare con i due guardiani del villaggio, due ragazzini di dodici o tredici anni in mimetica e *kalashnikov* in spalla. Gli uomini delle pattuglie gridano in inglese nei megafoni, lasciano in giro bigliettini in italiano.

Christian compare alle prime luci del 31 maggio, lunedí, a Grnica, nei pressi di Gornji Vakuf. Soldati bosniaci lo portano a Bugojno a incontrare Agostino, a togliergli le ultime illusioni sui suoi compagni. Christian vede il telefono. Anche a lui viene detto che è impossibile comunicare. Racconta quello che è successo, smentendo gli ufficiali bosniaci che fanno capire che conoscono i responsabili e che si tratta di gente che spaventa e non uccide. Ha girato per un giorno e due notti, ha perso il senso del tempo, è convinto che sia sera mentre sono le otto del mattino. Ha visto le viscere di Fabio mentre i miliziani ne portavano il corpo, ha toccato i piedi freddi di Guido, ha tentato di ridiscendere verso la via dei diamanti, ma ha visto gente, in basso, che lo puntava con l'indice. Si è spaventato, è risalito, si è perso. Ha passato la notte alla macchia, all'erta come un animale terrorizzato. La domenica ha incontrato un bambino con le mucche, ma quello aveva piú paura di lui. Poi il villaggio con i due piccoli guerrieri: «Succeda quel che deve succedere», ha pensato avvicinandosi. Ma loro erano confusi, non sapevano che fare, è ripartito. A un certo punto ha visto anche la camionetta della pattuglia che lo cercava, ma ha avuto paura ed è rimasto nascosto. Ora vorrebbe chiamare a casa, ma non si può, gli dicono. Alle 13 un nuovo colloquio con i responsabili del battaglione inglese. Alla fine – 15 e 30 circa – viene inviato un fax a Brescia, dove Cinzia Garolla, la compagna di Guido, ha la conferma dei suoi timori. Da Zavidovići è già arrivato un fax che avverte del mancato arrivo del convoglio: «Qui bombardano, ma non li abbiamo visti. Avvisateli, se è in vostro potere».

L'agenzia Reuter batte in quelle ore un comunicato sulla tragedia della *Diamond*. L'autore è John Fullerton e cita il nome del colpevole, sia pure leggermente distorto: Hanefija Priajć detto «Paraga». Sembra che tutti sappiano tutto. Nei giorni successivi salterà fuori persino un'intervista all'«eroe» di Gornji Vakuf. Anche l'Ansa emette un comunicato: non sono ancora ufficializzati i nomi delle vittime, ma vi compare il nome del responsabile, un certo Prijić, detto «Paraga», «ufficiale dell'*Armija* distintosi nelle battaglie contro i croati presso Vitez». Sono citate fonti croate e fonti Unprofor. Eppure a Gornji Vakuf la consegna è il silenzio: nessuno cita Prijić e tutti mostrano di non sapere nulla.

Alle sei di sera nella stanza del telefono entra un ufficiale inglese, si avvicina all'apparecchio e chiama a casa. Agostino e Christian non hanno dubbi sul fatto che gli inglesi abbiano mentito a proposito delle cominicazioni con l'esterno nelle trentasei ore trascorse da quando Agostino è stato trovato. Infine i responsabili militari bosniaci chiedono un colloquio con i due italiani, nel corso del quale insistono inspiegabilmente sul fatto che Guido Puletti avrebbe conosciuto il capo del commando sequestratore. La tesi ufficiale è che si trattasse di una banda croata.

Molte cose avvengono il giorno dopo, martedì 1° giugno. Insieme alle prime dichiarazioni ufficiali, ai primi articoli di giornale, le prime nebbie, se non i primi depistaggi. Il ministro della Difesa italiano Fabbri dubita che responsabili dell'eccidio siano dei musulmani e addirittura il ministro degli Esteri Beniamino Andreatta dichiara che poiché si è parlato di divise nere e grigie, è lecito «pensare che si tratti di forze ustascia, croate». Sull'onda di questi dubbi il nome di Prijić scompare dai giornali nazionali: sul «Corriere della sera» non sarà mai citato, mentre sull'«Unità» del 2 giugno un titolo a tutta pagina strilla: «L'eccidio degli italiani opera di una banda croata». «La Repubblica» cita Prijić solo per negare credibilità all'ipotesi del suo coinvolgimento, mentre altri giornali – «il manifesto», «Il giorno» – almanaccano sul soprannome «Paraga» per dedurne la colpevolezza delle formazioni fasciste croate. Molti giornalisti traggono conclusioni analoghe, ingannati dal nome «Paraga»: la posizione degli *usta-scia* della Hos, contrapposti nel '92 ai miliziani nazionalisti croati dell'Hvo, risulta incomprensibile se descritta nel lessico dei giornalisti italiani che, avendo scelto l'identificazione etnica anziché quella politica come criterio distintivo, sarebbero portati a definirla una posizione «anticroata». Prijić era stato ammiratore della Hos, da cui si era distaccato nel '92 dopo aver assunto il soprannome di «Paraga». La sua figura – un musulmano filocroato che si batte contro i croati – costringerebbe la stampa italiana a snervanti acrobazie letterarie, evitate d'un balzo, tacendo.

L'Unprofor-Bosnia, quello stesso giorno, emana uno strano comunicato in cui il ritrovamento di Agostino Zanotti è fatto risalire al 31 maggio, 24 ore dopo il reale incontro fra il volontario italiano e i soldati: esattamente al momento in cui vengono permesse le comunicazioni fra i due sopravvissuti e l'Italia. Forse solo un tentativo di giustificare il ritardo nelle informazioni, ma anche il luogo del ritrovamento è indicato in maniera equivoca nel messaggio che fa pensare alla zona di Vitez, al di là delle montagne su cui corre la *Diamond Route*. Ufficiali inglesi mentono apertamente all'inviato della Reuter John Fullerton affermando che entrambi i sopravvissuti sono stati trovati a Grnica lunedí 31 maggio.

Nel pomeriggio un ufficiale inglese guida Agostino e Christian sul luogo dell'eccidio, risalendo dal lato di Bugojno. Agostino ricorda il suo stupore davanti alla sicurezza con cui l'uomo raggiunge il luogo esatto dell'eccidio. Li accompagnano sei berretti verdi bosniaci. Addirittura a un bivio, davanti a un'incertezza di Agostino – «a sinistra, mi pare» – è l'inglese – «no, dritti» – a indicare la via giusta. Un altro fatto sorprendente è che i corpi si trovano dove sono stati lasciati tre giorni prima: nessuno si è preoccupato di occultarli. Quel che resta di Guido Puletti è sul margine del sentiero, a monte della scarpata da cui è fuggito Christian Penocchio. Agostino in seguito dirà: «Se volevano ucciderci tutti avevano solo da sparare a raffica. Eravamo a un metro di distanza». Christian, a distanza di anni: «Penso che siamo vivi perché volevano che qualcuno di noi restasse vivo».

Nello stesso pomeriggio di martedí 1° giugno, la Procura di Brescia e la Procura di Cremona aprono procedimenti penali contro ignoti e l'Unprofor crea la sua commissione d'inchiesta. Il lessico di cui si fa uso nei comunicati ufficiali pullula di formule come «atto di brigantaggio», «predoni», «banditismo»: è sull'ipotesi che questi termini concorrono a creare che si muovono tanto i procedimenti giudiziari quanto il dibattito a mezzo stampa sulla presunta irresponsabilità delle iniziative umanitarie indipendenti e sulla necessità di offrire copertura militare ai convogli. Solo sulla «Repubblica» qualcuno nota l'anomalia dei fatti di Gornji Vakuf che resteranno un caso unico nell'intera storia delle guerre jugoslave: la sola «uccisione a sangue freddo di stranieri non combattenti nel quadro della guerra in Bosnia», con l'eccezione del caso di Moreno Locatelli.

Mercoledí 2 giugno gli italiani tornano a Spalato dove i corpi di Lana, Moreni e Puletti sono sottoposti ad autopsia: il referto non giungerà mai ai periti nominati dal tribunale italiano. Agostino e Christian ricordano di aver sentito in quell'occasione per la prima volta il nome di «Paraga» Prijić, che sembrava essere noto, insieme all'intera dinamica dei fatti, a chiunque.

Il giorno dopo i sopravvissuti e le salme vengono rimpatriati.

Vi sono anche tentativi veri e propri di depistaggio. Alla magistratura di Brescia si presenta Roberto Delle Fave, 26 anni, di Bordighera. Dichiara di sapere tutto sull'episodio. Delle Fave è un mercenario che ha combattuto con i croati e il suo racconto mescola una quantità sconcertante di particolari veri e non a tutti accessibili con una ricostruzione generale che attribuisce la responsabilità dell'episodio a una banda croata e che solo dopo un certo tempo risulterà totalmente infondata.

A fine giugno gli identikit della banda di assassini ricostruiti da Agostino e Christian con la polizia giudiziaria di Milano vengono sequestrati dai servizi segreti e consegnati solo un mese più tardi alla Pm bresciana Paola De Martiis a cui è affidata l'inchiesta. Saranno poi resi pubblici soltanto un anno dopo. Il parlamentare verde Emilio Molinari solleva un'interpellanza senza risposta sull'intromissione del Sismi nella vicenda e fa cenno al coinvolgimento con i servizi segreti italiani e serbi di «alcuni personaggi (slavi residenti in Italia o referenti in Bosnia) fin dall'inizio in qualche modo coinvolti nell'operazione umanitaria». Di chi parla?

A fine giugno si tiene a Roma una riunione di preparazione del «Tavolo di coordinamento» per le operazioni umanitarie in ex Jugoslavia. Sono coinvolte numerose associazioni e Agostino Zanotti è presente in rappresentanza del Coordinamento bresciano. Viene avvicinato da un amico che gli consegna una videocassetta. L'ha avuta da Margherita Paolini, alta funzionaria della Cooperazione italiana, ministero degli Esteri, successivamente autrice di un ineffabile articolo autoelogiativo sulla rivista «Limes». «Dice di guardare se c'è qualcosa che ti interessa»: sono le parole con cui l'amico riferisce ad Agostino il colloquio con la Paolini. Quando Zanotti mette la cassetta nel suo videoregistratore ha una sorpresa che lo getta nel panico. Sembra quasi un avvertimento: sullo schermo, accompagnata dalle note della ballata che ne canta le gesta, compare la faccia tranquilla di Hanefija Prijić che raccomanda l'arruolamento nelle formazioni patriottiche bosniache. Si vedono fasi dell'addestramento dei «volontari» e compare anche la donna in divisa che faceva parte del *commando*. Christian e Agostino si consultano, sono spaventati, non sanno che fare: «Ho tenuto a lungo la cassetta nel cofano della mia auto senza decidermi a nulla», dirà Penocchio. È solo per una spontanea scelta dei due giovani che la cassetta arriva nelle mani degli inquirenti. Successivamente il viaggio della cassetta sarà ricostruito cosí: Enver Zenilagić, comandante musulmano della piazza di Gornji Vakuf, dichiarandosi deciso a scagionare Prijić, consegna la cassetta al battaglione inglese che la gira successivamente ai rappresentanti del governo italiano. Poi il convegno a Roma.

Il comandante della banda assassina è riconosciuto con certezza dai sopravvissuti, ma c'è un ostacolo: la mancanza di una precisa identificazione anagrafica del presunto reo. I dati vengono citati con sorprendente esattezza (nome, patronimico, data e luogo di nascita) in un articolo sulla «Stampa» dell'11 ottobre successivo. L'autore, Giuseppe Zaccaria, racconta di essere stato sul luogo e di aver parlato con un membro del commando che gli avrebbe mostrato «Paraga» con il binocolo. I dati sono esatti, tuttavia la reale presenza di Zaccaria sul posto è resa dubbia dalla descrizione dei luoghi e dei riferimenti topografici che risulta totalmente errata. In ogni caso i dati anagrafici del capobanda saranno confermati al Tribunale di Brescia da una nota dell'Interpol, sezione ministero degli Interni, che riferisce un contatto con l'Interpol bosniaca.

In ogni caso, il giornalista fornisce dati esatti. Nella sua ricostruzione a far scattare le armi sarebbe un'implorazione: «Non uccideteci, siamo cattolici». Se questa ipotesi fosse vera, sarebbe probabilmente compatibile con la definizione di «delitto politico» contenuta nell'ordinamento giuridico italiano, e quindi sufficiente a far cadere la classificazione dei fatti avvenuti sulla via dei diamanti come «delitto comune» a scopo di rapina.

Poi una ragazza che collabora con il «Coordinamento bresciano» riferisce che il padre di una sua amica è in grado di dare una mano alle indagini, in quanto all'epoca dei fatti si trovava sul luogo. La notizia viene passata alla Magistratura e il padre dell'amica, il generale Luigi Caligaris, figura nota agli esperti di servizi segreti, viene convocato a Brescia. Della sua deposizione non si sa nulla.

Agli atti dell'inchiesta bresciana viene anche acquisita una relazione del gruppo di monitoraggio Cee in Bosnia centrale che contiene l'indicazione del ritrovamento dei cadaveri di due croati, insieme agli italiani. È strano che tacciano i croati, di solito tanto solerti nel denunciare le atrocità dei loro avversari da segnare nell'elenco dei crimini di guerra musulmani anche i furti d'auto. Sui fatti della miniera di Radovan, l'Hvo tace, ammicca, distrae. Anche quando i sospetti sembrano cadere sulle bande croate.

Su questi dati si chiude il 1993.

Poi, piano piano, nella vicenda entrano i frati.

Sul rettilineo di Ghedi ti può capitare qualcosa che sembra un'allucinazione: mentre la strada tira avanti piatta fra un capannone e la pubblicità del *sexy shop* piú grande d'Italia, vedi sfrecciare a pancia in su, nel cielo grigio e basso di nordest, uno *Starfighter* color nuvole, all'altezza dei tralicci o poco piú. Dicono che Brescia, cinque o sei chilometri alle spalle, sia la vera capitale d'Italia. Poteri reali, poteri economici, istituzioni sotterranee come in un gran gioco delle parti dove tanti portano un cappuccio o una maschera. Ma anche una vivacità culturale e sociale che fa caso a sé in Italia, una propensione (che altrove non ha la stessa intensità) all'interesse per il mondo, alla solidarietà anche oltre confine. Nel 1993 la provincia di Brescia era la zona d'Italia (d'Europa, forse) piú attiva nei confronti della Bosnia, sia nel traffico di armi, sia negli aiuti umanitari.

A Ghedi se ne sono fatte per anni, di armi. Aziende del gruppo Fiat producevano milioni di mine che hanno fatto la fortuna dell'*export* italiano nel mondo, ma anche esplosivi, componenti di sistemi complessi... E Ghedi è una macchia addormentata a lato dell'autostrada per Piacenza: una fabbrica d'armi, un capannone edile, un'azienda che produce impianti di irrigazio-

ne per allevamenti. Poi, quando stai per uscire dal paese, una costruzione sulla destra, non piú piccola delle
altre. Un magazzino di grandi proporzioni con un piaz-
zale ingombro di materiali industriali di ogni genere e
Tir e furgoni parcheggiati. Sul fianco degli automezzi,
sulla sommità del capannone e sul campanello al cancello i tre nomi di Fabio, Sergio e Guido. Fabio, Sergio e Guido. Come un'insegna.

È la sede dell'«Associazione 29 maggio», costitui-
tasi dopo l'eccidio alla miniera di Radovan, oggi impegnata in aiuti umanitari a vastissimo raggio in tutti i
continenti: dal Perú al Burundi, dal Brasile alla Ro-
mania. Nel capannone vedi di tutto: ci sono incubatri-
ci, apparecchiature dentistiche, componenti per la costruzione di piccoli impianti produttivi, poi cibo, vestiti, coperte. E una decina di volontari al lavoro per
verificare, confezionare, imballare. Il responsabile si
chiama Gian Carlo Rovati, dirige un'industria locale,
è membro di numerosi consigli di amministrazione e
nel settembre del 1992 faceva parte con altri cinque
parrocchiani di Ghedi di un gruppo di preghiera locale. Fu allora che, durante una riunione, qualcuno parlò
della Bosnia, qualcuno che conosceva bene Medjugorje
e i frati francescani di Erzegovina. Bisognava fare qualcosa. C'era un capannone, messo a disposizione da uno
dei componenti del gruppo, c'era buona volontà a montagne, c'era il sostegno della parrocchia. Si sarebbero
chiamati «Caritas di Ghedi». Attenzione: non Caritas,
sezione di Ghedi ma, come se fosse tutto attaccato, Associazione «Caritas di Ghedi». «Ci riconoscevamo nei
valori della Caritas, ci sembrava giusto dare quel segno
alla nostra attività», dice oggi Rovati. «Ma non erano
Caritas – dice don Alberto Nolli, allora responsabile
della Caritas ufficiale di Brescia –: era brava gente, di
buona volontà e noi accettavamo che portassero la
scritta "Caritas" sugli automezzi. Sa, a quel tempo, per
un po', fu come un lasciapassare, aiutava...». Padre
Nolli è attento e veloce a precisare che i rapporti con
l'«Associazione 29 maggio» sono sempre stati ottimi,

ma la faccenda della via dei diamanti riguarda solo loro, quelli di Ghedi, «nei meriti e nei problemi».

Loro, quelli di Ghedi, si organizzarono in fretta.
Erano passate poche settimane dalla riunione del
gruppo di preghiera e «qualcosa» per la Bosnia lo stavano facendo davvero: nei primi mesi del '93 la «Caritas di Ghedi» era diventata una potenza degli aiuti
umanitari, con spedizioni settimanali verso le zone
piú disperate della Bosnia centrale e dell'Erzegovina,
convogli importanti, anche venti Tir per volta, oltre
4000 tonnellate di merci trasportate. Allora, come
oggi, l'associazione di Ghedi forniva mezzi, struttura e organizzazione a sostegno dei gruppi piú diversi che intendevano portare aiuto in Bosnia: disponevano di mezzi, uomini, contatti importanti oltre
Adriatico.

La chiave dell'efficienza del gruppo di Ghedi era il
rapporto con i francescani di Medjugorje, la potentissima confraternita in perenne lotta con il clero secola-
re locale, all'ombra del cui carisma è cresciuta la nuova coscienza nazionale dei croati di Bosnia. I convogli
partivano dal bresciano in direzione Medjugorje, l'oa-
si erzegovese risparmiata da bombardamenti e assalti
dove i pellegrini di tutta Europa continuavano ad af-
fluire per le apparizioni settimanali della Regina della
Pace, o per Spalato dove la «Caritas francescana» di
Medjugorje aveva aperto un ufficio logistico. Erano i
frati, a questo punto, a fare il programma per i convogli, deciderne le destinazioni, preparare i documenti,
tracciare il percorso, offrire le garanzie. «Grazie al loro appoggio – dice Giancarlo Rovati – eravamo in grado di servire, viaggiando ogni settimana, oltre sessanta località in Bosnia centrale». In quel periodo l'Alto
Commissariato delle Nazioni Unite aveva classificato
la Bosnia centrale come «zona instabile» e bloccato i
suoi convogli in quell'area.

L'organizzazione dei francescani erzegovesi è straor-
dinariamente efficiente e capillare: anche in Italia hanno la loro filiale. Si chiama *Kruh svetog Ante*, «Pane di

Sant'Antonio» e ha sede a Modena. Ne è responsabile Spomenka Bobas, una croata di grande volontà che fa la spola con Spalato, dove padre Leonard gestisce l'ufficio logistico. Spomenka è una delle spalle forti di Rovati e dell'associazione di Ghedi. Esiste anche un bollettino mensile in lingua italiana e croata che racconta le imprese dei frati a sostegno delle popolazioni croate nella guerra bosniaca. Direttore del «Pane di Sant'Antonio» è padre Božidar – Božo – Blažević, un intraprendente ed energico trentacinquenne, oggi parroco in Slavonia.

Fabio Moreni lo avevano incontrato durante il loro primo viaggio in Bosnia: «Ci eravamo sentiti sul Cb montato sui camion», dice Rovati. Era un imprenditore stradale di Cremona, sentiva il bisogno di usare il suo talento e i suoi mezzi per portare aiuto nelle zone di guerra, si era rivolto a un gruppo cristiano della sua città. Poco tempo dopo, Fabio era diventato uno dei responsabili del gruppo «Caritas di Ghedi», un esperto del territorio, viaggiava due o tre volte al mese. Non era uno sprovveduto.

Sprovveduti erano, secondo Rovati, i ragazzi del «Coordinamento bresciano iniziative di accoglienza»: «Vennero da noi perché non avevano roba da portare né mezzi. Avevano paura di andare là a mani vuote». Là è Zavidovići, in Bosnia centrorientale, tenuta dai governativi stretti nella tenaglia congiunta di serbi e croati, divenuti alleati nell'imprevedibile scenario del '93. Il contatto con Ghedi non avvenne, però, nel modo che Rovati ricorda.

Dale viveva a Brescia da prima della guerra, aveva fatto mille lavori e si era fatto voler bene. Veniva da Zavidovići e il suo nome intero era Mehmedaljia Bektić. Lo conoscevano come boscaiolo, era un tipo generoso, aperto, intelligente. Lontano dal nazionalismo cupo e dagli estremismi di molti suoi connazionali. Ma era disperato per il suo paese. Fu lui a chiedere ad amici impegnati nel lavoro sociale a Brescia, di fare qualcosa per la sua città. È cosí che nascono le iniziative di solidarietà, spesso le migliori. Si cerca un'azione sensata, un valore politico, fondato su rapporti umani, verificati nel contatto reale, quotidiano, fra persone. Una giusta mediazione con i sentimenti. Al «Coordinamento» se ne era parlato, cosí era nata l'idea di portar via le vedove con i bambini. Dale era felice, non si sentiva piú solo. Le difficoltà organizzative non li spaventarono, cercarono mille strade per realizzare il «progetto Zavidovići». L'Unhcr non forniva sostegno a chi cercava la strada per la Bosnia centrale, in quei giorni. Poi fu Dale a individuare una via: a Ponte San Marco, sul Garda, c'era un'organizzazione umanitaria che portava merci in Bosnia con grande frequenza. E poi c'era un bosniaco, a Ponte San Marco, uno che sapeva come risolvere i problemi sul terreno, come attraversare i posti di blocco delle fazioni contrapposte. Walter Saresini e Agostino Zanotti, responsabili del «Coordinamento», erano cauti, avevano idea delle molte trappole che occasioni come quella spalancano, ma pensavano che si dovesse verificare quella possibilità.

Fu organizzato un incontro, alla fine di febbraio. Dale accompagnò i ragazzi del «Coordinamento» in una birreria di Brescia, «la Pulce», e presentò loro due persone. Il primo era Fabio Moreni, del gruppo «Caritas di Ghedi», con cui Dale stesso aveva cercato di prendere contatto per mandare convogli a Zavidovići. Fu Moreni a parlare di Rovati e del suo gruppo con i membri del «Coordinamento bresciano». Il secondo era un suo connazionale, di nome Čazim Merić. Viveva a Ponte San Marco, organizzava trasporti umanitari verso il suo paese, raccoglieva materiali da inviare in Bosnia in un magazzino edile di proprietà dell'uomo che lo ospitava, di nome Venturelli, uno che i bresciani non videro mai. Čazim era di Zavidovići, come Dale che lo trattava con la deferenza che si deve a un superiore, e con ammirazione.

Čazim garantiva il transito, la presenza di Moreni forniva un sigillo di serietà all'impresa. Si decise di ten-

tare un contatto: i bresciani e Fabio Moreni si sarebbero uniti al convoglio che Čazim stava organizzando
e, insieme, sarebbero andati a Zavidovići per propor-
re alle autorità locali il progetto di solidarietà. Čazim
disse che avrebbe avvertito il municipio di Zavidovići
e che sarebbero stati attesi.

Si diedero un appuntamento. Partirono insieme Fabio, Agostino e un altro ragazzo del gruppo «Caritas
di Ghedi». Čazim, con il suo camion, li doveva raggiungere a Rijeka, appena oltre la frontiera croata. Ma
non venne. Lo aspettarono, poi decisero di partire lo
stesso e andarono soli a Zavidovići. Lo fecero per la costa, fino a Makarska, riviera delle ciliegie, poi Mostar,
la *Gannet* fino a Jablanica, la *Square* e poi la *Diamond*
e tutto il resto, una tappa intermedia a Novi Travnik,
controllo croato, per visitare un prete che Moreni conosceva. Gli portavano delle patate. Arrivarono a Zavidovići, lungo un bosco, accanto al fiume Krivaja; appena fuori dall'*enclave* croata di Žepče furono investiti a male parole da un civile per via della scritta
«Caritas» sul furgone.

Al municipio di Zavidovići nessuno li aspettava, non
sapevano chi fossero quegli italiani arrivati dalle forre
scivolose della Bosnia centrale. Si presentò loro un tipo strano. Enez si chiamava, Enez Kadić. Sí, Čazim lo
conosceva, ma non lo sentiva da un pezzo. Seguirono
gli accordi. In città c'erano due fazioni, una favorevole alla fuga delle vedove, l'altra piú radicale che accu-
sava gli italiani di favorire con il loro gesto la «pulizia
etnica». Se ne andarono con l'impegno da parte bosniaca a stilare un elenco dei nuclei famigliari da portare in Italia. Sarebbero tornati di lí a poco.

In Italia incontrarono Čazim che, pochi giorni dopo, se ne partí da solo con il suo carico misterioso. Non
sembrava avere difficoltà ad attraversare i mille fronti di quella guerra.

A Pasqua, poi, Moreni ripartí sulla stessa rotta del
viaggio precedente. Con lui c'era un giornalista inte-
ressato alle azioni di solidarietà militante e deciso a im-

pegnarsi con il «progetto Zavidovići»: Guido Puletti.

Prima della spedizione decisiva, quella che doveva portare in Italia le prime persone da Zavidovići, serviva un altro viaggio. Čazim era sparito, tornato in Bosnia, andava e veniva, si sapeva. Anche Enez Kadić, l'interprete, non si trovava. Lo rintracciarono a Zagabria, per telefono: «Non torno a Zavidovići, ho paura. Vado in Germania». Poi, però, accettò di fare il viaggio assieme ai volontari italiani. Questa volta partivano da Brescia Guido, Agostino e Walter Saresini. Si diedero appuntamento con Kadić a Trogir, pochi chilometri da Spalato, il 14 maggio. Un periodo durissimo per i musulmani in Dalmazia, civili arrestati e inviati a scomparire nei lager d'Erzegovina erano cosa di tutti i giorni. Eppure Kadić venne puntuale e non da solo. Con lui erano due persone: un dentista e un militare musulmano, molto fiero del suo tesserino ufficiale che non perdeva occasione di mostrare. C'era tensione mentre la polizia croata controllava i documenti di tutti.

Ma partirono, la rotta per Zavidovići, la solita. Sulla *Diamond Route*, poche centinaia di metri dal bivio a sinistra per la miniera di Radovan, furono fermati da un gruppo di uomini armati, con divise approssimative. Uno strepitava, agitava il fucile. Gli parlarono Kadić e l'uomo con il tesserino. L'altro si calmò e li lasciò passare. Agostino chiese a Kadić che cosa stesse succedendo, Kadić rispose: «Niente, un ubriaco». Due settimane dopo, in quello stesso punto, nella banda di «Paraga», Agostino avrebbe avuto l'impressione di riconoscere l'«ubriaco». All'ultimo *check-point* prima di Zenica il tesserino militare lo consegnò Agostino alle guardie musulmane: tutti risero, gran pacche sulle spalle e la sera finí a mangiare *čevapčići* giú in città, da Salčinovic. La mattina dopo ripartirono per Zavidovići, dove stavolta erano attesi. Chiesero al sindaco se Čazim Merić fosse in città. C'era. Fu chiamato e il sindaco ne fece l'elogio, parlandone come di un'autorità militare, un uomo importante, decisivo per la difesa della città.

Čazim sarebbe tornato ancora in Italia, per organizzare i suoi convogli. Poi, nel 1995, si sarebbe stabilito definitivamente in Bosnia. Oggi vive a Zavidovići, dove gestisce l'importazione di automobili dall'estero. Quella volta a rimanere a Zavidovići fu, curiosamente, Enez Kadić. Si trattava di organizzare il viaggio decisivo. Quello del 29 maggio.

Il terzo viaggio incomincia in mezzo alle difficoltà. Kadić si mette in comunicazione con Brescia: dice che l'Hvo, l'esercito dei croati di Bosnia, richiede un'autorizzazione Caritas per concedere il transito. La Caritas nicchia, il responsabile, don Nolli, non è sicuro, prende tempo. Moreni è in contatto con i frati del «Pane di Sant'Antonio», Rovati non si fida, gli dice di non andare. La rotta è quella di sempre, il clima persino migliore, ma Rovati sembra avere un presentimento. A Ghedi non hanno timbri Caritas, la loro copertura non è sufficiente. Si parte lo stesso.

Guido, Agostino e Christian vanno per primi, la notte fra giovedí 27 maggio e venerdí 28, affitteranno un'auto a Spalato, dove hanno un appuntamento con Fabio che porta un camion di generi alimentari. Fabio ha da fare, per lavoro, ma si organizza bene: il camion parte la mattina di venerdí da Ghedi portato da due autisti del gruppo «Caritas», lui e Sergio lo raggiungono in auto in serata in Slovenia. Qui la macchina di Moreni è presa in consegna dai due autisti che tornano a Brescia e Sergio e Fabio si avviano con il camion verso Spalato. Fabio non è rimasto con le mani in mano, a Ghedi: ha mobilitato persone influenti ed è riuscito a ottenere il sigillo di don Nolli. La sospirata autorizzazione Caritas raggiunge Spalato via fax il venerdí mattina.

Nella giornata di venerdí Walter Saresini da Brescia telefona a Zavidovići, parla con Enez Kadić che gli dice che la città è sotto bombardamento. Walter lo avverte che Agostino e gli altri sono già a Spalato e che il viaggio continua.

Anche la strada li tradisce: guasti meccanici, rallentamenti. Fabio e Sergio arrivano all'hotel «Split», dove gli altri attendono, alle quattro di mattina di sabato. Ci sono novità: Fabio ha un appuntamento con Spomenka Bobas, la responsabile per l'Italia del «Pane di Sant'Antonio». Ci vanno, l'incontro avviene da padre Leonard. Spomenka parla delle atrocità musulmane, chiede di portare dei pacchi a Vitez, di far uscire da Vitez certi suoi parenti. C'è una discussione: Agostino e Guido trovano pericolosa la deviazione a Vitez. Il viaggio è complesso e pericoloso, Vitez è una roccaforte militare croata in piena guerra e al suo centro si trova, strangolata, una minuscola *enclave* musulmana, Stari Vitez. I convogli che attraversano quella zona non possono permettersi improvvisazioni: sta incominciando la fase che sarà chiamata «guerra dei convogli», il controllo degli aiuti umanitari è una chiave della supremazia bellica dell'una o dell'altra parte. Si decide che la tappa a Vitez si farà, all'andata, ma nessuno garantisce che al ritorno sia possibile prendere i parenti di Spomenka. La donna accetta e consegna i pacchi, quattro scatoloni sigillati, che finiranno nelle mani di «Paraga» Prijić senza essere mai aperti. Insieme ai pacchi i documenti, con le intestazioni del «Pane di Sant'Antonio».

Hanno tutte le carte, adesso, tutte con una marca croata: ci sono le bolle del «Pane di Sant'Antonio», non previste, l'elenco delle famiglie di Zavidovići da portare in Italia, con il timbro Caritas, un documento della Caritas francescana di Spalato, firmato da un certo padre Marko nel viaggio precedente, in cui si assicura che i bosniaci al seguito del convoglio (si fa riferimento al viaggio del 14 maggio) sono operatori umanitari, e infine il documento di un'organizzazione bosniaca – «Humanitas humanitatis» – che garantisce la destinazione in zona musulmana.

Partono a fine mattinata, tempo buono, strada libera. Oltrepassano Gornji Vakuf verso le quattro, l'ultimo *check-point* delle Nazioni Unite dà il via libera. È

sabato. Quasi alla stessa ora Enez Kadić da Zavidovići
telefona alla moglie di Agostino Zanotti. Vuole avere la
certezza che i bresciani sono partiti da Spalato, che sono in viaggio. La donna si stupisce: Kadić sa che sono
in viaggio, ha parlato con Saresini, ma sembra ansioso,
vuole conferma. «A che punto sono?», chiede. Eppure
l'arrivo a Zavidovići è previsto soltanto in serata.

Quello che Guido e gli altri non sanno è che c'è qualcun altro a Gornji Vakuf, in quelle stesse ore. Due frati. Padre Petar Andjelović e padre Božidar – Božo –
Blažević, il direttore del «Pane di Sant'Antonio» in
persona. Padre Blažević dice oggi che conosceva i ragazzi di Brescia per averli incontrati a Spalato, da Spo-
nenka. Ma quel giorno, a Gornji Vakuf, non si incontrano: gli italiani passano oltre, imboccando la via dei
diamanti. Blažević e il suo compagno si trovano nella
cittadina dall'aria svizzera per tentare di recuperare un
convoglio del «Pane di Sant'Antonio» sequestrato dalle autorità musulmane che sospettano rifornimenti logistici ai croati sotto la copertura degli aiuti umanitari. Una trattativa lunga, estenuante, difficile. I frati
chiedono di parlare con Goran Čisić, un croato arruolato con i governativi, e con Fahrudin Agić, due emi-
nenze guerriere della Gornj Vakuf musulmana. Il 30
maggio padre Božo e padre Petar sono ancora a Gornji
Vakuf, a colloquio con il comandante Zenilagić – Čisić
e Agić non riusciranno a incontrarli – quando nella sala dove si trovano fa irruzione un giovane soldato in
preda all'agitazione. Il ragazzo fa il saluto e consegna
un foglio a Zenilagić: «Sono gli italiani che ci hanno
fotografato»*. Il comandante impallidisce, ha un accesso d'ira, grida: «Chiamate la polizia, legate i responsabili. Non dovevano fare questo». I frati mostrano di sapere di che si tratta e si lamentano con Ze-

---

* Cosí nella testimonianza rilasciata alla commissione di monitoraggio
Cee. A me, padre Blažević riporta un'altra versione in cui la battuta del militare suona cosí: «E di questi tre che cosa facciamo?» (N.d.A.).

nilagić, lo minacciano: ha gli occhi del mondo addosso, quelli erano italiani in transito con una delegazione umanitaria. Il comandante cambia tono, si fa gentile, premuroso, li fa accomodare in un'altra stanza.

Padre Blažević ha un'opinione personale in proposito. Secondo lui il responsabile dei fatti è Fahrudin Agić, sottoposto in grado a Zenilagić, ma famoso per la testa calda e le disobbedienze. Čisić, invece, non lo nomina. Padre Blažević la sa lunga sul territorio.

Il 10 dicembre del 1993 – sono passati sei mesi dalla tragedia della miniera di Radovan – padre Božo Blažević è fermato da truppe musulmane guidate da Goran Čisić, una vecchia conoscenza. Sta andando a Nova Bila, una manciata di chilometri da Vitez, alla guida di un massiccio convoglio di aiuti umanitari. Alla colonna partita da Spalato si sono uniti a Prozor, ventun chilometri prima di Gornji Vakuf, altri uomini e mezzi. Il blocco avviene sulla via dei diamanti, al canyon di Opara, sotto la miniera di Radovan.

Il convoglio viene perquisito. Sono presenti Eros Bicic ed Ettore Mo, giornalisti del «Corriere della sera», seri esperti della guerra bosniaca. Bicic è uno dei rari giornalisti stranieri a parlare la lingua locale. Scrive: «Tonnellate di biscotti, tonnellate di carne in scatola, tonnellate di latte in polvere, eccetera: ma ecco che, sotto il cumulo di tanti pacifici, provvidenziali doni emergono i soliti strumenti di morte, fucili di precisione, mortai, munizioni, micce, detonatori. Certo padre Božo e il suo vescovo non lo sapevano...».

Il carico è sequestrato, ma non ci sono ritorsioni. Stranamente Čisić arresta soltanto i giornalisti italiani e il loro autista, allontanandoli dalla zona: non rivedranno piú padre Božo, i suoi camion, il carico. Dopo tre giorni il convoglio, rilasciato da Čisić, raggiunge Nova Bila: «Le lacrime e il doloroso sorriso sui volti della gente di Nova Bila. Le anime sono sbocciate e dal cuore un rauco grido: "Benvenuti, nostri carissimi!"»,

cosí è scritto nel resoconto pubblicato in due lingue sul
bollettino del «Pane di Sant'Antonio».

Omer è stato un comandante bosniaco, decorato al
valore. Uno degli eroi delle offensive nella neve, marzo '95. Lo conobbi in una ex scuola trasformata in base militare, quando difendeva un tratto della linea di
confronto con i serbi del nord, a quaranta chilometri
da Gornji Vakuf, fra cartine coperte da frecce e circo-
letti tracciati a pennarello, scrivanie cariche di carte,
uomini armati e vestiti con divise approssimative, odore dolciastro di caffè. Ora fa l'oste in un locale dall'aria
cupa e corrotta, perduto da qualche parte in Krajina.
Mi dice che compravano le armi in Italia, certo che lo
facevano: «A Brescia – dice – o giú di lí. I soldi erano
arabi, finalmente ne arrivavano. Le armi viaggiavano
sotto copertura. Gli italiani chiudevano un occhio. Con
i croati, all'inizio, avevamo un accordo: loro lasciavano passare i carichi nelle loro zone e si tenevano prima
il trenta per cento, poi il cinquanta, della merce come
forma di pagamento. Funzionava, le armi andavano a
destinazione sotto coperture insospettabili. Poi i croati tentarono di scipparci tutto e di gestire l'affare da
soli...». A quel tempo ogni città era uno Stato, ogni comandante locale un principe: «Le armi passavano se il
boss della zona era d'accordo: farsi sequestrare un carico qui poteva essere un buon modo per farne passare un altro là, oppure per effettuare una consegna senza dare l'impressione di schierarsi apertamente. E comunque chi passava pagava dazio».

Ivan Tomić, croato, avvocato, è uomo raffinato e
crudele, parla un italiano perfetto: «La mia idea per far
finire la guerra? Metto i civili musulmani in uno stadio e ne ammazzo uno ogni venti minuti, finché quelli là – mi indicava il quartiere Est di Mostar che i suoi
uomini stavano stringendo d'assedio – non si danno
una calmata». Quando lo incontrai indossava una divisa dell'Hvo, rivestiva cariche importanti nel governo croato d'Erzegovina, era consigliere del ministero

degli Esteri di Zagabria. Era un abile millantatore. Una volta gli chiesi se i carabinieri italiani che dovevano schierarsi a Mostar nell'ambito della forza multinazionale di Polizia corressero dei rischi gravi. Lui mi rispose cosí, sorridendo: «Io sono un uomo pericoloso, in effetti. Ma se un carabiniere italiano mi incontra qui a Mostar non è grave. Certo se mi incontra sul lago di Garda è peggio». Durante la guerra l'avvocato Tomić veniva spesso in Italia. Era una persona cortese, a un giornalista del «Corriere» che lo aveva intervistato capitò anche di trovarselo al citofono di casa, per una visita amichevole.

Omer continua: «Credevano di farla franca, ma noi eravamo piú forti di quanto pensassero. Non potevano gestire l'affare da soli, si doveva trattare». Fra i croati e i musulmani si aprí una fase di convulsa trattativa sui carichi d'armi, un negoziato condotto con gesti esemplari e messaggi cifrati, inequivocabili.

Suljo e Mujo sono i personaggi tradizionali delle barzellette bosniache. Sono storielle acide, gonfie di humour nero («Suljo vede Mujo per strada con la moglie che cammina dieci passi avanti. "Ehi, Mujo, il Corano dice dieci passi indietro". "Già, ma quando c'era il Profeta non c'erano le mine"»). Omer ha i capelli folti, grigi, sembra coperto di dolore, gli occhi neri in cui non distingui l'iride dalla pupilla. Me li punta in faccia, allunga il bicchiere e comincia con una delle sue barzellette: «Suljo e Mujo sono in affari, ma un giorno litigano. Suljo vorrebbe riprendere il business, ma ha paura di andare da Mujo che è ancora molto arrabbiato. Allora scrive il suo nome su un foglio e lo appiccica sulla schiena di un passante che va verso casa di Mujo… Mujo vede il foglio e capisce, ma vuole alzare il prezzo, prende una pistola e spara al passante…».

Il tono della voce di Gian Carlo Rovati della «Caritas di Ghedi» è sempre pacato, sereno, lievemente sommesso. C'è un solo modo sicuro per farglielo alzare di un'impercettibile frazione di tono: parlare dell'azione giudiziaria contro Hanefija Prijić. «A noi non interessa sapere perché è successo. Noi li abbiamo perdonati. Noi difendiamo valori, i valori per cui sono morti Fabio, Sergio e Guido. Non perseguiamo i colpevoli. Non cerchiamo vendette giudiziarie». Nel nome del perdono hanno continuato intensamente le operazioni a Gornji Vakuf e non hanno interrotto i viaggi. Nel maggio del '96 hanno percorso la via dei diamanti per il «viaggio del perdono». Hanno incontrato le autorità musulmane di Gornji Vakuf. La città è tutt'ora divisa in due. Otto mesi prima gli uomini di Ghedi avevano avviato rapporti stabili con le autorità croate. Una pietra sopra e tanti progetti di collaborazione.

La foto è lí, sul tavolo. Da quando ho incominciato a scrivere questa storia ne ho viste altre, foto di Guido, di Sergio e di Fabio. La Pm dice che è come se la prima autopsia, a Spalato, fosse stata fatta per rendere illeggibili i loro corpi alla seconda autopsia, quella fatta in Italia: «Vede? I fori dei proiettili sono stati allargati, tutte le tracce sono falsate, è impossibile stabilire con precisione la dinamica degli omicidi in queste condizioni».

Ha fatto quello che poteva. «A nessuno interessa quest'inchiesta», dice. Ha ragione: le autorità italiane non hanno mai tentato il minimo passo diplomatico per chiarire questa vicenda, hanno ritardato la trasmissione dei documenti di rilevanza giudiziaria, hanno opposto un'inerzia disarmante al dolore dei parenti delle vittime, hanno giocherellato con una videocassetta.

L'inchiesta sta per essere archiviata. Un delitto comune, per rapina. Il colpevole non è perseguibile all'estero. La giustizia ha un suo freddo corso, a volte discontinuo e interrotto.

Anche la diplomazia ha un suo corso. Guido e gli altri, probabilmente, sognavano un tempo in cui la guerra non costituisse piú un'attenuante per gli assassini. Se nulla accadrà, saranno per sempre le quattro e mez-

za di sabato. «Senti un po' che cazzo dicono questi!»
«Piantala, Guido, siamo sulla *Diamond*, la radio ci serve». «Ehi, attento! Il camion si è fermato»...

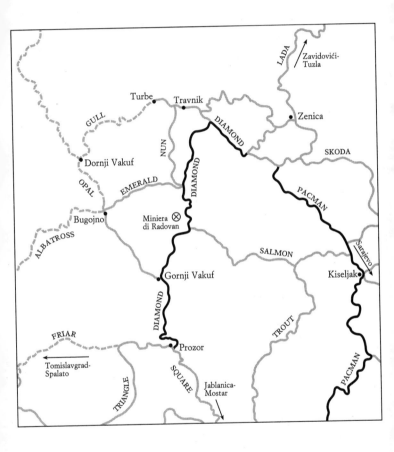

Bosnia centrale 1993.

Un personaggio. Roberto Delle Fave di Bordighera, noto sul campo con il soprannome di «Diavolo rosso», è l'uomo che si è presentato alla famiglia Lana, e poi alla Magistratura di Brescia, tentando il primo depistaggio sull'eccidio di Gornji Vakuf; avvicina in seguito Eros Bicić, il giornalista che scoprí le armi sul convoglio di padre Božo, tentando di screditarlo con un falso scoop su un traffico di organi fra le milizie croate e alcune cliniche di Trieste. Oggi Bicić vive all'estero e non lavora piú per il «Corriere della sera».

Il 22 maggio del 1996 viene trovato il cadavere di Xavier Gautier, corrispondente dalla Bosnia del quotidiano francese «Le Figaro», impiccato con le mani legate dietro la schiena, in una villa a Minorca. Sul muro davanti al corpo di Gautier è scritto in italiano: «Traditore. Diavolo rosso». Le testimonianze dei colleghi di Gautier raccontano di una pista che l'inviato definiva «clamorosa» a proposito di armi in partenza dall'Italia verso la Bosnia. Ultimamente poi, dicono agli inquirenti i giornalisti del «Figaro», Gautier era stato avvicinato da un confidente italiano che gli aveva passato del materiale a proposito di un traffico d'organi fra i croato-bosniaci e certe cliniche di Trieste. Quest'ultimo materiale era stato giudicato inattendibile e non pubblicato.

Storia di frati e di veggenti. La principale centrale di smistamento degli aiuti umanitari cattolici in Erzegovina è costituita dal nucleo dei francescani di Medjugorje. Questi religiosi svolgono un ruolo decisivo, sia dal punto di vista ideologico, sia da quello organizzativo, nella definizione del nuovo assetto di quelle regioni. A essi è conferita una credibilità che si traduce, in tempo di guerra, in un grande potere di delega nella gestione degli aiuti. Eppure il curriculum di quei frati è tutt'altro che limpido.

L'Erzegovina occidentale è la culla dell'estremismo nazionalista di parte croata. In quei territori, dove la presenza musulmana e quella serba sono state letteralmente cancellate, la funzione ideologica della Chiesa è di importanza strategica. Le diocesi di Mostar e Duvno (l'attuale Tomislavgrad) sono state il campo di una battaglia combattuta senza esclusione di colpi all'interno della Chiesa stessa e durata piú di quindici anni. Poiché le sorti di quella battaglia, strettamente legate al trionfo dell'ideologia nazionalista in Croazia, rivestono notevole importanza anche nelle vicende di cui qui si parla, val la pena di ripercorrerne le tappe principali.

L'inizio risale al 1981, anno di grandi tensioni sociali e politiche in Croazia (52 scioperi a cui partecipano 4500 lavoratori, 291 prigionieri politici, il cardinale di Zagabria, monsignor Franjo Kuharić, accusato di connivenza con i circoli nazionalisti dell'emigrazione nel riabilitare il regime filonazista di Ante Pavelić, l'ex generale federale Franjo Tudjman, processato per «propaganda contro lo Stato, sciovinismo, nazionalismo e attività controrivoluzionaria»). In quel clima i processi a carico dei nazionalisti croati vengono letti dalla stampa internazionale come una reazione del potere comunista contro la «attiva campagna della Chiesa cattolica jugoslava per il rispetto dei diritti umani». Il presidente del Parlamento federale Jure Bilić denuncia i legami che estremisti croati manterrebbero, sotto il paravento della religione cattolica e della battaglia per i diritti civili, con circoli dell'estrema destra internazionale e in particolare con gli ambienti fascisti e criminali dell'emigrazione erzegovese in America.

In quel momento è alle stelle la tensione tra l'episcopato di Mostar e i francescani erzegovesi, potentissima confraternita che controlla la totalità delle parrocchie delle diocesi di Mostar e Duvno a dispetto delle contrarie disposizioni vaticane. Già nel 1975, con il decreto *Romanis Pontificibus* la Santa Sede ha intimato ai frati di cedere il 50 per cento delle parrocchie erzegovesi alla cura pastorale del clero episcopale, ma i francescani hanno ignorato l'ordine, come ignoreranno gli appelli successivi. Nei primi mesi dell'81 il vescovo di Mostar, monsignor Pavo Žanić, ha appena ottenuto una nuova presa di posizione romana in suo favore, quando a dar man forte ai potentissimi frati giunge, il 24 giugno, nientemeno che la Madonna.

Nel cuore del dominio dei francescani, a poche centinaia

di metri da uno dei conventi piú importanti, sulla collina di
Podbrdo, in uno sconosciuto sobborgo del villaggio di
Bijaković, di nome Medjugorje («fra le montagne»), la Vergine si manifesta a sei pastorelli, quattro bambine e due maschi. Inizialmente la diocesi tace sull'episodio, mentre prende posizione il potere politico, prima locale e poi centrale,
denunciando il «torbido» che si intravvede dietro i raduni
di Medjugorje. L'afflusso dei fedeli verso la piccola località
erzegovese si fa subito sorprendentemente massiccio, rag-
giungendo punte di 50.000 persone la domenica. Non tar-
dano a comparire simboli e scritte murali inneggianti al regime ustascia. Lo slogan preferito è «Con Cristo contro il
comunismo», a cui si affiancano gli inni dell'epoca dell'occupazione tedesca. Il motivo della nostalgia per l'indipendenza statuale della Croazia cattolica (il solo precedente è lo
Stato nazista di Pavelić) diviene la dominante delle manifestazioni di Medjugorje e delle prediche dei frati locali. Le
autorità civili che effettuano, poche settimane dopo la prima apparizione, una perquisizione nel monastero francesca-
no di Bijaković sequestrano una notevole somma di denaro
(«frutto dell'obolo dei pellegrini» secondo i frati) e arresta-
no padre Jozo Zovko, padre Jozo Križić e padre Tomislav
Vlašić. I tre vengono rilasciati dopo pochi giorni, ma padre
Zovko sarà successivamente processato per propaganda nazionalista e condannato a un anno e mezzo di carcere.

Benché a tutt'oggi passino per francescani, padre Zovko
e padre Vlašić vengono poco tempo dopo sospesi *a divinis* ed
espulsi dall'ordine.

Dai primi di settembre dell'81 il caso diviene internazionale e la stampa di tutto il mondo parla delle apparizioni e
delle persecuzioni di regime contro la Chiesa erzegovese. Af-
frontando il biasimo internazionale, il regime belgradese
mantiene una linea di rigore nei confronti dei moti nazionalisti che montano sotto la collina sacra. Va ricordato che pochi anni prima, a metà degli anni '70, un commando ustascia
armato e finanziato dall'emigrazione croata in Argentina è
riuscito a sbarcare in Dalmazia e si è stabilito proprio nella
regione di Mostar. In seguito ai fatti di Bijaković-Medju-
gorje, estremisti di tutte e tre le confessioni si sentono in diritto di riprendere «parole d'ordine nazionaliste analoghe a
quelle che esistevano prima dell'ultimo conflitto mondiale e
che hanno spinto i loro aderenti alla guerra fratricida»: è la
denuncia del quotidiano governativo «Politika».

In effetti l'apparizione di Medjugorje, nel nome della pace, parola d'ordine gridata dalle folle di pellegrini, sta spargendo il seme dell'odio etnico. Ma il fenomeno è ormai di massa: a fine settembre si registrano a Medjugorje oltre mezzo milione di pellegrini, 100.000 confessioni, 140.000 comunioni. A nord, in Slavonia, viene contemporaneamente inaugurata la chiesa cattolica di Slavonska Posjega, nei cui mosaici absidali, accanto ai re croati che circondano San Michele Arcangelo, sono raffigurati il cardinale Stepinac, condannato dopo la seconda guerra mondiale per collaborazionismo con i nazisti, e il fondatore del movimento ustascia Ivan Merz. L'opinione pubblica mondiale, trainata da una stampa in cerca di simboli, collega gli eventi croati con le sollevazioni popolari in Polonia.

Nel 1982 il vescovo di Mostar, monsignor Zanić, nomina una commissione di indagine sugli eventi di Medjugorje. Successivamente monsignor Zanić diverrà uno dei piú accesi detrattori del carattere sovrannaturale degli eventi di Medjugorje. Del resto la Chiesa cattolica non riconoscerà mai la natura divina del fenomeno e non autorizzerà mai ufficialmente il culto di Medjugorje. La Madonna nel frattempo ha preso ad apparire anziché sulla vetta di una montagna, nella chiesa del paese. Uno dei sei veggenti, Mirjana Dragičević, si dissocia dai compagni, cessando di frequentare le apparizioni che da quotidiane si fanno settimanali (attualmente si verificano ogni venerdí alle 8,30 del mattino). Il primo rapporto della commissione vaticana d'inchiesta è radicalmente negativo. Ma all'ombra della rinascita cattolica il nazionalismo croato alza ancora la voce e radicalizza il confronto con l'autorità civile, fornendo vigore anche agli altri nazionalismi: la casa editrice Otokar Keršovani di Opatija viene chiusa per aver pubblicato un libello dello scrittore serbo nazionalista Dobrica Ćosić, sono condannati per nazionalismo anche la giornalista Ranka Ćićak e il settimanale «Danas» di Zagabria, mentre a Belgrado è sotto accusa lo scrittore Momo Kapor, futuro consigliere di Milošević, e i giornali riferiscono continui episodi di mescolanza tra folklore e rivendicazione nazionalista.

L'anno successivo si registra il pronunciamento dell'arcivescovo di Spalato, monsignor Franić, presidente della commissione per la dottrina della fede presso la conferenza episcopale jugoslava che non esita a definire la vicenda «un'allucinazione collettiva». Il vescovo di Mostar, monsignor

Zanić, anticipa le conclusioni della commissione d'inchiesta: «perché – dichiara – né i frati di Medjugorje né la stampa cattolica le stanno aspettando: i primi con il loro atteggiamento e la loro disubbidienza, la seconda con un'incredibile campagna propagandistica». La conferenza episcopale jugoslava proibisce i pellegrinaggi ufficiali nella località erzegovese e la stessa Santa Sede invita alla piú severa prudenza, stigmatizzando gli effetti della vicenda, «deleteri... per la credibilità stessa della Chiesa»; sono cosí sconfessati coloro che hanno «dato parvenza di serietà alle presunte apparizioni e ai contenuti dei messaggi»; fra questi l'ex cappellano del santuario di Medjugorje, frate Tomislav Vlašić («mago carismatico») e il mariologo francese René Laurentin «per aver scavalcato la legittima autorità della Chiesa per motivi di facile e immediato lucro». A chi tenta di evocare miracolose guarigioni, la diocesi di Mostar oppone l'elenco delle «accertate morti» di ammalati, «illusi oltretutto da false speranze». In dicembre l'arcivescovo di Spalato, pur dichiarandosi personalmente convinto della sincerità dei sei veggenti, invita i frati a consegnare alla diocesi di Mostar sette parrocchie usurpate.

Nel 1985, in occasione di una visita in Vaticano dell'arcivescovo di Zagabria, monsignor Franjo Kuharić, le autorità jugoslave protestano ufficialmente con l'Italia per il mancato sequestro di vessilli e di materiale propagandistico fascista esibito in piazza. A Medjugorje, dove un altro dei sei veggenti si è intanto dissociato dai compagni, si intensificano i raduni, soprattutto giovanili e incominciano a prendere la parola in pubblico alcuni personaggi definiti «attivisti per i diritti umani», allievi di padre Jozo Zovko: il piú celebre è lo studente di diritto ventiseienne Dobroslav Paraga (che abbiamo già incontrato, nella sua nuova veste di leader neonazista). L'arcivescovo di Mostar proibisce l'uso per questi raduni del santuario di Medjugorje e la Madonna riprende ad apparire all'aperto o addirittura nello studio del cappellano padre Slavko Barbarić. Si sta facendo notevole l'afflusso di denaro nella regione, che ne fa una delle piú ricche di economia «informale» dell'intera Jugoslavia. Intanto la Congregazione per la Dottrina della Fede della Santa Sede mette in guardia (in particolare rivolgendosi ai vescovi italiani) contro l'indulgenza nei confronti dei fatti di Medjugorje.

Gli episodi di tensione fra le autorità statali e l'ala estremista cattolica si moltiplicano negli anni successivi: in alcune parrocchie delle diocesi bosniache sono trovati piccoli arsenali di armi leggere, e il 30 aprile 1986 è condannato a sei mesi Dobroslav Paraga, mentre a Belgrado è sotto processo un altro giovane di grande avvenire: Vojislav Šešelj, futuro capo delle «aquile bianche» serbe. In favore di entrambi, definiti dalla stampa italiana «attivisti dei diritti civili», si solleva una campagna di opinione in numerosi ambienti intellettuali dell'Europa occidentale.

Alla vigilia della crisi, nel 1989, dilagano in tutta la federazione i fenomeni «sovrannaturali» e i miracoli. Se la Chiesa cattolica è sempre piú fredda verso Medjugorje, il monastero ortodosso di Ostrog è meta di migliaia di pellegrini, anche cattolici e musulmani, per le guarigioni prodigiose che vi si promettono, mentre la chiesa di Sant'Ivo nel villaggio bosniaco di Podmilacje è visitata da oltre ottantamila fedeli per le virtú esorcistiche del parroco; un contadino croato, Ivo Zdelar, vede la madonna anche nel nord dell'Istria e centinaia di paralitici visitano una roccia miracolosa presso Doljevac in Serbia. Proliferano anche le sette, le congregazioni eterodosse e i nuovi profeti, come il «messia» Dragan Marjanović che riceve i fedeli a Vukmanovac.

Con il trionfo elettorale, il 13 maggio del 1990, del partito nazionalista di Franjo Tudjman (Hdz), la riabilitazione del regime di Ante Pavelić diviene politica di Stato e il ruolo dei circoli nazionalisti cattolici cresce a dismisura.

Il 10 aprile 1991 la Conferenza episcopale jugoslava, con il *Nihil obstat* vaticano, esprime definitivamente parere negativo sul carattere sovrannaturale degli eventi di Medjugorje. Il documento, che raccomanda ai vescovi la cura pastorale dei pellegrini di Medjugorje per promuovere una devozione sana alla Vergine Maria, rimane sostanzialmente sconosciuto alla stampa. Monsignor Perić, vicario del vescovo Zanić, dichiara oggi che tale situazione è dovuta al fatto che «gli interessi turistici locali continuano ad alimentare il mito di Medjugorje». Un anno dopo, l'8 aprile 1992, mentre viene proclamato lo stato d'emergenza in Bosnia-Erzegovina, bombardamenti aerei colpiscono Široki Brieg, a pochi chilometri da Medjugorje, creando la leggenda della salvezza miracolosa del santuario mariano. L'importanza simbolica della località è chiara agli estremisti neoustascia della Hos che vi stabiliscono il loro quartier generale. Le voci sulla salvezza miracolosa del sito di Medjugorje sono ufficialmente smentite il 19 gennaio '93 da monsignor Ratko Perić: in verità la località che continua a garantire con il transito incessante di pellegrini un consistente introito all'economia della zona, non rientrerà mai fra gli obiettivi militari serbi.

Ma il nemico dei croati nazionalisti nella zona è ormai un altro: è incominciata la stagione dell'alleanza con i serbi per la spartizione della Bosnia-Erzegovina e dell'estinzione della presenza musulmana in vista della creazione di uno Stato monoetnico in Erzegovina da annettere successivamente alla casa-madre di Zagabria. La proclamazione di quello Stato, denominato Herceg-Bosna, avviene nell'agosto del '93. Poche settimane prima, il 24 luglio, è stato «pensionato» l'arcivescovo di Mostar monsignor Pavo Zanić, principale oppositore dei «veggenti» di Medjugorje. Al suo posto subentra monsignor Ratko Perić.

I francescani di Medjugorje hanno ormai acquisito un potere, anche politico, smisurato. E una sconsiderata credibilità internazionale. Il 26 maggio 1994, in piena guerra, iniziano a Medjugorje le riprese del film *Nostra signora*, colossal celebrativo croato-americano-canadese con Martin Sheen nella parte di padre Jozo Zovko. Il santuario di Medjugorje si conferma come uno degli affari piú redditizi del tempo di guerra. La credibilità dei frati viene interamente spesa a favore della logistica militare: padre Jozo e i suoi compagni girano instancabilmente l'Europa, l'Italia in particolare, tenendo commoventi conferenze per sollecitare l'invio di aiuti umanitari a una regione descritta come martoriata e in condizioni disperate: ai pullman di fedeli, il cui afflusso non si interrompe negli anni del conflitto, si affiancano cosí le carovane bianche delle organizzazioni umanitarie e dei comitati pacifisti. Deviate da padre Zovko e compagni nelle retrovie dell'Hvo.

L'atteggiamento del nuovo vescovo di Mostar, tuttavia, risulta meno morbido di quanto la *lobby* erzegovese sperasse: il 14 novembre del '95 si apre, in una località segreta nei sobborghi di Mostar, un colloquio di tre giorni fra una delegazione dei francescani e l'ordinato episcopale di Mostar, convocato in seguito alle pressioni sempre piú forti del Vaticano perché i frati rispettino le risoluzioni romane. Nonostante i colloqui, la tensione fra la Chiesa e i frati estremisti è destinata a crescere e culmina nelle prime settimane dell'anno successivo, il 1996, quando i francescani di Medjugorje non esitano a rapire e tenere sotto sequestro per due settimane – con metodi spettacolari ben radicati nella tradizione militare erzegovese – il vescovo di Mostar monsignor Perić.

La zona di Mostar rimane a tutt'oggi uno dei principali punti di crisi. Padre Jozo lavora attivamente. Tutt'ora il «crociato» celebrato dai media di tutto il mondo predica sulla «minaccia musulmana» e raccoglie denaro e mezzi in grande quantità.

Il decreto vaticano non è mai stato rispettato. Nella regione dove tutt'ora un cognome sbagliato può trascinare alla morte, il controllo dei frati estremisti è reso saldo dalla missione loro affidata dal presidente Tudjman, come guida spirituale nel processo di croatizzazione della Bosnia, a correzione dell'«errore» titoista di aver riconosciuto i musulmani come entità nazionale.

La Bosnia centrale e il gioco dei partiti nazionalisti. La scelta di privilegiare le identificazioni nazionali in sede diplomatica – ma anche in sede militare – risponde a precisi interessi strategici che proprio la guerra in Bosnia centrale mette in luce con particolare evidenza. È opportuno uno sguardo alla composizione nazionale della regione.

Si tratta della zona compresa fra le vallate della Neretva, della Bosna e della Vrbas, divisa in venti comuni di cui la sola Zenica (65.000 abitanti) ha dimensioni di centro urbano medio: la popolazione complessiva contava nel 1991 680.000 abitanti. Una zona a netta maggioranza musulmana (51 per cento contro il 28 per cento croato e il 13 per cento serbo) dove tuttavia la composizione etnica dei comuni (intendendo con questa parola anche le zone rurali annesse) presentava una grande mescolanza. Qui un'analisi del voto politico del novembre 1990 dà risultati sorprendenti per chi sia abituato a pensare secondo lo schema che prevede omogeneità fra identità nazionale e scelte elettorali: in molti comuni della zona (Vares, Breza, Kakanj, Zenica, Vitez, Busovača) il voto dei cittadini dell'etnia maggioritaria va ai partiti non nazionalisti.

Nei mesi immediatamente precedenti lo scoppio della guerra in Bosnia, in questa regione è impossibile stabilire seriamente una correlazione fra appartenenza nazionale ed espressione politica, come invece è stato fatto da tutti gli osservatori internazionali ad esempio in occasione del refe-

rendum sull'indipendenza nazionale bosniaca del 1° marzo
'92, quando su suggerimento dello stesso Karadžić identifi-
carono il 30 per cento circa di astenuti con il 31 per cento
di cittadini bosniaci di nazionalità serba.

La correlazione che emerge in realtà è fra l'omogeneità
nel voto delle varie componenti nazionali e le condizioni economiche e sociali: nelle aree meno arretrate (fondovalle ur-
banizzati) la polarizzazione nazionale alle elezioni è nettamente inferiore alla media nazionale. I rapporti fra le etnie
e le tensioni che a essi vengono fatte risalire sono rapporti
sociali, piuttosto che interculturali.

Le strategie delle formazioni nazionaliste in Bosnia centrale, al di là delle contrapposizioni evidenti conflagrate san-
guinosamente, presentano significativi elementi di conver-
genza. Se all'inizio 1991 il Sds serbo non rivendicava neppure il distretto di Kupres (unico dell'area a maggioranza
relativa serba) che pure gli veniva offerto dall'Sda musulmano, nell'estate dello stesso anno annetteva Kupres alle
«Regioni autonome serbe» e all'inizio della guerra occupa-
va gran parte della Bosnia centrale, con l'intento di usarla
(come poi è avvenuto) come «moneta di scambio» a livello
diplomatico. Tutti i «piani di pace», pur generosi con i serbi, prevedevano il loro ritiro da queste aree; ciò che avverrà
progressivamente e con gran dispendio di vite umane.

L'obiettivo dell'Hdz croata era, invece, quello di ricrea-
re una suddivisione analoga a quella del 1939 che aveva assegnato alla Banovina croata l'80 per cento della Bosnia centrale. Il piano Vance-Owen costituisce un riconoscimento so-
stanziale di queste esigenze, ma il controllo militare da parte
croata non è all'altezza delle aspirazioni e i successi dell'esercito bosniaco governativo costringono Owen e Stoltenberg
a vere acrobazie cartografiche che definiscono un territorio
discontinuo e disseminato di *enclaves*, in cui è tuttavia ancora evidente la sopravvalutazione delle forze croate.

Contraddizioni marcate si registrano invece all'interno
dello schieramento bosniaco governativo, teatro di uno scontro politico fra i sostenitori di una Bosnia-Erzegovina multinazionale e i teorici di uno Stato musulmano. La guerra
croato-musulmana e i successi della parte bosniaca saranno
lo scenario dell'affermazione dell'ala islamica che farà della
Bosnia centrale la base di consenso del suo progetto.

La guerra dei convogli. Delle origini del conflitto fra croati e bosniaci governativi a maggioranza musulmana si è già detto. L'Hvo aveva già preso il potere, esautorando le autorità civili, in tutte le zone che riteneva «indubitabilmente croate» nell'ottobre del '92, e dopo la presentazione del piano Vance-Owen tenta di fare lo stesso su tutto il territorio assegnato ai croati secondo il piano. L'offensiva croata sull'asse Bugojno-Gornji Vakuf parte il 12 gennaio e dura fino al mese successivo, contemporaneamente ai massacri nella valle della Lašva. Tutti i rifornimenti all'esercito bosniaco impegnato contro i serbi nelle zone centrali e orientali vengono bloccati dai croati, insieme agli aiuti umanitari: un sistema di pressione che ha lo scopo di far accettare alla presidenza bosniaca il piano Vance-Owen. L'obiettivo è raggiunto il 25 marzo con la firma apposta al protocollo Vance-Owen da Alija Izetbegović.

La mossa di Izetbegović è resa però vana dalla mancata accettazione da parte serba del piano Vance-Owen. La parte croata avverte a questo punto come interesse prioritario l'imposizione con la forza della spartizione prevista dal «piano di pace»: scatta il meccanismo dell'alleanza croato-serba in funzione antimusulmana.

Nel periodo in cui avviene la tragedia del convoglio di Puletti, Lana e Moreni, la situazione è complessa: i croati hanno stabilito un controllo piuttosto efficace su alcune aree della Bosnia centrale e sull'Erzegovina. Nella presidenza bosniaca, dove l'«islamico» Izetbegović arriva anche a trovarsi in minoranza (giugno '93), si oppongono ai piani di spartizione elaborati dalla diplomazia internazionale tanto coloro che rifiutano la divisione su base etnica, quanto coloro che ritengono insufficiente la porzione di territorio assegnata ai musulmani. È una fase transitoria che prelude al trionfo delle posizioni di Izetbegović e all'allineamento bosniaco sulle volontà spartitorie delle cancellerie internazionali. Tuttavia, alle soglie dell'estate del 1993, sul piano militare, la linea di azione è e può essere una sola: mobilitazione militare contro l'offensiva croata.

Dopo una fase di combattimenti ferocissimi e di reciproche atrocità, le truppe dell'Hvo sono rapidamente ridotte in piccole *enclaves*, all'interno delle quali talvolta sopravvivono asserragliate delle ulteriori sacche musulmane che le milizie croate non riescono a stroncare (è il caso del quartiere storico di Vitez o del villaggio di Rotilj entro l'*enclave* croata di Kiseljak). La strategia croata si modifica e assume par-

ticolare rilievo il controllo degli aiuti umanitari e il conse-
guente strangolamento della Bosnia musulmana stretta dai
serbi. Si apre la cosiddetta «guerra dei convogli».

I combattimenti sono accesi dappertutto, in particolare
nella zona di Vitez e Travnik dove le forze bosniache governative sembrano avere la meglio. La strategia dell'Hvo
privilegia da questo momento in poi lo «strangolamento»
per fame delle zone bosniache, isolate da tutte le vie di rifornimento per terra e per mare. Colpire il settore logistico diventa decisivo e il condizionamento degli aiuti umanitari è
il nerbo di questa strategia. Gli episodi riportati dalla stampa internazionale danno un'idea approssimativa di quanto
avviene: il 27 aprile un convoglio diretto a Zenica è assaltato e depredato; il 10 maggio è aggredito un convoglio delle
Nazioni Unite a Prozor, alcuni operatori restano feriti; il 13
parte il blocco di tutti gli aiuti diretti nella parte musulmana di Mostar. E cosí via. La situazione si fa esasperata alle
soglie della decisiva controffensiva governativa che partirà
il 3 giugno in tutta la Bosnia centrale.

La morte di Puletti, Lana e Moreni avviene dunque proprio alla vigilia di una delle fasi piú importanti della storia
militare di questi anni. Travnik, tre quarti del distretto di
Novi Travnik, Kakanj, Bugojno, Fojnica, Gornji Vakuf ca-
dranno come tessere di un domino tornando sotto il controllo governativo.

Un'ipotesi degna di attenzione sulle cause dell'assassinio
degli italiani riguarda un convoglio di particolare importanza che proprio in quei giorni era bloccato a Gornji Vakuf. Il
Convoy of Mercy è il piú grande convoglio umanitario via terra di tutta la guerra bosniaca: è diretto a Tuzla e conta oltre
trecento camion con autisti inglesi e francesi. L'omicidio dei
tre volontari di Brescia determina la chiusura da parte delle
Nazioni Unite delle piste che esso doveva battere. L'autorizzazione a partire giungerà soltanto molti giorni dopo, il
10 giugno, e la grande carovana internazionale sarà oggetto
di un assalto da parte dei croati dell'Hvo nella zona di Vitez. La dinamica di questo episodio è inconfrontabile con
quella dell'esecuzione degli italiani: in questo caso si tratta
di un assalto a fuoco (anche qui vi saranno dei morti: autisti e miliziani dell'Hvo colpiti dal fuoco dei Caschi blu) a fine di rapina, là di una fucilazione a freddo dopo la requisi-
zione di tutti i materiali portati dal piccolo convoglio.

Singolarmente le autorità della città di Tuzla, a proposito dell'assalto al *Convoy of Mercy* indicheranno in maniera vaga le responasabilità attribuendole ai «signori della guerra della Bosnia centrale». Tuzla è una delle città che pagheranno il prezzo piú alto per lo strangolamento croato sugli aiuti umanitari. Ma è anche una realtà imbarazzante per i falchi islamici della parte governativa: città laica, governata da una giunta socialdemocratica di opposizione rispetto a Sarajevo, Tuzla difende l'integrità multinazionale della sua storia dall'aggressione serba senza appiattirsi su posizioni specularmente nazionaliste. Politicamente – come accade a tutt'oggi – questa città decisiva sul piano economico, commerciale e dei rifornimenti energetici costituisce un serio imbarazzo per gli orientamenti prevalenti nella direzione bosniaca, convertitasi a una sorta di nazionalismo sotto le insegne dell'Islam. Se si considera che, nonostante l'unità di azione imposta dalla guerra con i croati, anche il vertice militare bosniaco era diviso tra laici e islamici, è possibile sostenere che il blocco del *Convoy of Mercy* diretto a Tuzla servisse gli interessi sia della parte radicale bosniaca, tesa a condizionare una zona politicamente scomoda, sia della parte croata. La strage degli italiani ha un risultato concreto: la grande carovana per Tuzla potrà partire soltanto dopo l'inizio della grande controffensiva, esponendosi cosí agli assalti in armi. È ormai certo che a Tuzla non arriverà mai.

L'islamizzazione del vertice bosniaco. Alle vittorie governative in Bosnia centrale fa però da contrappeso la situazione durissima sul fronte di Sarajevo, dove negli stessi mesi cadono le posizioni strategiche sul monte Igman e le perdite spaventose causate dai tentativi bosniaci di controffensiva gettano a terra il morale dei reparti militari e dei civili.

Sul piano politico le conseguenze delle alterne vicende militari si fanno sentire: la direzione militare bosniaca sconfitta a Sarajevo è di orientamento laico e multietnico, mentre i reparti vittoriosi contro i croati in Bosnia centrale sono guidati da quadri di orientamento decisamente «musulmano» (i comandanti in capo Mehemed Alagić, Enver Hadzihasanović e Sakib Mahmuljan sono alti dirigenti dell'Sda. Nei loro reparti acquistano posizioni di spicco i volontari *mujaheddin* – non piú di tremilacinquecento, in verità – giunti dai paesi islamici).

La situazione, anche dal punto di vista propagandistico, si fa sempre piú favorevole alla fazione che propugna la divisione e la creazione di uno Stato musulmano. Lord Owen dichiara, durante un incontro con la presidenza bosniaca il 1° settembre 1993, che la divisione si farà, se non in tre parti in due. L'episodio sancisce il successo di una barzelletta locale che descrive cosí le decisioni internazionali: «La Bosnia sarà divisa in tre parti. Sulle rive destre dei fiumi i serbi, sulle sinistre i croati, in mezzo i musulmani».

Il 15 settembre il presidente bosniaco Izetbegović firma un «protocollo segreto» di intesa con i serbo-bosniaci, rappresentati da Momčilo Krajšnik, nel quale si riconosce di fatto l'entità serba di Bosnia e se ne sancisce il diritto all'unione in chiave federale con la Serbia entro due anni. È la controparte alla legittimazione da parte serba della nascita di uno Stato musulmano. Ma nella direzione dell'esercito si radicalizza l'opposizione che trova voce nel comandante del IV Corpo d'armata di Mostar, Atif Pašalić.

Il 30 settembre il Parlamento bosniaco accetta la logica del piano Owen-Stoltenberg chiedendo contropartite territoriali. La linea vincente è ormai quella musulmana radicale. La campagna contro i criminali di guerra di ottobre e novembre ha il risultato di eliminare le forze paramilitari musulmane, ma contemporaneamente di inquadrarne la maggior parte nell'esercito regolare, sempre piú rinsaldato nella sua identità islamica. Fra gli epurati al vertice risulta proprio il generale Atif Pašalić.

È cosí avviato il processo di cancellazione dell'identità laica e multinazionale della Repubblica centrale della vecchia Federazione jugoslava: l'obiettivo principale dell'aggressione nazionalista da parte serba e croata è realizzato – e non è neanche un gran paradosso – in massima parte da coloro che di tale aggressione sono le vittime.

Capitolo sesto
La pace

– Ehi nonna, che ci fai qui?
– Sono scappata da quelli là, sono tutti matti...
– Anche noi siamo tutti matti!
– No. Io sono venuta a vivere qui perché voi siete per la convivenza.
– È una bugia, nonna. Noi siamo musulmani e i serbi li ammazziamo.
– Smettila. Non ho tempo. Voi siete per l'unità, volete che tutti viviamo insieme e io ho deciso di tornare in città.
– Ma non è vero, nonna. Noi siamo musulmani, ti sgozziamo!
– Allora deciditi e sgozzami, sennò tirati su le maniche e aiutami a portar su questa stufa che io da sola non ce la faccio.
– Avanti nonna, fammi vedere quanto pesa 'sta stufa.

(Sanski Most, ottobre '95)

– Ehi serbo!
– Ehilà stronzo!
– Dí un po', sei per la pace tu?
– Come no! Torna a casa, che cosí ti tagliamo la gola mentre dormi e risparmiamo un po' di fatica...
– Ehi serbo! Ti brucia il culo? Lo sai che ora veniamo lí e ti facciamo a pezzettini piccoli piccoli?
– Vieni faccia di merda, torna a casa...
– Fai bene a non dormire la notte, serbo, perché fra un po' vengo a prenderti...

(Bosanska Krupa, novembre '95
Scambi di cortesie fra pattuglie notturne)

Fanteria è una parola dal significato sconosciuto, anche per un fante. Fino al primo scontro.

«Non sai come combattono bene i serbi, quelli della Serbia, intendo, non i nostri che sono dei cagasotto con dei grossi cannoni. Parlo degli *arkanovci*, le tigri. Sono forti. Corrono come diavoli, fanno paura. Li vedi dietro un albero e loro sono già dietro un altro, magari alle tue spalle. E urlano tutto il tempo: "Di qua, di là, vai a destra, a sinistra, dài che li prendiamo vivi". Sono tutti vestiti di nero, hanno dipinto di nero anche le armi e i caricatori. Ti guardano in faccia, altra storia dai *nostri* serbi, buoni solo a sgozzare civili disarmati. Questi combattono. La guerra è soprattutto far casino. Si urla come matti, un po' per caricarsi, un po' per far paura. La frase piú brutta da sentire è: "Prendiamolo vivo", ma di solito sai che la dicono cosí, per spaventarti. Hanno paura anche loro, e meno male. Se uno ti dice che lui non ha paura è un bugiardo. C'è anche quello che canta e non si ripara, ma è uno che se la fa addosso piú di quello che piange, puoi scommetterci. Quando lo vedi, il nemico, è un guaio: vuol dire che ce l'hai già sul collo. Di solito spari e urli e corri e alla fine non ti ricordi nemmeno una delle facce di quegli altri. C'era quella strada e quel bosco in discesa. Noi dovevamo tenere la linea, ma non sapevamo che quelli del V Corpo, che avevano il fianco sinistro, se n'erano già andati. Quando ha smesso l'artiglieria, sembrava che ci fosse un po' di pace, ma invece si sono sentiti tutti quegli elicotteri e il bosco in due minuti era pieno di quegli *arkanovci* neri come diavoli neri. Io e Ibro eravamo sempre insieme, qualche volta a furia di sparare ci accorgevamo in ritardo di essere rimasti soli. Siamo i piú giovani. Gli altri, i vecchi, lo sanno come si combatte. Mica te lo dicono che se ne vanno. Se ne vanno e basta, quando è il momento. Allora Ibro e io litighiamo, sai com'è, si diventa isterici con quelli là che gridano come matti "a destra, a sinistra! Tagliagli la gola!". E allora litighiamo come due bambini: "Ma cazzo, non potevi guardare dove andavano gli altri?", "E che cazzo ne so? Sparavo io, no? Come te!". E giú a insultarci. È il panico. Poi magari vedi i serbi e allora non c'è che scappare nella boscaglia, verso il basso, sperando di trovare i nostri. Non sai che gambe ti vengono in quei momenti! Quando hanno ferito il nostro comandante, i vecchi hanno incominciato a dire: "Io non posso andare a prenderlo, ho male a un piede...", "Io ho il mortaio...", eccetera. E chi vuoi che ci vada? Il pivello, no? Cosí sei tu che vai. Quando lo raggiungo, quello si attacca a me e mi dice di non lasciarlo. Il comandante si attacca a me e mi dice: "Non lasciarmi!". Io l'ho visto che cosa fanno gli *arkanovci* a quelli che prendono vivi: ho trovato due fratelli del mio paese, gli avevano tagliato il naso e le orecchie, poi gli avevano tagliato le braccia ai gomiti e gliele avevano infilate nelle tasche. Avevano tagliato tutto quello che si può tagliare, a vederli non riuscivi neanche a muovere un dito per caricarli sul carro dei morti. Poi di notte non dormi per la paura. Cosí abbiamo preso il comandante, Ibro, io e altri due, ma mica si riusciva a trascinarlo: facevamo venti, trenta metri e poi lo dovevi posare. A un certo punto senti le voci di tutti quei serbi e li vedi che corrono come diavoli da un cespuglio all'altro. Eh, gridavamo anche noi, cosí quelli almeno per un po' si fermano e ci pensano su. I due vecchi dicono di stare calmi e pensarci su, dicono di non sparare a raffica, ma a colpo singolo. Ma quando quelli arrivano e ci sono addosso altro che colpo singolo: un caricatore dietro l'altro e vaffanculo, se avessi potuto mi sarei sparato anche i denti. Non si fanno prigionieri, non è mica un film. Nessuno li vuole i prigionieri, sono pericolosi. Qui si ammazza tutto quello che si può, proprio come fanno loro. Nel bosco sentiamo che gridano "Sajo, Sajo!", "Sono nostri", diciamo e ci mettiamo a corrergli incontro. Altro che Sajo: dai cespugli spuntano quei diavoli neri che sparano e sghignazzano, allora ho capito che dicevano "Savo, Savo", che è un nome dei loro. Non so ancora come ho fatto a scappare. Lí nel bosco, per acchiapparci si mettevano anche a gridare: "Allah akhbar" per prenderci in trappola. E qualche volta ci caschi. Una volta abbiamo preso due in un villaggio. Avevamo occupato questo villaggetto e i serbi erano andati via a gambe levate. Ma due di loro erano rimasti in un fienile. Se ne sono stati lí per due giorni, nascosti, poi li ha fregati la fame. Sono usciti pensando di confondersi con noi e scappare. Le divise sono quasi uguali. Ma le facce no, dopo un po' con quelli del reparto è come in famiglia, li conosci tutti. Cosí li abbiamo beccati. Erano un serbo e un musulmano. Il serbo lo abbiamo ammazzato subito, poi al musulmano abbiamo detto: "Beh, ora tocca a te, ma con te faremo pianino pianino". Allora quello si incazza e urla che lui lo hanno costretto a combattere con loro, che lo hanno preso a forza e possiamo chiederlo a Sajo che è di Sana (Sanski Most) come lui e lo conosce. Sajo è un nostro ufficiale: lo chiamiamo e lui conferma che quello lo avevano preso con la forza. Allora lo lasciamo vivo, ma i vecchi non si sono tenuti: lo hanno massacrato di botte, gli davano in testa con il calcio del fucile che lo hanno ridotto a un gomitolo. Tutto sanguinante. Poi è uscito dall'ospedale e adesso combatte con noi. Ce ne sono tanti che cambiano bandiera. Nel mio plotone ci sono due di quelli di Abdić, ma non li vuole nessuno in azione o in trincea. Non c'è da fidarsi di quelli. Combattono bene, però. Si sa da sempre che i guerrieri migliori vengono da quella parte di Bihać e Kladuša. Ma io non voglio stargli vicino. Abbiamo anche tanti serbi e croati che, però, sono stati con noi dall'inizio. Pregano per i cazzi loro, ma mangiano, dormono e sparano con tutti gli altri. I musulmani presi con la forza fanno una vita mostruosa. Io ho due fratelli che combattono dalla parte dei serbi a Brčko e so cosa vuol dire. Tengono i miei genitori prigionieri in casa, su a Prijedor, e se i ragazzi fanno qualcosa che non va, ai miei vecchi tagliano la gola. Li tengono per i coglioni, capisci? Io spero che non li prendano mai i nostri, perché non so se gli darebbero il tempo di spiegare. Li vediamo sempre da qui, anche senza binocolo, i prigionieri musulmani: li fanno lavorare giorno e notte e li riempiono di botte, gli fanno scavare le trincee. Sono civili che non sono scappati dalle loro zone. Di notte li senti che gridano, li co-

prono di merda: *balja* di qua, *balja* di là. Gli fanno cantare le loro canzoni a squarciagola, e intanto li prendono a calci. Ci parliamo anche noi e quelli rispondono. Se gli chiedi di dove sono e cose cosí rispondono
a tutto, solo se bestemmi non rispondono piú. Niente, silenzio, non li senti piú. Una volta stavo parlando
con uno di loro e mi è scappato un "mi chiavo tua madre" e se ne sono spariti tutti. All'improvviso ero lí
che gridavo da solo nella notte. Povera gente. Uno dei
nostri una volta è arrivato a dieci metri da dove loro
scavavano e gli fa segno con la mano di scappare dalla nostra parte, ma quello si guarda intorno, resta lí
come un coglione, non sa che cosa fare... Alla fine è
scappato nella baracca dei serbi. Lo avranno ammazzato di botte. Da noi c'è chi dice che dovremmo fare
lo stesso con i loro civili, solo che non esistono loro civili: per gli ufficiali i civili sono tutti nostri, gli ordini sono che noi non siamo musulmani ma bosniaci. Cosí le trincee ce le scaviamo da soli. Poi la notte vorresti dormire, ma la paura che arrivino i serbi... Si
dovrebbero fare turni di un'ora, ma i vecchi se ne fre-
gano e dormono come tromboni. Lo sai qual è il segreto? Trovare uno che ha paura, ma proprio una paura fottuta. Allora gli dici: "Vaffanculo, la mia testa costa quanto la tua, io dormo tutta la notte". Allora lui
pensa che se si mette a dormire quando finisce il suo
turno tu non starai di sentinella e dormirai tutto il
tempo, cosí possono venire i serbi e tagliargli la gola
nella notte. Lo fanno, eh? È successo un sacco di volte, anche noi siamo andati di notte da loro. Succede.
Cosí il pivello se ne sta sveglio tutta la notte e tu dormi. Poi di giorno casca secco mentre scava le trincee.
E i vecchi si incazzano. Io me li tengo buoni i vecchi.
Dico a tutti: "Tu sei un gran soldato, il piú grande che
abbia mai conosciuto". Non ci credono ma ci godono
lo stesso. Fanno i duri, ma a loro piace questa roba.
Una volta ho detto al mio comandante: "Ehi, ho sentito che te ne vai in un altro reparto. Se tu vai via, io
qui non ci resto, non me ne frega niente". Intanto lui

era contento e io pensavo: "È di te che me ne frego", ma sai, bisogna portare a casa la pelle. Non ci mettono niente a spedirti in un'azione di quelle sicure o a farti a pezzi a furia di scherzi e di lavoro. Tu non lo sai mica, come è sporca la guerra. Se uno ti dice che è bella è uno stronzo e un bugiardo. Non può piacergli, neanche a lui che è fatto male, neanche se è uno che si fotte la mamma. È troppo sporca. Non piace nemmeno ai serbi. E il coltello è la cosa che fa piú paura, ma anche una bella pallottola non è male. Vanno dappertutto, ti prendono nelle palle, nell'intestino, ti mandano in pasta mezza faccia, ti rovinano. Non è roba da film. Nei film tutti vanno all'attacco insieme, in massa: qui si sta piú lontani possibile gli uni dagli altri, poi il nemico non lo vedi quasi mai, di solito quando lo vedi è tardi, per lui o per te. Ad esempio quando prendi una città: io credevo che fosse la battaglia piú grossa. Invece no: entri camminando, i serbi se ne sono già scappati tutti. Qualcuno ti spara addosso, ma sono pochi. Il fatto è che la battaglia grossa l'hai già fatta i giorni prima nei boschi, poi prendi tutto quello che sta intorno alla città, le fai la "corona" e lasci una via di fuga. Circondare la città da tutte le parti è da stupidi: se tu gli lasci una strada per andarsene quelli se ne vanno, mica sono pazzi. Non sai che cos'era vedere Sana là, in fondo alla valle, dopo tutti questi anni. I serbi li troviamo di notte adesso. Un giorno ci siamo sbranati per tutto il tempo, poi a sera ci incontriamo per andare a prendere il fieno, una pattuglia nostra e una loro, ma intanto c'era stata la pace e cosí ci siamo solo presi per il culo a vicenda. Ma non è finita. Ora si scherza, facciamo sempre finta che arrivino i serbi. Spariamo un po' per ridere, poi i comandanti si incazzano e facciamo finta di aver sparato ai cinghiali... Insomma quella volta nel bosco con quelli di Arkan e il comandante che sanguinava siamo scappati e basta, non c'era altro da fare. Poi sono arrivati quelli della trentasettesima musulmana. Quelli sono piú forti degli *arkanovci*, combattono meglio, fanno paura, vanno in giro tutti neri con una fascia verde sulla fronte dove hanno scritto: "Non c'è altro dio che Allah". Sono cattivi, ma non toccano i civili: è il Corano. Dicono: "non finiremo in paradiso, ma neanche all'Aia". Io comunque un caffè con loro non me lo farei. Hanno la testa matta».

Sead racconta tutto ridendo, con la faccia da ragazzo. Con la faccia del ragazzo che è. Rideva anche sui pullman che lo portavano a Omarska, nel giugno del '92, con la scorta militare dietro: «Cazzo, sono diventato Tito!», aveva detto, e qualcuno aveva anche riso. Poi Omarska e quei guardiani che giocavano con le motoseghe per imitare *Venerdí tredici*, la prima immagine di sangue e corpi tagliati a pezzi che schizzavano in aria.

Sead era stato quasi un anno in casa mia, con il fratello Esad e la famiglia di questo. Reduci anche loro dai campi di sterminio della Krajina bosniaca: Omarska lui, Trnopolje lei, dove subí violenze ripetute per venti notti, davanti alle figlie bambine. Era stata scelta apposta, i miliziani la conoscevano bene, perché avevano fatto insieme le scuole elementari e medie. Il campo stesso sfruttava i locali della scuola che avevano frequentato insieme vittima e carnefici. Gli altri fratelli si chiamavano Senad e Nenad, secondo lo strano gioco bosniaco di dar nomi assonanti ai membri della stessa famiglia. Senad e Nenad, ancora minori di sedici anni quel fatale 30 di maggio in cui ai non serbi di Prijedor fu ordinato di salire sui pullman, rimasero a casa con i genitori anziani. Furono arruolati forzatamente l'anno successivo nelle armate serbo-bosniache. Sead era un ragazzo buono, giocherellone e onesto. Aveva la dote naturale di risultare simpatico, con la sua sfrontatezza adolescenziale, e un talento naturale da donnaiolo di successo.

Una sera, tanti anni fa, alcune organizzazioni pacifiste tennero un incontro pubblico alla Galleria d'arte moderna di Torino, per sensibilizzare il maggior numero di persone possibile sulla tragedia bosniaca. Furono proiettati filmati e si telefonò in diretta all'università di Sarajevo sotto assedio. Il pubblico era scarso, l'emozione altissima. Erano presenti anche Esad e Sead, perché sarebbero stati letti brani di un diario che il piú vecchio dei due aveva scritto al suo arrivo in Italia. Il giovane Sead aveva ascoltato la lettura di quelle pagine con un'aria grave che non gli conoscevo. Esad, il piú vecchio, dopo due contorsioni sulla sedia era uscito di corsa dalla sala. Lo ritrovai nell'atrio che fumava piangendo. Si scusò per quella fuga: «Fin dalla prima parola – mi disse – io ero di nuovo a Omarska, capisci? Ero lí, non ero a Torino». Riporto di seguito il brano letto quella sera, tratto dal diario di Esad, 28 anni, fino a un anno prima tecnico specializzato a Prijedor.

«È il 13 luglio, non so perché scrivo. È passato soltanto un anno. Un anno fa il mio corpo sembrava uno straccio strizzato nel campo di Omarska. Vero. Verissimo. Il 30 maggio ci presero come immondizie, tutti noi "uomini abili", dai sedici anni in su. Dicevano «pulizia", facevano "pulizia". Come è possibile che uomini puliscano un paese sporco di uomini? Nella mia bellissima Prijedor io sono uno dei pochi fortunati che non sono stati puliti. Può darsi che io abbia la fortuna di essere pulito da questa terra soltanto dalla mano di Dio. Dico può darsi perché ho solo ventott'anni e non so che cosa mi aspetta ancora da questa... Non riesco a usare la parola "umanità": tutto il mondo guarda e a casa mia la pulizia degli esseri umani è ancora in corso. C'è anche chi porta roba da mangiare a quelli che puliscono, cosí quelli vanno avanti e vanno avanti. È possibile che gli uomini si siano puliti anche dentro? Che non abbiano piú l'anima? Tre anni fa a casa mia è arrivata di contrabbando la democrazia, entrata da qualche valico in Slovenia, non so quale. Ci aveva provato molte volte dopo la morte di Tito, ma era sempre andata male. Poi è arrivata e sembra anche senza difficoltà. Se qualcuno leggerà quello che scrivo si chiederà come la democrazia possa essere la causa di tanta ingiustizia. Io la risposta non ce l'ho. Chiedetelo al comandante Milošević. Al tempo della guerra in Croazia tutti noi a Prijedor avevamo avuto dei presentimenti, facevamo grandi manifestazioni per la pace, *meeting* e concerti, ma eravamo ancora lí con i nostri presentimenti quando arrivarono i soldati. Io ero davanti alla porta di casa con Elma in braccio (mia figlia, tre anni). Arrivarono e mi presero, a Elma diedero un gran calcio con gli stivali, io non ebbi neanche il tempo di sentirla piangere. Ci radunarono sulla piazza della moschea, tutti con la faccia a terra. Loro passavano e picchiavano la gente con il calcio dei fucili, a qualcuno sparavano. Cosí per passare il tempo. Feci in tempo a vedere che avevano portato anche mio padre. Ammazzarono davanti a tutti un *imam* dopo avergli fatto cantare le loro canzoni e recitare brani del Corano. Era una giornata calda, di primavera avanzata. Sentivo il profumo della primavera e il fumo delle nostre case che bruciavano. Sentivo le urla delle donne e i pianti dei bambini. Dopo qualche ora ci caricarono sui pullman. Due o trecento per pullman, non si poteva neanche respirare, ma il viaggio era breve, diciassette chilometri in direzione di Banja Luka. Per strada si vedevano solo case bruciate e saccheggiate *come se ci fosse la guerra*. La prima cosa che vedemmo, ancora sul cancello della vecchia fabbrica di Omarska, fu la "doccia": portavano un ragazzo tutto insanguinato, la testa piú di tutto, e davanti ai nostri occhi uno comincia a sparare a raffiche con il fucile automatico. Sparava da vicinissimo per farsi coprire dai pezzi di carne e dal sangue del ragazzo. Poi si voltò verso di noi, cosí, tutto bagnato, e disse che era la sorte che aspettava anche noi. Noi eravamo ancora dentro il pullman, da un'ora, fermi. Si soffocava. Ci facevano cantare canti nazionalisti serbi e io cantavo forte, fortissimo. Come mi sentivo in quel momento non lo so, mi dispiaceva di essere nato. Avrei preferito essere sotto terra. Dalle mie parti c'è un proverbio che dice: "vivo sotto terra non si può". Ma io, a Omarska, ne ho visti tanti finire vivi sotto terra e adesso so che è un proverbio falso. Scrivo perché i miei amici in Italia dicono che non bisogna dimenticare. Pensano bene, ma il fatto è che ogni parola riporta il cuore a Omarska e io mi sento nello stato di quel giorno. Dopo tutto quello che abbiamo subito, io e altri pochi fortunati, a volte penso che siamo diventati forti come l'acciaio, a volte penso che siamo piú deboli della rugiada. Non è facile spiegare a un italiano. Per due giorni non ci diedero da mangiare. Qualcuno di noi chiese a quelli di Kozarac che erano lí da piú tempo, e quelli risposero che avevano mangiato due giorni prima: due etti di pane. Acqua? "Ce ne danno quando vogliono, ma prima ci pisciano dentro". Il terzo giorno ci diedero da mangiare. Mai mangiato pane piú buono in vita mia. Era un pezzettino che stava tutto intero in bocca, ma a me sembrava un pezzo grossissimo. Ci diedero anche una zuppa immangiabile, la preparavano con i rimasugli dei loro pranzi e ci facevano i loro bisogni. Poi ci costringevano a mangiarla davanti a loro. Cinque minuti per mangiare e intanto ci picchiavano, come si fa con i cani. Cosí una volta entrò un serbo che noi non conoscevamo. Con noi c'era un vecchio molto indebolito che negli ultimi giorni non aveva avuto nemmeno la forza di venire a mangiare. C'erano dei serbi che ci aiutavano di nascosto, buttavano del pane o portavano acqua. Il vecchio sperava che quello fosse uno di loro e gli disse: "Figlio, hai un pezzo di pane?" "Hai fame vecchio?" "Sí, non mangio niente da tre giorni". "Di', ti piacerebbe mangiare uova?" "Qualunque cosa. Solo per masticare..." "Ora te le procuro". Noi guardavamo senza capire. Quello si tolse il fucile dalla spalla, lo caricò e con la canna indicò un ragazzo dicendo: "Togliti i pantaloni". Lui li tolse, l'altro gli disse di abbassare anche le mutande. Il ragazzo lo guardava confuso, ma il serbo urlava e agitava il fucile, cosí lui obbedí. Allora il soldato disse: "Mangia, vecchio. Ecco le uova". Il vecchio non si muoveva, teneva gli occhi spalancati e stava seduto. Arrivarono anche altre guardie e tutti ridevano. Pre-

sero il vecchio e gli misero un coltello alla gola. Gridavano: "Mordi! Mordi! Mordi! Mordi! Mangia le uova, nonno". Il vecchio tremava, il ragazzo lo tenevano
fermo con i coltelli. Il vecchio avvicinava la bocca tre-
mando. Non potevo piú guardare. Sentii soltanto l'ur-
lo. Il ragazzo sanguinava e piangeva e sbatteva i piedi
da tutte le parti. Il vecchio era morto sgozzato. Se ne
andarono col ragazzo. Dopo un'ora vennero quelli del
cambio e ordinarono a tre di noi di portare via il cadavere. Quella volta quei tre tornarono vivi, era una sorpresa: di solito portare via i cadaveri significava non
tornare piú. Raccontarono del mucchio di corpi in una
cava nella miniera di Tomašice. Dissero che tanti erano ancora vivi. La notte a Omarska durava poco. Io
cercavo sempre di non dormire per non far arrivare il
mattino».

Anche Sead, il ragazzo, era stato a Omarska con suo
fratello. Poi li avevano trasferiti a Trnopolje, dove c'era
la Croce Rossa. Schedati e mandati a Karlovac, al campo Unhcr. Di lí a Torino. Sead aveva cercato lavoro di
qua e di là trovando sempre incarichi precari, malpa-
gati e senza coperture. Corteggiava le donne di ogni
età, con la sua faccia impunita. Piú volentieri di tutto,
parlava di paura. Quando suo fratello, la moglie e le
bimbe si trasferirono in un alloggio indipendente, Sead
restò per un po' con loro. Poi un giorno di luglio, nel
'95, venne da me al lavoro e mi disse che andava a far
la guerra: «Esad la sua guerra la combatte qui, tenendo vivi sua moglie e le bambine. Io gli sono solo di peso e non ho scuse». Non ascoltò neppure uno degli argomenti prima saggi, poi sempre piú confusi e conci-
tati, con cui cercavo di dissuaderlo. Mi abbracciò, disse
che un giorno avrebbe saputo ringraziarmi come meri-
tavo e se ne partí, con addosso un giubbotto di renna
che aveva avuto in regalo e che era assolutamente fuori luogo in quella stagione calda.

Ha combattuto nella *Sedamnaesta Krajiška* (diciassettesima di frontiera), una brigata del VII Corpo d'ar-

mata bosniaco formata da soli reduci del lager di Omarska, una specie di leggenda di guerra. La *Sedamnaesta*
aveva ripreso Travnik ai croati quasi a mani nude,
all'alba del '93. All'interno della caserma dove la brigata stabilí il suo quartier generale, a Travnik, si trovava un cimitero con quasi seicento lapidi, ma ora quel
cimitero non basta piú: la diciassettesima fu dimezza-
ta a Treškavica, nella disgraziata offensiva partita da
Visoko all'inizio dell'estate '95 per spezzare l'assedio
di Sarajevo. Sead arrivò in tempo per la grande offensiva di agosto e settembre nella Krajina bosniaca. Il VII
e il V corpo dilagarono da Travnik verso nord, spez-
zando l'assedio di Bihać e riconquistando in sequenza
le città di Donji Vakuf, Jaice, Ključ, Bosanska Krupa
e Sanski Most. Sead aveva visto da una collina la sua
città, l'inaccessibile capoluogo della regione dove il fiume Sana incontra le acque della Una: Prijedor.

Lo andai a ripescare a Sanski Most pochi mesi dopo. Suo fratello Esad era preoccupato per lui, smobili-
tato dall'esercito dopo i combattimenti e ora sbandato
in quella marca di frontiera. Entrambi speravano di poter ritornare in qualche modo, con qualche fortuna, a
vivere nella cittadina liberata di Sanski Most che solo
una collina divide da Prijedor, da cui provenivano quasi tutti i soldati della diciassettesima. A fermare la furia del V e del VII corpo era stato un ordine da Sarajevo: Prijedor era stata messa sul piatto di Dayton come priorità irrinunciabile, se i governativi l'avessero
occupata avrebbero perso l'appoggio americano e sarebbero saltati gli accordi di pace. Non credo di poter
dimenticare la faccia del mio amico Reuf, anche lui di
Prijedor, la notte in cui tutto il mondo festeggiava la
pace firmata a Dayton, nell'Ohio: mi chiese di portarlo in una bettola qualunque e disse che aveva visto in
Tv la festa organizzata dai serbi della sua città, con i
razzi, i botti e tutto quel che ci vuole per una festa. «A
quella festa mancano quarantamila persone. E quindicimila non torneranno mai piú», disse.

Quando arrivai a cercare Sead, dunque, era in vigore la pace garantita dagli accordi mediati dagli Stati Uniti: molto di piú di uno dei mille cessate il fuoco di cui tutti avevano imparato a non fidarsi neanche per un istante.

Sanski Most per me è pioggia che non finisce mai, il parabrezza che non lascia vedere la strada massacrata e piena di buche che risale a curve per meno di quaranta chilometri dal bastione di Ključ («chiave»), poi un ponte crollato, la passerella Bayley lasciata lí, sulle acque in piena della Sana, dagli specialisti di Arkan in fuga, poche settimane fa.

È il ponte di Vrhpolje (un nome stretto e triangolare, come ciò che quel luogo nasconde): ai piedi del montante di cemento spappolato dalle granate, un lembo di prato delimitato da tre pali bianchi. Un fazzoletto di terra smossa, non ci metteresti neanche uno *chalet* prefabbricato di quelli che piacciono tanto ai bosniaci. Un cartello scritto a mano ti racconta che lí, fra quei tre pali, a ottobre hanno tirato fuori 547 persone di tutte le età, la maggior parte in pigiama, sepolte dal '92. Li hanno risepolti a Ključ, dopo averli censiti, con una cerimonia pubblica. Non puoi non avvicinarti: sulla superficie della fossa affiorano frammenti di ossa, impossibile dire se umane. Il canadese a guardia del gabbiotto sul ponte ti spiega che l'intero prato è minato e nessuno ha mai provato a scavare oltre il margine segnato dai tre pali bianchi.

E poi gli extraterrestri. I canadesi, appunto, e gli inglesi. Lanciati a centro strada, mai meno dei cento all'ora, sui loro carri armati alti come torri. Se li trovi dietro una curva puoi anche spiaccicarti sul muso di uno dei loro blindati pesanti senza che se ne accorgano. Puliranno il veicolo con le pompe d'acqua in caserma. Portano un po' di vita al mercato delle droghe, ecco. Qui tutti, serbi o bosniaci, li chiamano gli extraterrestri. Sono i signori delle strade, con i loro bei caschi azzurri. E poi due file di civili disperati che raspano in ogni discarica e resistono ai saccheggi sporadici degli sbandati di qualunque bandiera. Ai margini della striscia d'asfalto macellato, ti capita di incontrare pattuglie militari che tornano dalla «caccia» alle bande di irregolari serbi nei boschi qua intorno. Portano trofei. Anche i tranci di carne che portano sulle spalle i soldati, del resto, difficilmente vengono da un supermarket. I bollettini non parlano di pace o di normalità: «Ieri intercettata una pattuglia sconfinata, due cetnici uccisi, tre sfuggiti», nessun incidente diplomatico, nessuna recriminazione.

Oltre le acque della Sana è una distesa uniforme di rifiuti e rottami, popolata da donne, bambini, uomini, indifferenti al nevischio che non dà tregua, alla ricerca di qualcosa che possa essere utile in casa. Sono passati sei mesi dall'offensiva, ma le discariche e le macerie delle mille case sventrate restituiscono ancora qualche forno a legna recuperabile con poco lavoro, o un pianale di marmo o detriti combustibili per il riscaldamento. Il rischio è poi quello di essere depredati una volta che si sia recuperato qualcosa di utile: nessuno lo sa e nessuno vuole saperlo, nemmeno a Zenica (200 chilometri a sudest) dove un piano governativo organizza il «rientro» a Sanski Most dei profughi del nord bosniaco, ma qui la legge è quella della giungla.

E poi Sanski Most è un enigma che sciogli in fretta: dopo un distributore quasi intatto arrivi a un villaggio e ti dicono che ci sei, quella è Sanski Most, poi una fangaia lunga e larga un paio di chilometri, acqua e terra sporca – buona per i miti di sconfitta dell'epica serba. Dall'altra parte un altro villaggio e ti dicono di nuovo che quello è Sanski Most. La spiegazione viene fuori in fretta dal rancore e dalle facce di tutti, e poi te la potevi immaginare, si fa strada nella tristezza generale: la spianata era la *Čaršija*, il centro storico, quello con l'anagrafe e il catasto – «Qui c'era la moschea, qui c'era il mercato...» –, la città dei ricordi da vecchio di gente che ha meno della mia età.

Cerco Sead all'indirizzo che mi hanno dato, ma prima devo cercare la strada e il quartiere, in un posto dove nemmeno la città ha piú un nome. Lo chiedo a gente in divisa che fruga nei ricordi per tirar fuori il nome di una volta. Qui tutti hanno addosso un pezzo di divisa, una giacca, braghe mimetiche, un berretto, anche i bambini, anche le donne. Viene da Prijedor, la metà dei nuovi abitanti di «Sana» (la chiamano cosí, la città, con il nome del fiume). Di là dalla collina, Prijedor.

Loro sono i soldati della *Sedamnaesta*, la diciassettesima, gente del capoluogo. L'esercito li ha dimessi, hanno pagato qualche centinaio di marchi ai piú vecchi, quelli con quattro anni di guerra. Agli altri solo rabbia e pezzi di uniforme da vendere per campare. In giro c'è poco da saccheggiare ormai. Ti raccontano che i due capi, il generale Alagić del VII e Dudaković del V hanno litigato, per i saccheggi: a Dudo non andavano e li proibiva, l'altro li teorizzava. Adesso Alagić è sindaco qui a «Sana», la sua città natale. I soldati dicono che ha chiamato gli amici dalla Germania per fare affari. E in effetti la città è in mano a una piccola ma decisa «mafia» legata al generale Alagić, formata da affaristi emigrati e tornati dopo la guerra con la quantità di marchi sufficiente ad acquistare un posto al sicuro in Polizia o nell'apparato amministrativo. Sono loro che gestiscono gli aiuti umanitari («dieci chili di farina in un mese per sette persone» racconta la donna che mi offre il caffè, profuga di Prijedor, ammassata con i suoi familiari in una ventina di metri quadri al primo piano di una casa che sei mesi fa era di qualcun altro), sono loro che distribuiscono le licenze commerciali e dettano le regole della nuova piramide sociale che vede all'ultimo gradino i «profughi», «quelli di Prijedor».

«Profughi» è il nome appiccicato oggi sulle spalle dei liberatori di poche settimane fa, gli «eroi» della diciassettesima brigata. Sono profughi anche i parenti di Sead. Li ho trovati ammucchiati intorno a una stufa, su tappeti caldi di sporcizia, al di là di un acquitrino che in tempi migliori fungeva da orto. Sead lo vanno a chiamare, chissà dov'è, da qualche parte in paese.

«Profughi» è un nome pesante nella nuova Sanski

Most, vuol dire indesiderati, intrusi, rivali nella lotta per la vita. Tutto normale per il generale Alagić, tutto normale per la Croce Rossa che tiene aperto un ufficio due volte la settimana per quattro ore, tutto normale per i canadesi che corrono a centro strada sui loro cingolati da padroni. Ma qui a «Sana» è in corso una guerra clandestina, sotterranea, selvaggia, fatta di rapine, intimidazioni, sparizioni, omicidi, attentati; fatta soprattutto di miseria e disperazione. Me lo spiega da subito il bimbo di sette anni che mi ha aperto il cancello: «A scuola non mi fanno entrare, i bambini di "Sana" mi prendono a botte, dicono che non c'è posto per i profughi».

Sead arriva a sera tarda, quando mi hanno già riempito di caffè e di grappa. Mi porta nella casa in costruzione che ha occupato insieme a un altro «profugo» della diciassettesima che ha fatto arrivare la moglie da Tuzla. Vivono tutti e tre al primo piano, sopra una scala di legno. Al pian terreno non si può entrare. Sead è concitato, quando parla. Ma non sembra cambiato: la sua agitazione sembra la stessa di quando parlava di ragazze, e le battute macabre assomigliano a quelle che faceva sui giorni di Omarska, l'estate scorsa, a casa mia. «Vuoi fare un giro in città? C'è una cosa che non ti posso dire...». Muore dalla voglia di dirmela, ma io non sono sicuro di volerla sapere. «No grazie, niente giro per stasera. Sono stanco morto, vengo da Fojnica, piove...» A un certo punto uno spirito maligno mi suggerisce la frase sbagliata: «Chissà per chi la stavano costruendo questa casa...» La moglie del compagno di Sead incomincia a piangere, nessuno dice niente, ce ne stiamo tutti a guardare i tappeti e le piante rampicanti appese alla bell'e meglio sulle tende. Penso che quelle tende le avrà cucite lei, magari se le è portate dietro da Tuzla. Di fuori si sente la pioggia che ora viene giú a raffiche.

La mattina dopo sono tutti agitati. Sead dice che mi porta a vedere l'incendio, in centro (cioè nel centro nuovo che è alla periferia del centro vecchio che non c'è piú, in questa città che ha tradito Euclide). È la banca che brucia, la filiale della banca di Sarajevo. Ci sono i pompieri, la gente dice che è tutta la notte che lavorano. Sead e il suo amico ridacchiano, girano al largo dalla polizia, mi dicono che è meglio non fare domande e non farsi vedere troppo interessati. Parlano veloce con altri tizi mezzi in divisa. Ogni tanto qualcuno ride guardando di lato. Piú tardi mi raccontano dell'altro incendio, l'altro ieri. È saltato un intero isolato, proprio lí dietro. Dentro c'era un ristorante, cioè non proprio un ristorante: una *čevabdzinica*, uno di quei bussolotti con quattro sgabelli dove ti danno polpettine di carne fritta con cipolle o *burek* bisunto. Il fatto è che la *čevabdzinica* l'aveva aperta uno di loro, un «profugo». Secondo Sead e tutti i suoi amici l'hanno fatta saltare quelli di Alagić come avvertimento: qui la gente di Prijedor non fa affari, è il messaggio.

Tutta la Bosnia brucia in questi giorni di nuova pace: un magazzino di materiale edile salta in aria a Zavidovići e la stazione degli autobus di Zenica con cinque pullman va a fuoco in una notte, a Jaice gli «alleati» croati stanno bruciando tutte le case di proprietà dei musulmani, per impedire che tornino.

Proprio nelle ore in cui gli occhi di tutto il mondo sono puntati sugli incendi che marcano l'esodo dei serbi nazionalisti dalla periferia di Sarajevo, altre fiamme, che nessuno guarda, si alzano nelle zone d'ombra della tragedia bosniaca: non è cambiato niente da quando – non è molto – Nikola Koljević, presidente del parlamento serbo di Pale, sghignazzava in faccia ai giornalisti europei: «Mi stupisce che tutti voi abbiate impiegato cosí tanto tempo a capire. "Povera Sarajevo!" È tutto quello che riuscivate a pensare. Nessuno di voi ha mai fatto una vacanza a Trnopolje!».

Erano i mesi in cui i riflettori delle televisioni andavano a caccia di bambini feriti a Sarajevo, mentre a Trnopolje, 25 chilometri da qui, venivano trasferiti i superstiti di Omarska e Keraterm, destinati a un nuovo incubo collettivo, stavolta aperto anche alle famiglie.

C'è una guerra, un'altra guerra, senza piú bisogno della menzogna etnica: la stampa locale parla di criminali comuni o di dipendenti licenziati in vena di vendetta, ma a «Sana» non c'è spazio per gli eufemismi.

È Prijedor la chiave per capire quello che sta succedendo: il capoluogo inaccessible, presenza immanente, nostalgia e minaccia. Si sente la radio di quelli dietro la collina che ripete una litania di minacce stanche. Di là sentiranno la radio di Sanski Most, con la stessa musica a canone inverso. A Sana ci sono adesso centinaia di soldati smobilitati senza aver ricevuto mesi e mesi di paga che girano per le strade, si nascondono nei buchi delle case, nelle crepe dei muri, sotto le massicciate dei ponti sull'argine, insieme alle famiglie ridotte in situazioni di povertà al limite del degrado. «Qui – dice l'amico di Sead – c'è la mafia, loro non vogliono che noi ci fermiamo da queste parti». «Noi», «loro»: nessun connotato etnico, stavolta. Chiedo se la banca è saltata per le stesse ragioni, il soldato ridacchia e mi avverte di non fare troppe domande. Il desiderio di violenza è alle stelle. In questi giorni ho paura, ho paura come poche altre volte. Se sei straniero in questa guerra stralunata sei quasi al sicuro, sai da dove arriva il pericolo. Qui no, in pace no. Sead dice: «Ti ammazzano per un orologio, per un giaccone». A lui hanno sparato fra le gambe perché stava ridendo. Rideva per i fatti suoi, con gli amici sbandati della diciassettesima. Quello spara e poi dice: «Che hai da ridere?» Come in un film di Sergio Leone, solo che qui i protagonisti hanno no la faccia da ragazzini.

La banca no, non era di proprietà di un «profugo», anzi era una delle centrali di attività commerciale e finanziaria in mano ai signori di Sanski Most. Il rogo, forse, è la vendetta dei «profughi».

La giornata è lunga, Sead vuole sapere se è possibile, magari per me che sono straniero, andare di là, a Prijedor, a chiedere dei suoi genitori. La Croce Rossa è chiusa. Il cartello dice dalle 9 alle 11 il lunedí e il giovedí. È martedí, al Comune è meglio lasciar perdere.

Sead mi propone di andare a Lušci Palanka, trenta chilometri a ovest, lungo le montagne. È lí che i politici locali hanno previsto l'insediamento della gente fuggita all'incubo di Prijedor.

Palanka è una strada dritta piena di vetri rotti, case devastate, silenzio. In un prefabbricato hanno insediato il Comune in esilio di Prijedor. Intorno ci sono soltanto macerie e prati seminati a mine. «Siamo alle porte della nostra città – dice Sead Čirkin, sindaco di Prijedor in esilio – ma non c'è futuro per noi qui: tornare a casa in un modo o nell'altro si dovrà». Mi fa vedere un giornale della parte serba che minaccia: «Se torneranno pochi musulmani a Prijedor spariranno nel nulla, se ne torneranno molti sarà di nuovo guerra». «Che dobbiamo fare? – dice Čirkin – sarà durissima, ma non certo come il '92 e il '93: qui ci tocca pensare l'impensabile». E l'impensabile, da queste parti, è il rispetto dei piani di Dayton, annesso 7, diritto al rientro per i profughi: «Aspettiamo e si vedrà. Qui siamo in tanti, altri ne arriveranno. Sarebbe bello, un giorno, muoverci in tanti, 5-10.000 persone, andare a Prijedor a piedi, sotto gli occhi di tutti, a casa nostra». A Palanka sono in seicento. Utopia assoluta. Mi viene da pensare che forse è l'unica forma di realismo praticabile da queste parti. Ma dove andate, se le vostre case non esistono piú? «Vuol dire che ritorneremo in una mattina d'estate», risponde Čirkin.

Il generale-sindaco Alagić è meno poetico, il mio Sead mi fa vedere un giornale col suo proclama che nasconde dietro un tono diplomatico l'impazienza di risolvere il problema dei «profughi» di Prijedor: «La nostra città deve molto a questa gente e noi li aiuteremo a rientrare nelle loro case. Torneranno, per amore o per forza, pacificamente o militarmente».

È sera, siamo di nuovo al primo piano nella casa occupata a Sanski Most. C'è di nuovo del *burek* nei piatti. Sead ride come una iena, è nervoso, continua a parlare di quella cosa che non mi può dire. Ha i documenti in ordine, il permesso di soggiorno italiano ancora in

vigore. Sperava di trovare un posto da queste parti, ma
ha capito che qui può soltanto finir male: «Portami in
Italia – mi dice – Ho bisogno di uno psichiatra, quando vedo una persona morire mi viene da ridere, i cadaveri mi fanno ridere». Andiamo a casa, Sead, penso. Poi, come in un sogno, Sead mi rivela il suo segreto: al pian terreno, in una stanza che dà sulla strada c'è
il corpo di una donna anziana tagliato a metà e bruciato. Nessuno può seppellirla – «Se lo fai ti ammazzano»
– e, del resto, non ce n'è piú bisogno. Se ne sta lí, anche lei, con il suo residuo di capelli grigi e le vene az-
zurre irrigidite per sempre sulla faccia; è diventata un
avvertimento. Qualcuno ci tiene accanto una riserva di
patate e cipolle, forse perché pensa che lí nessuno le ru-
berà.

Prijedor 1992.

La famiglia di Esad, al tempo della permanenza nel campo profughi Unhcr di Karlovac, è stata oggetto di un rapporto dell'ambasciata americana a Zagabria in quanto considerata esemplare di ciò «che può accadere a un nucleo familiare nel conflitto bosniaco». La testimonianza di Esad, raccolta dai *Médecins du monde*, è stata acquisita agli atti del Tribunale internazionale sui crimini di guerra dell'Aia. Sead ha sposato una connazionale con cui vive in Italia, dove lavora come operaio turnista in fabbrica. La figlia maggiore di Esad soffre di gravi disturbi psicosomatici dovuti probabilmente ai traumi subiti nel campo di Trnopolje. Uno dei due fratelli di Esad e Sead arruolati a forza nelle truppe serbe di Bosnia è riuscito a disertare e fuggire a Sanski Most nell'inverno '96-'97. Denunciato in maniera anonima dai vicini di casa, è stato picchiato e torturato da agenti della polizia bosniaca. Vive tutt'ora a Sanski Most.

La crisi in Bosnia. Alla fine di agosto del 1991 l'ultimo premier federale jugoslavo, Ante Marković, rende noto il cosiddetto «piano RAM», in cui è organizzata nei dettagli la guerra serba in Bosnia-Erzegovina. Il piano prevede l'organizzazione da parte di Belgrado di una struttura militare parallela serba, armata, addestrata e rifornita dall'esercito federale (Jna). A questa si affianca l'organizzazione nella clandestinità di istituzioni politiche civili etnicamente connotate. Alcuni particolari del piano risultano agghiaccianti e, all'epoca (la guerra in Bosnia è di là da venire), poco credibili: vi si legge della necessità di colpire i soggetti civili piú deboli per piegare la volontà di difesa e il senso di identità collettiva delle popolazioni non serbe, in particolare vi si accenna all'opportunità tattica della violenza programmata ai danni delle donne musulmane. Un'analisi di carattere antropologico sull'importanza della relazione di vicinato (*komšiluk*) nel tessuto civile multietnico bosniaco, suggerisce di costringere forze locali all'«epurazione» dei civili.

Nel gennaio '92 a capo della Jna di Sarajevo viene spostato l'allora colonnello Ratko Mladić, distintosi nella campagna della Krajina di Knin. Lo stesso Ante Marković fa pubblicare (sul settimanale indipendente serbo «Vreme») il testo di una telefonata fra Slobodan Milošević e Radovan Karadzić in cui si garantisce il rifornimento di armi dalla Jna al «partito democratico serbo» (Sds). Già nel settembre dell'anno precedente il Sds di Karadzić ha proclamato la «Regione autonoma serba» sul 40 per cento del territorio della Bosnia-Erzegovina. È iniziata l'operazione di armamento dei serbi di Bosnia, mentre si aggravano i contrasti fra il ministero federale della Difesa e l'esercito che agisce ormai di propria iniziativa. L'offensiva contro la Croazia è ormai lanciata con tutte le forze disponibili. Agli inizi di ottobre si realizzerà un ammassamento senza precedenti di armi, uomini ed equipaggiamenti intorno alle principali città bosniache.

Negli stessi giorni Karadzić è ammesso nella Presidenza collegiale bosniaca, in rappresentanza del Sds. Il 15 ottobre il Parlamento bosniaco vota una risoluzione sulla sovranità. Vi si legge: «La Bosnia-Erzegovina è uno Stato democratico e sovrano di cittadini con pari diritti: musulmani, serbi, croati e appartenenti ad altri popoli e nazionalità che in essa vivono». Al voto non partecipano i rappresentanti del partito di Karadzić che minaccia: «Se ci saranno scontri, i musulmani spariranno». Il presidente Izetbegović replica che non ci sarà guerra, perché «bisogna essere in due a farla e il popolo musulmano non aggredirà nessuno».

Ai primi di novembre, si svolge in Bosnia-Erzegovina un referendum semiclandestino organizzato dal Sds. Il 10 novembre Karadzić rende noti, senza fornire documentazioni, i risultati: avrebbero votato 931.000 serbi di Bosnia, dei quali il 95 per cento avrebbe optato per l'annessione della Bosnia a Serbia, Montenegro e alle regioni occupate dai serbi in Croazia.

Il 9 gennaio del '92 la Regione autonoma serba cambia statuto: il Sds proclama il suo Stato, la «Repubblica serba di Bosnia», e ne pubblica le mappe. Esse prevedono il controllo anche delle zone dove la popolazione serba è in minoranza, «a causa del genocidio subito nella seconda guerra mondiale»; in tutto il 66 per cento del territorio bosniaco, con capitale Sarajevo.

Il 29 febbraio del '92 si aprono le urne per il referendum imposto dalla Commissione Badinter della Cee alla Bosnia-Erzegovina per l'indipendenza. I serbi nazionalisti che fanno riferimento alla Sds disertano le urne. Il referendum sancirà la volontà bosniaca di indipendenza. Non è esatta la valutazione di Karadzić, secondo cui il 30 per cento circa di astensioni corrisponderebbe esattamente alla popolazione di etnia serba in Bosnia. Eppure su questo argomento propagandistico si appoggerà gran parte delle interpretazioni internazionali successive.

Nei mesi di marzo e aprile si verificano i primi atti di violenza sulle popolazioni, in particolare nei distretti di Bijeljina e Zvornik, Bosnia orientale, da parte di formazioni paramilitari serbe (sono di nuovo in azione le «tigri» di Arkan) e veri e propri atti di guerra, come il bombardamento aereo di Kupres il 5 aprile. Tuttavia la data ufficiale di inizio della guerra in Bosnia è fissata al 6 aprile, quando la Comunità Europea e le Nazioni Unite riconoscono ufficialmente l'indipendenza bosniaca e, a Sarajevo, cecchini del Sds sparano su una manifestazione pacifista uccidendo la studentessa Suada Dilberović, di 19 anni.

Il Comitato di crisi. Con i suoi dintorni, Prijedor fu teatro di alcuni degli episodi piú cruenti della seconda guerra mondiale. Fu strappata ai nazisti (fra cui il tenente Kurt Waldheim) e ai loro alleati croati dopo lo sterminio di gran parte della popolazione civile di etnia serba. Nella piazza del municipio campeggiavano fino al 1992 le statue dei due comandanti partigiani che la liberarono: Mladen Stejanović, serbo, e Esad Midzić, bosniaco di religione musulmana.

Nell'estate del '91 la regione di Prijedor costituisce la principale base logistica dell'armata federale impegnata in Croazia. Contemporaneamente si preparano in clandestinità le strutture del futuro governo serbo nella regione. A Prijedor, i membri dell'Sds di Radovan Karadzić danno vita al Municipio serbo di Prijedor, organizzazione politica parallela alle istituzioni locali regolarmente elette. Il «sindaco» nominato dall'amministrazione centrale serba di Banja Luka per Prijedor è Milomir Stakić, dottore in medicina, in sostituzione del sindaco regolarmente eletto, Muhamed Čehajić, musulmano. La città conta 103.000 abitanti, dei quali circa 50.000 musulmani e 6000 croati, ed è capoluogo di un distretto industriale e minerario di importanza capitale nell'economia jugoslava, ciò che ne fa uno dei capisaldi del progetto di conquista serbo, a dispetto della composizione etnica non favorevole.

La Commissione di indagine sui crimini di guerra delle Nazioni Unite presieduta da Tadeusz Mazowiecki, nel suo rapporto del 1994, ha dichiarato che la distruzione sistematica della comunità bosniaca nell'area di Prijedor merita il nome di «genocidio». Dei 56.000 non serbi sono rimasti oggi nel territorio del Comune circa 600 musulmani e 1405 croati.

In vista della presa del potere, il Municipio serbo di Prijedor organizza una struttura operativa che realizzerà la «pulizia etnica», per poi trasformarsi nel comitato d'affari che gestirà, nel dopoguerra, il dominio mafioso sull'economia locale e la spartizione degli aiuti umanitari. Si tratta del Comitato di crisi, presieduto da Simo Drljača, capo della polizia locale e agente dei servizi segreti federali. La struttura del Comitato è organizzata secondo una gerarchia di funzioni che sveleranno la loro finalità nella primavera del '92 al momento della presa di potere, ma che si riveleranno efficaci anche nel «governo» della regione in tempo di pace. Molti dei personaggi coinvolti costituiscono tutt'ora infatti l'asse del potere locale a Prijedor e fungono da referenti per le organizzazioni internazionali.

Lo scopo del Comitato è «armare i serbi, bloccare le comunicazioni dei non serbi, distruggere le relazioni multietniche (con il controllo dell'informazione trasformata in propaganda), provvedere al supporto logistico e alla produzione per l'esercito attraverso l'appropriazione dell'industria e delle unità di produzione e gestire un furto organizzato e meticoloso delle risorse dei non serbi attraverso il controllo delle banche, l'esproprio e le rapine» («Helsinki Human Rights Watch», gennaio 1997, vol. 9, n. 1).

Sul quotidiano serbo-bosniaco «Kozarski Vijesnik» del 9 aprile 1993 si legge: «L'uomo che il Partito democratico serbo (Sds) incaricò di formare la polizia serba, dopo sei mesi di attività clandestina aveva adempiuto al suo compito cosí bene che in tredici stazioni di polizia 1775 uomini ben armati erano pronti a superare qualsiasi difficoltà si fosse presentata. Tra il 29 e il 30 aprile 1992 egli diresse la presa del potere che fu portata a termine con successo in soli trenta minuti senza sparare un colpo. In questi giorni è stato nominato viceministro degli Interni della Republika Srpska». Quell'uomo è Simo Drljača. Sotto la sua regia, ai primi di aprile del '92 entrano in azione le strutture clandestine predisposte dal Comitato. Tutti gli ufficiali di polizia serbi lasciano simultaneamente le forze regolari per formarne di proprie. Il 30 aprile parte l'operazione che, attraverso «premeditate carneficine, campi di concentramento, stupri di massa e l'appropriazione di affari, di uffici governativi e di tutte le proprietà comunali», assicurerà ai membri del Comitato di crisi «il totale controllo sui punti chiave dell'economia, delle infrastrutture e dei settori umanitari della comunità» («Helsinki Human Rights Watch»).

La campagna di «pulizia etnica» del Prijedor culmina nell'apertura di almeno quattro campi di concentramento: Omarska e Keraterm dove avvenivano quotidianamente uccisioni e torture, Trnopolje, utilizzato come transito in vista delle deportazioni e luogo di ammassamento per donne e bambini (uccisioni e stupri avvennero anche qui), e Manjača definito «campo per prigionieri di guerra», benché per la maggior parte i detenuti fossero civili.

L'operazione architettata sotto le spoglie di una guerra di religione nasconde intenzioni di semplice rapina. L'obiettivo principale è il controllo finanziario ed economico della regione. Prime vittime sono infatti, assieme ai poliziotti non serbi, i membri dell'*élite* industriale e commerciale locale, le cui proprietà sono immediatamente sequestrate. Una delle prime mosse del Comitato di crisi fu tra l'altro il congelamento dei conti correnti bancari e postali. Il 30 aprile stesso, attraverso i mezzi di comunicazione sotto controllo, viene diffuso l'ultimatum ai non serbi perché «consegnino le armi». All'ultimatum seguono una serie di disposizioni fra cui l'obbligo per i non serbi di esporre un drappo bianco alle finestre e di portare un bracciale che permetta il loro riconoscimento (successivamente si aggiungerà il divieto di chiudere la porta delle abitazioni).

Nelle ore successive partono i rastrellamenti e le deportazioni. Agli ordini del Comitato di crisi agiscono reparti paramilitari serbi e serbo-bosniaci e unità della Jna (un vero esercito serbo-bosniaco sarà costituito solo qualche settimana piú tardi). La polizia realizza attacchi armati contro la popolazione civile, incominciano interrogatori brutali e torture. Uomini d'affari, professionisti, dirigenti vengono liquidati, alcuni direttamente sorpresi sui posti di lavoro, altri a casa, altri ancora dopo la deportazione a Omarska e Keraterm. I loro incarichi e le loro proprietà passano a costituire la base del potere del Comitato di crisi.

In una dichiarazione sul quotidiano «Kozarski Vijesnik» Bogdan Delić, luogotenente di Drljača, ammette: «I beni dei dissidenti di altre nazionalità ammontavano a parecchi miliardi di marchi tedeschi... Con varie macchinazioni e grazie ai "capricci" di membri della polizia, dell'esercito, dell'autorità civile e del partito al governo, la maggior parte di questi beni "conservati" sparí... Posso dire con certezza che la gran parte di queste risorse è stata rubata o trasferita in Serbia da agenti privati». L'elenco continua con la descrizione dettagliata delle attività espropriate e la lista degli scomparsi.

A molti viene promessa la salvezza in cambio della firma di un documento con cui si rinuncia a tutte le proprietà e a tutti i diritti. Per ottenere questi «visti d'uscita» è necessario pagare tangenti (chiamate «tasse») alle poste, alla compagnia telefonica, a quella elettrica e, soprattutto, alla Croce Rossa, il cui presidente, Srdjo Srdić, è esponente di spicco della «cupola» di Drljača. Naturalmente per andarsene bisogna disporre anche di un visto d'ingresso in Croazia, alla scadenza del quale si è nuovamente espulsi. Il potere di Simo Drljača si rafforza nel corso della campagna di esproprio, durante la quale a tratti i suoi reparti speciali si scontrano con unità dell'esercito. Alla fine, il Comitato di crisi si è assicurato il controllo di gran parte delle attività produttive della città: direttamente nelle mani di Drljaca sono in particolare la cartiera «Celpak», la società «Car sales and repair shop», il ristorante «Aeroclub» e un negozio di profumeria.

Con la fine del mese di maggio la campagna militare si fa ancora piú brutale. Interi villaggi sono rasi al suolo. Il 28 maggio, dopo sedici giorni di assedio, la cittadina di Kozarac viene occupata. 25.000 abitanti di religione musulmana e cattolica vengono espulsi, i maschi superiori ai 15 anni sono internati nei campi di concentramento dei dintorni. Il 2 giugno cade in mano serba anche Sanski Most. Pullman carichi di donne e bambini avviati in direzione dei territori controllati dal governo bosniaco scompaiono sulla montagna di Vlašić in territorio serbo. Il 30 giugno la Croce Rossa bosniaca fornisce alla Croce Rossa internazionale un rapporto sull'esistenza di campi di sterminio nelle zone controllate dai serbi.

Nel mese di luglio inizia la seconda fase della conquista serba, con il consolidamento delle posizioni raggiunte. Per contro, le difese territoriali locali bosniache si connettono con organizzazioni paramilitari come i Berretti Verdi e la Lega Patriottica, e formano un vero e proprio esercito: nasce l'*Armija Bosna-Hercegovina*. Izetbegović fornisce alla Cee le cifre della strage: 60.000 morti, piú di un milione di profughi, 23 campi di concentramento per civili individuati. L'Alto Commissariato delle Nazioni Unite per i Rifugiati (Unhcr) segnala la fuga di due milioni e mezzo di profughi dalla ex Jugoslavia, dei quali 680.000 dalla Bosnia: una media di 10.000 al giorno.

È agli inizi del mese che una prima ispezione della Croce Rossa internazionale testimonia dell'esistenza di nove lager in cui sono detenuti civili in condizioni disumane: «Sei sono gestiti da milizie croate, due da milizie serbe, uno da irregolari musulmani». La delegazione non è stata fatta entrare in due campi serbi che, nelle parole di un membro della Croce Rossa, sono definiti «campi della morte, creati per torture e fucilazioni quotidiane». La svizzera Cristina Fedeli, portavoce della Croce Rossa, dice: «Tutti i governi sono consapevoli di ciò che avviene nell'ex Jugoslavia. Parlo di governi che hanno firmato la Convenzione di Ginevra, che dunque sono impegnati non solo a rispettarla, ma anche a farla rispettare».

Secondo la Croce Rossa sono 9646 i civili detenuti nei campi serbi. Karadzić definisce i prigionieri «detenuti politici malnutriti che sono stati giudicati in processi regolari». Sono ispezionati anche i luoghi di detenzione bosniaci dove vengono certificati 902 prigionieri. Nonostante le «condizioni preoccupanti», la situazione di questi ultimi è ritenuta conforme ai principi stabiliti nelle convenzioni internazionali e non vengono trovati donne o bambini.

Il caso dei campi di concentramento viene congelato. Esploderà, nel mese successivo, sulla stampa inglese e americana. La svolta è il primo di agosto: una pattuglia di Caschi blu raccoglie per strada un uomo di nome Hasan, di Kozarac: è un fuggiasco del campo di Omarska, in cammino da due giorni. Racconta di una miniera di ferro dove i prigionieri sono tenuti nelle gabbie per portare in superficie i carichi.

Il 5 agosto Ed Vulliamy, inviato del «Guardian», riesce
a compiere una visita guidata a Omarska. L'invito viene da
Karadžić, in risposta alle ipotesi lanciate dal «Guardian» e
da «Independent Television News» dopo la pubblicazione
del documento bosniaco su 23 lager in territorio serbo. Benché gli venga vietato l'accesso ad alcune costruzioni del campo, Vulliamy testimonia dell'atrocità della situazione, confermando il racconto dell'uomo raccolto dai Caschi blu quattro giorni prima. Il caso scoppia in tutto il mondo. Il futuro
premio Pulitzer Roy Gutman denuncerà nei giorni successivi il tentativo da parte di numerosi governi occidentali di
nascondere la verità. Gutman segnala anche l'atteggiamento «incomprensibile» della Gran Bretagna che fa sistematicamente da freno alle richieste del Consiglio di Sicurezza
Onu di raccogliere prove e testimonianze di profughi bosniaci, ostacolando in particolare ogni ricerca di fondi e di
personale per la commissione speciale incaricata di questi
compiti. Le accuse di Gutman saranno confermate da Mazowiecki.

Omarska. «Centro investigativo», questo è il nome ufficiale dato dalla polizia serba di Prijedor al campo di Omarska. Un luogo di raccolta per uomini «sospettati di far parte dell'esercito clandestino musulmano». «Vengono presi e
passati al vaglio per stabilire se siano combattenti o civili»,
dice Nada Balaban, portavoce di Simo Drljača. I rapporti
successivi di *Médecins du monde* raccoglieranno centinaia di
testimonianze di internati: i corpi gettati nell'acido e le decine di prigionieri costrette ad assistere, qualcuno precipi-
tato vivo nei «calderoni», altri sepolti vivi nelle miniere di
ferro a Tomašiće o trasportati nella gigantesca fossa comune a Ljubja.

A Vulliamy vengono mostrati 80 prigionieri, spaventosa-
mente magri ma privi di segni di violenza sul corpo. Tutti
vistosamente terrorizzati, si rifiutano di dire qualunque cosa all'infuori di una solfa che sembrano aver imparato a memoria. «Non voglio raccontare bugie, ma nemmeno la verità», è la frase che Vulliamy riesce a raccogliere in refetto-
rio da un ragazzo magro come uno scheletro. Vulliamy assiste
al pasto, una cerimonia umiliante, a gruppi di trenta per volta, della durata di cinque minuti, mentre Nada Balaban continua la sua illustrazione: «Quelli che risultano aver preparato la ribellione entrano nella categoria A. Sono 126, aspet-

tano il processo. I combattenti entrano nella categoria B e sono trasferiti a Manjača. Per loro – 1290 – c'è la corte marziale. Altri 1400 sono stati inviati al campo civile di Trnopolje». Omarska e Trnopolje dipendono dalle autorità civili, non dall'esercito. Nada Balaban ammette: «Nessuno è fiero. Qui c'è vergogna». A Vulliamy viene impedito di accedere alle baracche dei dormitori. All'esterno del campo si sentono raffiche di colpi d'arma da fuoco. Ma nella zona non si combatte. Vulliamy scrive: «Nelle baracche di alluminio si nasconde qualche segreto che vale la pena di difendere anche andando contro le promesse di Karadzić. La Croce Rossa internazionale e le Nazioni Unite non sono state ammesse qui, spiega il portavoce, "perché questo non è un campo di concentramento ma un centro"».

Omarska è stata visitata dalla Croce Rossa serba. Il dottor Duško Ivić, in servizio al campo di Trnopolje, ha dichiarato: «Sono stato a Omarska e il mio giudizio di medico sulla salute della gente è molto buono, a parte alcuni casi di diarrea». I medici musulmani internati a Trnopolje dicono che chi arriva da Omarska e dall'altro «centro investigativo» di Keraterm è in condizioni terribili: a Vulliamy viene consegnato in segreto un rullino fotografico.

Tecnicamente responsabile di Omarska e Trnopolje è Milan Kovačević, presidente del consiglio esecutivo di Prijedor, medico, futuro direttore dell'ospedale. Kovačević è nato nel campo di concentramento di Jasenovac. Dice: «Qui non c'è alcun genocidio, ma ricordatevi che siamo in guerra. Noi sappiamo che cosa sia un campo di concentramento meglio degli inglesi». Drljača in persona racconta a Vulliamy che i detenuti di Omarska sono denutriti perché, «da buoni musulmani, stanno osservando il digiuno del Ramadan». «A Omarska ci tenevano in una specie di gabbie usate per portare in superficie il carico, circa 50 metri quadri in cui stipavano quasi 300 persone. Si viveva a cielo aperto, non c'erano naturalmente gabinetti e la sporcizia ci soffocava. C'erano cinque gabbie, il grande magazzino e poi una serie di costruzioni in alluminio. Eravamo circa 8000 persone. Una gabbia conteneva i colpevoli di reati considerati piú gravi e loro ricevevano un filone di pane ogni tre giorni. Era gente che aveva fatto politica o ex membri della difesa territoriale. Ma spesso erano innocenti, accusati da qualcuno che, negli interrogatori, sperava con una falsa delazione di salvarsi la vita». È una delle testimonianze raccolte in seguito dal «Guardian».

La figura piú nota, nella vicenda di Omarska, è quella di Duško Tadić, 38 anni, barista. Incaricato della «pulizia etnica» a Kozarac: 22 capi di imputazione al Tribunale dell'Aia: in primo luogo genocidio. Catturato a Karlsruhe nel febbraio del '94 mentre cercava di entrare in Germania con documenti falsi, presentandosi come un musulmano perseguitato. Aveva fama di *playboy* fuori del suo paese. Il processo contro di lui si è concluso nel '97 con una condanna a oltre vent'anni.

Prima della guerra Tadić aveva un caffè a Prijedor e tutti i musulmani lo conoscevano. Esperto in arti marziali, appassionato di film *horror*, conosce le regole del terrore e durante i rastrellamenti ogni tanto, a caso, fucila un civile. Di quando in quando, secondo testimonianze incrociate, passa a Trnopolje, per procurarsi donne da violentare. Per quattro mesi semina morte a Omarska: si presenta mascherato, armato di pistola e di roncola, circondato da un gruppetto di compari con motoseghe, asce, cavi elettrici, taniche di benzina. Ostenta uno «stile» costante, nelle sue violenze, che incomincia con una scarica di botte, continua con il taglio dei muscoli delle giunture e con la rottura della spina dorsale e finisce con un colpo fra gli occhi. Ama piazzare una decina di detenute nude davanti ai maschi e tagliare il pene a chi mostra un'erezione. Si diverte a far bere olio lubrificante e far strappare a morsi i testicoli dei prigionieri.

Tadić forse non è il peggiore, a Omarska: Željko Mejakić, suo superiore, responsabile della «sicurezza» a Omarska, accusato di genocidio e di avere «apertamente e regolarmente ucciso, torturato, picchiato e tenuto i prigionieri in costante stato di umiliazione e degradazione fino a causarne la morte», ha 22 capi di imputazione; Mladen Radić, vice comandante di Omarska, specialista in violenza sessuale, ne ha 15. Si trovano a piede libero: Mejakić diviene, negli anni successivi, ufficiale di polizia nella Prijedor «pacificata».

Incriminati per i fatti di Omarska sono anche:

Miroslav Kvocka e Dragoljub Prčac, vicecomandanti del campo, stessi capi d'imputazione di Mejakić e in piú l'arresto arbitrario di civili. Erano funzionari del ministero dell'Interno;

Milojica Koš e Momčilo Gruban, capi zona insieme a Radić, ciascuno preposto a un gruppo di prigionieri;

Zdravko Govedarica, Predrag Kostić, Nedjeljko Paspalj, Milan Pavlić, Milutin Popović, Draženko Predojević, Željko

Savić, guardiani del campo, accusati di aver violato quasi per intero la convenzione di Ginevra: violenze, torture, uccisioni documentate per almeno dodici prigionieri;

Mirko Babić, Nikica Janić, Dusan Knežević, Dragomir Saponja, Zoran Zigić. Frequentatori abituali del campo. Knežević predilige la violenza carnale su maschi, ama infilare un estintore a schiuma in bocca ai prigionieri e scaricarlo interamente. Si muore dopo un'agonia che può durare un giorno.

Testimonianze vengono raccolte anche sulla fabbrica di mattoni di Keraterm, situata entro l'abitato del capoluogo, dove gli uomini vivono legati nei forni, ammucchiati gli uni sugli altri, facendosi i loro bisogni addosso. «Ho visto tagliare naso e orecchie ad alcuni giovani, poi finiti a fucilate» dice un prigioniero a Roy Gutman. Trnopolje era invece un campo di transito «dove la gente andava e veniva», ma «ho visto morire almeno venti persone di stenti, diarrea e tifo. Ho visto ragazze portate via per essere violentate. Spesso di notte venivano a prendere dei giovani, poi sentivo il crepitio dei mitra. La mattina dopo quei ragazzi non erano piú nel campo. Ho visto anche una donna con un bambino in braccio, uccisi entrambi senza motivo». Sono parole raccolte ancora dagli inviati del «Guardian».

Ma vi furono anche campi croati e bosniaci. Di quelli eretti dai croati si è già parlato. Quanto alla parte governativa, benché i crimini di guerra da essa compiuti non siano quantitativamente comparabili con quelli serbi e croati, anche a suo carico si segnalano episodi di eccezionale gravità. Il piú grave riguarda un campo di detenzione nella città di Tarčin, 50 chilometri a sud di Sarajevo. Secondo testimonianze di serbi e croati, vi sarebbero stati rinchiusi numerosi civili e proprio in occasione della chiusura del campo nel novembre del '93 sarebbero stati trucidati centodieci civili serbi e un numero imprecisato di croati. È indicato come responsabile dell'eccidio Safet Čibo, inviato da Izetbegović nella zona in veste di commissario politico. Il campo si è sottratto alle ispezioni internazionali perché all'epoca dei fatti la città di Tarčin si trovava sotto assedio da parte croata.

Nello stesso periodo in cui Vulliamy visita Omarska emergono anche le prime testimonianze sugli stupri programmati. La prima a parlare è Maria Jommetti, monaca a Novo Topoievo, che racconta lo stupro da parte dei serbi di tutta la piccola congregazione di cui fa parte. Entra in campo Tadeusz Mazowiecki: diciannove dossier, uno piú allarmante dell'altro. Dichiara che la pulizia etnica non è una conseguenza, ma lo scopo stesso della guerra. Anche gli stupri sono un'arma da guerra: «La violenza in pubblico di una donna ha per scopo di disorientare e umiliare un'intera comunità». Mazowiecki dichiara anche che se la Nato e l'Onu continuano a minacciare un intervento che non arriva mai, «ciò non farà che rafforzare la convinzione dell'impunità da parte dei carnefici». L'ex premier polacco lancia allarmi su allarmi, inascoltato. L'Onu si rifiuta persino di mantenere tre osservatori permanenti sul rispetto dei diritti dell'uomo in Bosnia.

Ma non c'è solo Mazowiecki: Cherif Bassiouni, americano di origine egiziana, giurista, forma undici squadre composte da un magistrato inquirente, uno psichiatra e un interprete e le manda in tutta la ex Jugoslavia: intervista 223 prigionieri, indaga 1673 casi di stupro, raccoglie 800 testimonianze scritte di vittime. Ne vien fuori una documentazione di tremila pagine che racconta «una violenza e una ferocia che la mente dell'uomo di oggi rifiuta, non crede vera». Parla di 250.000 morti, 50.000 torturati, 20.000 donne stuprate, 150 fosse comuni, 715 campi di concentramento, 45 gruppi serbi responsabili, 18 croati, 12 musulmani.

Soltanto dopo la pubblicazione dei *reportages* di Vulliamy e Gutman, Francia e Stati Uniti chiedono l'ispezione internazionale ai campi di prigionia. L'Italia non si unisce nemmeno a questa richiesta: «tramite la nostra rappresentanza a Ginevra – dice il segretario del ministero degli Esteri Bottai – abbiamo chiesto alla Croce Rossa e all'Alto Commissariato per i rifugiati di darci elementi su questi campi-profughi (*sic*), in relazione alla voce che in alcuni di essi le condizioni di vita siano deprecabili». Guido Rampoldi sulla «Repubblica» commenta: «Dunque per la Farnesina è ancora dubbio se in quei "campi profughi", piú esattamente campi di internamento, le condizioni di vita siano deprecabili. Si attendono delucidazioni dalla Croce Rossa. Che Ginevra spieghi che cosa accade a 300 km dalle coste italiane. Roma ignora...».

Boutros Ghali, come suo solito, minaccia il ritiro dei Caschi blu da Sarajevo se saranno prese iniziative contro i serbi. Il Consiglio di Sicurezza, con la risoluzione 769, condanna le violenze «sul piano etnico» contro i civili. Karadzić dichiara che permetterà visite della Croce Rossa a Omarska e altri dodici campi di internamento. Haris Silajdzić, ministro bosniaco degli esteri, denuncia l'«oggettivo aiuto» fornito da Inghilterra e Francia all'aggressione da parte serba.

Alla conferenza di pace per la Bosnia, a Londra, il 25 agosto, Karadzić promette di chiudere i lager, della cui esistenza dichiara di non essere stato informato, e di consegnare ai Caschi blu le artiglierie pesanti (entrambi gli impegni saranno disattesi, ma Karadzić guadagna tempo prezioso mentre le sue armate sono all'offensiva). Quattro mesi piú tardi, la Commissione Mazowiecki segnalerà oltre 70.000 civili ancora prigionieri in 135 campi.

Il signore della pace e i suoi amici. Simo Drljača è senz'altro il personaggio piú importante nella storia di Prijedor degli ultimi cinque anni. La Commissione Mazowiecki lo indica come il maggior responsabile dell'organizzazione e gestione dei campi di concentramento del Prijedor. In un'intervista al «Kozarski Vijesnik» Drljača ammette di essere stato l'organizzatore dei «colloqui investigativi» tenuti a Omarska (6000, 1503 dei quali si concludono con il trasferimento degli interrogati a Manjača, ignota la sorte degli altri 4497). I giornalisti inglesi che scrivono dalla Bosnia nell'agosto del '92 definiscono Drljača «il piú potente signore della guerra a Prijedor» (Chuck Sudetic sul «New York Times»), e lo stesso Radovan Karadzić dichiara in un'intervista al «Times» che Drljača è «responsabile delle inumane condizioni dei campi sotto il suo controllo, che includono Omarska e Keraterm». A Sudetic Drljača spiega: «Con le loro moschee non bisogna limitarsi a distruggere i minareti, bisogna ribaltarne le fondamenta, cosicché non possano piú ricostruirle. Se fai questo se ne vanno, se ne vanno per conto loro». A Roy Gutman dice che a Omarska sono morte solo due persone «per cause naturali. Mentre altri 49, compreso l'ex sindaco Čehajić, sono spariti». Drljača ammette di aver deportato circa 3000 persone a Omarska. Fonti Unprofor dicono che l'incarico lo ha avuto direttamente da Karadzić.

Drljača lavora duro per tre anni: ancora nel 1995, sotto la pressione delle controffensive croate e bosniache, dirige, insieme con i miliziani di Arkan accorsi nuovamente dalla

Serbia, l'ultima ondata di «pulizia etnica», costringendo le
vittime a «finanziare» la loro espulsione con il pagamento
del trasporto alla Croce Rossa. A partire dal 5 ottobre del
'95, centinaia di uomini e donne sopravvissuti alla campagna del '92, con un preavviso di mezz'ora, vengono depredati e caricati su pullman in partenza verso la linea del fronte. Di molti di essi si perdono le tracce. Arrestato in casa sua
dalla polizia segreta di Drljača, scompare fra gli altri il parroco cattolico di Prijedor, padre Tomislav Matanović.

Ma lo sterminio è solo una fase preparatoria per l'intraprendente Simo che negli anni successivi consolida il suo potere attraverso un'organizzazione criminale capace di inti-
midire la popolazione di Prijedor, di imporre tangenti su tutte le attività economiche e commerciali, sulla distribuzione
degli alloggi, sulla sanità, sugli aiuti umanitari, sulla prote-
zione della polizia. Da terrore dei musulmani, l'ex capo della polizia segreta, nel frattempo nominato viceministro degli Interni alle dirette dipendenze dell'attuale ministro Dragan Kijać, diventa lo spauracchio dei civili serbi. Le
commissioni internazionali per gli aiuti sono costrette a trattare con i suoi emissari e le imprese da lui controllate risultano spesso vincitrici degli «appalti» degli organismi internazionali. Il soprannome con cui è conosciuto è «signor dieci per cento». Chi non paga il pizzo o chi è sorpreso a parlare
con ufficiali occidentali della Forza multinazionale di polizia installata in Bosnia dalla Nato, ancora nei primi mesi del
1997 viene sequestrato e portato davanti a Drljača per «colloqui informali».

È ancora il «padrino» Drljača a impostare le relazioni con
le missioni Nato (Ifor prima, Sfor in seguito) installate a
Prijedor dopo gli accordi di pace di Dayton. Per tutto il '96
e per metà del '97 decine e decine di rapporti stilati dalle
forze internazionali di polizia su violazioni degli accordi, pro-
vocazioni, aggressioni a danno di civili, segnalano il suo nome. Gli ordini di Simo sono di impedire l'attività delle truppe Nato, di boicottare le iniziative congiunte, di impedire
l'applicazione dei trattati di pace, soprattutto per quanto riguarda il rientro dei profughi. Il 14 settembre del 1996, in
occasione delle elezioni, Drljača organizza con successo le
intimidazioni contro i profughi non serbi che intendono tornare a votare nella loro città. Squadre di agenti armati in
borghese aggrediscono chiunque tenti di rientrare a Prijedor
dalla federazione bosniaco-croata. In un paio di casi ci scap-

pa il morto. È oggetto di aggressione anche un gruppo di donne pacifiste europee e americane che intendevano piantare a Prijedor un simbolico albero della pace.

Il 16 settembre '96 Drljača in persona apre il fuoco contro soldati cechi della Nato. In seguito a questo episodio viene ufficialmente rimosso dal comando della polizia di Prijedor, ma tutte le fonti, ufficiali e non, concordano nel riferire che le autorità locali continuano a prendere ordini da lui. Il mese successivo Elizabeth Neuffer del «Boston Globe» dimostra che, sotto gli occhi delle «forze di pace», quattro indiziati dal Tribunale dell'Aia per crimini di guerra lavorano nella polizia di Prijedor: si tratta di Željko Mejakić, Mladen Radić, Nedjeljko Timarac e Miroslav Kvocka. La presenza dei quattro era stata notificata cinque mesi prima al comando Nato di Banja Luka senza conseguenze. Altre segnalazioni analoghe non sortiranno alcun effetto.

L'amministrazione serba di Prijedor agli ordini del «padrino» Drljača è ben decisa a impedire non solo il rimpatrio degli epurati, ma anche le visite temporanee. Il 23 ottobre del '96 l'Alto Commissariato della Nazioni Unite per i Rifugiati consegna alle autorità di polizia di Prijedor una lista di profughi che chiedono il permesso di visitare il villaggio di Hambarine per rivedere le loro case. Il giorno dopo, l'esplosione di 400 mine anticarro distrugge 96 case ad Hambarine. Con gran turbamento, i funzionari Onu constateranno che le case colpite risultano appartenere proprio ai profughi iscritti nella lista consegnata il giorno precedente. Drljača viene ancora una volta individuato come il mandante dell'operazione, la piú clamorosa ma non certo l'unica di questo genere. Su ordine del «padrino», vengono fatti esplodere ordigni anche nel cortile della caserma Nato del battaglione ceco a Ljubja, a pochi chilometri dalla miniera dove venivano smaltiti i cadaveri delle vittime del '92.

Fra i membri della «cupola» raccolta intorno a Drljača spiccano l'attuale sindaco di Prijedor Milomir Stakić, il direttore dell'ospedale Milan Kovačević e Srdjo Srdić, presidente della Croce Rossa serba. Di quest'ultimo parla il rapporto 1994 della Commissione Mazowiecki: «Di professione dentista, era rappresentante Sds al parlamento bosniaco. È strettamente legato a Radovan Karadzić... È ritenuto responsabile di molta della propaganda contro i non serbi e personalmente responsabile del saccheggio e del terrore fisico e psicologico. È accusato di aver utilizzato sistematicamente i veicoli e i contrassegni della Croce Rossa per la "pulizia etnica" e di aver montato la menzogna secondo cui la Croce Rossa aiutava i prigionieri dei campi». Lo scrittore Nusret Šivac, sopravvissuto a Omarska, lo descrive cosí: «Uno dei massimi adulatori di Karadžić, un uomo per qualsiasi sistema politico, camaleontico profittatore di guerra. Abituato a vendere armi, a ricattare, rubare. Fu dapprima segretario dell'Organizzazione comunista nel centro medico di Prijedor... Per dimostrare quanto fosse un buon serbo, Srdjo non esitò a incendiare la casa e il caffè di suo figlio, colpevole di aver sposato una musulmana». Di quest'ultimo episodio Srdić si vanta pubblicamente, anche se Šivac ne confonde i termini: la vittima non è il figlio, ma il genero musulmano del dentista, padrone di una grande pizzeria, assassinato dopo l'incendio del locale.

La Commissione Mazowiecki denuncia a piú riprese il ruolo della Croce Rossa nella «pulizia etnica» e, in particolare, nella gestione del lager di Trnopolje, dove un collaboratore di Srdić gestiva la rivendita al mercato nero dei generi alimentari «generando terrore e fame, che fu tra le cause principali di morte nel campo». Nel rapporto si legge anche che «membri del Comitato di crisi e della Croce Rossa fecero pagare 50 marchi a persona a cittadini non serbi per essere trasportati su veicoli della Croce Rossa verso Travnik (sotto controllo musulmano). I non serbi in quattro di questi autobus furono liquidati sulla montagna di Vlašić». E ancora: «Ci sono testimonianze di non serbi che per essersi rivolti alla Croce Rossa di Prijedor chiedendo informazioni sulla destinazione di parenti "scomparsi" furono trattenuti e deportati o forzatamente caricati da personale della Croce Rossa sugli autobus... per essere incarcerati senza un motivo dichiarato».

Un sopravvissuto di Omarska racconta: «Urlavano nei megafoni "arrendetevi, la Croce Rossa vi aspetta, sarete protetti". C'erano 21 autobus e di fronte ad essi hanno separato donne e bambini. Alcuni autobus si diressero verso il bosco, quindi a Trnopolje, altri andarono verso Ciglane (le mattonaie). Si sentirono colpi di arma da fuoco e quelle persone non tornarono piú». Il ruolo della Croce Rossa è centrale anche nella campagna del '95. Una missione di monitoraggio delle Nazioni Unite conclude: «Piú di 6000 musulmani ancora residenti nella Bosnia settentrionale furono costretti a trasferirsi nei territori della Federazione con preavviso di pochi minuti... L'espulsione fu portata a termine dalle autorità civili (inclusa la Croce Rossa) e da quelle militari e di polizia dei serbi di Bosnia».

Nel rapporto citato dello «Helsinki Watch» si legge: «I serbi – dice un sopravvissuto – hanno preso il controllo delle nostre proprietà da tempo. Hanno fatto elenchi di proprietà e li hanno depositati presso la Croce Rossa serba dicendoci che non potevamo vendere nulla perché loro avevano le registrazioni». Ifor e Polizia internazionale confermano il rifiuto da parte della Croce Rossa di Prijedor di assistere non serbi.

Milan Kovačević – definito da Ed Vulliamy «il grande, inaccessibile, spettrale... responsabile dell'invio di prigionieri musulmani a Omarska» – è medico anestesista. Responsabile nel '92, in collaborazione con Mejakić, dell'amministrazione giornaliera del campo di Omarska, dichiara: «È necessario distruggere la Bosnia. Io volevo realizzare questa terra di serbi. Senza musulmani, sí. Noi non possiamo vivere insieme». Sotto la sua direzione, infatti, anche in tempo di pace, ai non serbi non è fornita assistenza medica, se non a pagamento, a prezzi esorbitanti. Secondo la Commissione Mazowiecki e secondo l'«Helsinki Watch», Kovačević è direttamente responsabile della scomparsa a Omarska di alcuni medici dell'ospedale cittadino di cui diverrà direttore. La deportazione ebbe luogo il 28 maggio del 1992.

Fino al luglio '97 Kovačević è il controllore assoluto degli aiuti inviati all'ospedale di Prijedor. Suo complice e consulente è un altro medico: Milomir Stakić, attuale sindaco di Prijedor. Amico personale e braccio destro di Drljača, Stakić si dimette dall'incarico di sindaco nel '93 ma viene reinstallato su investitura diretta di Karadzić. È considerato responsabile della propaganda terroristica contro il rientro dei profughi ed è l'esecutore in veste legale degli ordini di Drljača.

Altri personaggi alle dirette dipendenze del «padrino» di Prijedor sono stati, negli anni di guerra, il colonnello Pero Čolić, attuale comandante in capo dell'esercito serbo-bosniaco, Miljenko Vukić, direttore dell'azienda elettrica che tagliava la corrente ai villaggi prima degli assalti serbi, e Marko Pavić, direttore delle Poste, di cui si legge nel rapporto Mazowiecki: «serví per favorire le transazioni finanziarie necessarie [nel periodo della presa di potere serba]. Era evidente che sotto il comando di Pavić l'ufficio postale era usato, fra l'altro, per drenare e ripulire denaro durante la presa della città».

Nella spartizione di tutte le risorse del Prijedor fra i confratelli del Comitato di crisi, una particolare attenzione è dedicata al sistema dell'informazione. I fratelli Mile e Rade Mutić si assicurano il controllo dei giornali locali e di Radio Prijedor, mentre la direzione del quotidiano piú importante è affidata all'ineffabile Slobodan Kuzurović, ex maggiore dell'esercito serbo-bosniaco, ex comandante del campo di concentramento di Trnopolje, ex preside della scuola elementare in cui era stato ricavato il campo. Ancora nel gennaio '97 l'Unhcr denuncia: «I *media* di quest'area continuano a provocare antagonismi etnici senza alcuna censura da parte delle autorità». In un'intervista al «New York Times» Rade Mutić, divenuto direttore della Tv di Prijedor, risponde cosí a una domanda sui massacri e le deportazioni di massa: «È come un cerchio magico. Si può restarne fuori o essere tirati dentro. Una volta dentro è impossibile restare distaccati. Sei preso dal casino generale».

Aiuti. Denuncia lo «Helsinki Watch»: «Dalla firma dei trattati di Dayton milioni di marchi tedeschi sono stati investiti a Prijedor attraverso la messa in atto di progetti comunitari di ricostruzione». Fino al luglio '97 la triade Drljača, Stakić, Kovačević sovrintende alla destinazione degli aiuti e funge da riferimento per le organizzazioni internazionali. La Casa della Pace di Trento, incaricata dal Programma di sviluppo delle Nazioni Unite (Unpd) del monitoraggio sulla comunità locale di Prijedor, denuncia l'utilizzo del contenuto di una trentina di camion di aiuti come strumento di pressione sui profughi serbi provenienti dalla Krajina croata per ottenere la loro iscrizione alle liste elettorali locali in sostituzione degli espulsi. 350.000 marchi sono stati consegnati direttamente a Milan Kovačević dall'Unhcr per il rinnovamento del reparto geriatrico dell'ospedale locale.

Fonti direttamente coinvolte nella gestione dell'ospedale rivelano allo «Helsinki Watch» che carburante, vestiario e medicinali forniti all'ospedale da Unhcr, Ifor e Sfor sono sistematicamente sequestrati da Kovačević e dal sindaco Stakić. Il carburante, secondo queste fonti, è venduto nei distributori di Prijedor e le altre merci sono consegnate all'esercito o avviate al mercato nero.

Fonti locali e internazionali concordano nel denunciare

l'impossibilità a tutt'oggi di controllare la destinazione degli aiuti che, nonostante ciò, continuano a essere ingenti. In particolare il programma di assistenza estera del governo inglese, la *Oversea Developement Agency* (Oda), rappresenta il principale finanziatore di progetti di cooperazione a Prijedor. Somme considerevoli sono investite nel tentativo di migliorare l'immagine del contingente Nato inglese di stanza nella città, strategia di successo che garantisce, fino all'11 luglio 1997, ottimi rapporti fra gli inglesi e l'autorità locale. Ufficiali della Nato, tuttavia, si sono dichiarati a piú riprese «dispiaciuti di dover trattare quotidianamente con persone ritenute responsabili di crimini di guerra». L'Oda il 13 dicembre del '96 risponde alle critiche dicendo che «a carico di Drljača e Stakić vi sono soltanto voci... non è corretto da parte nostra giudicarli unilateralmente criminali di guerra».

Sotto il dominio del Comitato la situazione della popolazione civile di Prijedor si fa comunque sempre piú critica: a luglio del '97, secondo il monitoraggio Unpd, 9000 persone vivono sotto la soglia di povertà estrema e il tasso di occupazione è ridotto al 6 per cento.

La presenza ingombrante di Drljača nel processo di «normalizzazione» della Bosnia incomincia, a metà del '97, a essere d'imbarazzo tanto per gli organismi internazionali quanto per la *leadership* serbo-bosniaca piú moderata, incarnata dalla presidente Biljana Plavšić, che tenta di prendere le distanze da Karadzić per ottenere un miglior dialogo fra il suo Paese e la comunità internazionale. L'11 luglio del 1997, con un'azione senza precedenti, su mandato del Tribunale dell'Aia, gli uomini del contingente Nato realizzano un *blitz* a Prijedor per la cattura di Kovačević e Drljača. L'anestesista è arrestato all'ospedale da militari inglesi che fingono di consegnargli un carico di aiuti della Croce Rossa e caricato su un elicottero che lo porta direttamente in Olanda. Drljača, il padrino, sorpreso in un ristorante, ingaggia uno scontro a fuoco con i militari inglesi e rimane ucciso. Gli organi di informazione italiani concordano nel definirlo un personaggio di secondo piano. Il presidente della Croce Rossa Srdjo Srdić eleva una protesta ufficiale per l'uso delle insegne della Croce Rossa nell'azione Nato. La protesta è fatta propria dal Comitato internazionale della Croce Rossa.

Prijedor, in tempi normali, è raggiungibile da Trieste in poco piú di tre ore d'auto.

Capitolo settimo
Gli angeli

Irfan ammicca, prima di cambiare espressione e fingere compunzione. «Dragana si chiama la tua amica?», dice: «Oh, poverina. E quando è morta?» «Morta?», chiedo io, stupito: «Dragana è vivissima!» «Ah, allora può ancora fare danni» è la risposta.

Irfan accompagna le sue parole con un gesto a semicerchio del moncherino e scoppia a ridere, una risata forte che fa girare tutti i clienti del bar all'aperto di piazza Maria Teresa. Quando l'ho conosciuto, presentandosi ha tenuto ad aggiungere: «Irfan, in turco, vuol dire giustiziere». Povero Irfan, eroe di Srebrenica, ancora testardamente soldato nella mente, chiuso in uno scantinato di Nichelino, alla periferia sud, con la moglie, un bimbo di un anno e altri quattro o cinque feriti della stessa guerra. Irfan non sa ancora di essere diventato un profugo. Ha scherzato sul nome dell'amica di cui gli parlo, tanto connotato da ferire le sue orecchie di vittima, cosí, senza pensarci su, come si fa con un commilitone. C'è vento caldo in piazza e Irfan, nel sentire un nome «cosí serbo», si è lasciato andare a quel motto sulfureo quasi senza intenzione. Subito dopo, come imbarazzato, si concentra sul rumore degli alberi scossi. Dice, come per cambiare discorso, a casa sua gli alberi li avevano tagliati tutti, per far legna da ardere, già tre anni fa.

Tira fuori delle foto. Una ritrae i tavolini all'aperto di un bar sospeso su una zattera sull'acqua. Ci sono tendoni colorati e ombrelloni: «È il bar di Naser Orić, a Lukavac», dice Irfan, «Sai chi è?». Certo che lo so.

L'uomo della dinamite, quello delle miniere d'argento, quello che se n'è andato. «Tre cose – dice Irfan, il giustiziere – hanno rovinato la mia giovinezza: le pulci, i Caschi blu e Naser Orić».

Gli chiedo se è il suo governo che li ha venduti, dice che non vuole pensarci, che impazzisce se si fa domande come quella. Parla della noia, noia ferina, crudele, infilata fin dentro le pieghe della pelle, cristallizzata in abitudini nette e precise come riti religiosi. Un assedio è, prima di tutto, noia. Parla di uomini e donne che vivono gli uni addosso agli altri, stagione su stagione, nudi d'estate, perché non val la pena di vestirsi, addossati ai fuocherelli di strada d'inverno, lí nelle vie della loro città. Parla di aria che manca, di lavoro che non c'è, campagna che non c'è, mosche che ronzano e vorresti mangiarle e noia, solo noia, noia che ti brucia il cervello. Irfan parla di uno che diceva di essere Gesú Cristo e si trascinava dietro un palo come una croce, e di quelli che giravano nudi e li vedevi fermarsi, prima sedersi, poi sdraiarsi a terra e morire lí, come cani, come bestie. Quasi non te ne accorgevi. Capitava anche ai bambini.

Irfan parla di quelli sulle alture che ogni tanto rimandavano giú uno dei prigionieri: arrivavano piú morti che vivi, con le braccia tagliate, il naso, le labbra... Li mandavano per far impazzire, per seminare il terrore. Ma quando ti annoi non riesci piú a capire che hai paura, quanta paura hai, la morte ti interessa. Nella monotonia micidiale di un assedio la morte è una cosa interessante. Irfan parla di acqua che non c'è, parla di mesi senz'acqua e un fiume che puzza di merda e puzza che invade la città e di gente che la puzza non la sente piú. «Vedevi la gente per strada – dice – a passeggio con quella pelle secca e gialla». Tutti a spasso: che altro c'è da fare in una città assediata da tre anni? Il lavoro è un ricordo e un sogno. C'è chi si veste da festa, tira il nodo alla cravatta ed esce, cosí, tutti i giorni, magari alla stessa ora. C'è chi si alza presto perché un'abitudine è la sola cosa solida che ti resta in quel

mare di dissenteria. C'è chi dorme fino a tardi, piú che
può, e magari sogna di dormire fino a domani e di non
svegliarsi piú. C'è chi ti incontra nello stesso posto,
ogni giorno a quell'ora e ti dice buongiorno. Buongiorno, come va Adil? Magari non ti chiami nemmeno
Adil, ma l'importante è la cravatta, o la barba fatta bene, o la parola «buongiorno». Gli occhi sono gli stessi
per tutti: a palla, allucinati, con le rughe nere sopra,
sotto, intorno. E le giornate sono teorie di trucchi, piccole astuzie per ammazzare il tempo – «Dico sul serio:
ammazzare il tempo» –, contare i passi, far liquori e
pane con le canne di granturco tritate, uscire prima
dell'alba anche se non hai niente da fare. Perché il tempo ti divora quando non hai futuro, sai che nessuno
verrà, sai che tu non andrai in nessun luogo, senza niente da fare, senza niente da fare. Ci sono quelli che vivono ammassati in un corridoio e si scambiano i mari-
ti e le mogli, la notte, per la noia. E quelli che la moglie o il marito ce l'hanno fuori città e allora si danno
e si danno, fino a non sapere piú a chi si danno. Li conosci tutti, faccia per faccia. Tutti sporchi, anche quelli eleganti, tutti che parlano da soli. Fai la conta dei
morti, cosí per tenere la mente in esercizio, come conti i sassi della strada o le macchie su un muro. Per ammazzare il tempo. Di sera che fai? Parli? Non so di che
cosa. Leggere no, l'ultima candela è finita due anni fa.
E poi se ce l'avevi ancora, la candela, te la mangiavi.
E se ti chiedono come stai, tu che gli rispondi? Bene.
Ma chi vuoi che ci creda piú dopo tre anni? Li guardi,
basta. Magari c'è qualche vecchietto che risponde: «ot-
timamente bene grazie eccetera», ma sai che dentro ride. Dentro, da qualche parte, quello ride. Sono anni
buttati via, e poi sono gli ultimi. Ogni giorno uguale a
quello prima. Ti prepari a morire, tutti i giorni. Ecco
il vero lavoro. Anticamera della morte, ma anticamera
in senso proprio, come all'ufficio di collocamento o
all'ambulatorio. In coda ad annoiarti. Ti prepari e pensi a quello che hai perso, a quando avevi una vita normale. Mangi di tutto, biada, pane fatto con i semi di

nocciolo, con le barbe di granturco. Cani e gatti non ce n'erano piú dal '92.

Io pensavo che fosse la solita storia di massacri, di serbi e di musulmani. Ma quella di Irfan è un'altra storia. Lo ammetto: l'ho pensato, ho pensato che queste storie di massacri, queste storie di serbi e musulmani si ripetono secondo una scansione sempre uguale, monotonia dell'orrore. Ammetto di averlo pensato. E invece no, questa storia è diversa. Questa non è una storia sulla guerra, ma una storia sulla pace. E sui suoi artefici, gli angeli.

Nella zona di Srebrenica i segni erano già tutti nell'aria quella primavera del '92, ma nessuno voleva vederli. In Slovenia avevano combattuto, in Croazia combattevano, ma sulla Drina dicevano che non sarebbe successo. A Bratunac presero due persone, nel sobborgo di Voljevica, li tagliarono con i coltelli fino quasi a dissanguarli, poi li portarono nel centro e li lasciarono andare: «Quelli barcollano, gli alberi sono tutti verdi e gonfi come palle che devono scoppiare, barcollano e si prendono nella pancia il caricatore di due kalashnikov. Poi la macchina sgomma, fa un mezzo giro e riparte. I serbi, quelli che hanno sparato erano nostri, i musulmani no, venivano da fuori». Due musulmani vennero da fuori a farsi ammazzare a Bratunac, alla fine di marzo, in quel modo. Da quella sera piú nessuno dormí nella sua casa, invece di passeggiare sotto i castagni d'India con le ragazze, si nascondevano nei boschi. Qualcuno dormiva vicino, tanto per guardare la casa a distanza e assicurarsi che non succedesse niente. Di giorno i serbi giravano con i megafoni gridando di consegnare le armi. «Dicevano di non preoccuparci, che non ci sarebbe successo niente. Non ne avevamo di armi, ti dico che non ne avevamo». Se prendevano un maschio lo portavano in centro, lo riempivano di legnate e lo rimandavano indietro tutto rotto. Benvenuta primavera. I primi venti giorni di aprile furono giorni di terrore. Nessuno piú tornava indietro, neanche a pezzi. Li portavano tutti a Ljubova, dall'altra parte del fiume. Serbia, quella con la S maiuscola, quella con Milošević. All'Hotel Fontana di Bratunac si era insediata la Jna. *Jugoslovenska Narodna Armija*, l'esercito, i federali, i nostri. Era il battaglione carri della brigata di Užice.

Un giorno radunarono tutti quelli che ci stavano nei locali della scuola Vuk Karadzić, giú nel borgo. Ne ammazzarono almeno cento. «Questa è Serbia», dicevano i soldati, la S maiuscola gliela sentivi nella voce. «Ti sputavano addosso per strada e ti dicevano: "Vattene dal tuo Aljia. Qui non c'è posto per voi"». Poi venne il diciotto aprile. Tiravano granate su Potočari, gli obici stavano in Serbia, la S maiuscola, sull'altra sponda del fiume, quattro chilometri in linea d'aria. Un affare di politica interna. A Srebrenica c'erano i neri di Arkan. E c'era Naser Orić, chi era prima non so, uno che si arrabbia, uno che sa dov'è la dinamite della miniera, si organizzarono, non erano piú di una quindicina. Un attentato, avranno avuto sí e no tre fucili e due pistole, ma da Srebrenica i serbi scapparono. La s minuscola. I serbi di Srebrenica scapparono verso Bratunac. Tutto incominciò quel giorno: Njemić, Kamenolom, Ljubovia, Vrhpolje, li occuparono subito. Arrivavano bande di tutti i tipi, i tigrotti, in nero, le aquile bianche di Šešelj, «e c'erano i nostri vicini, organizzati, armati, i nostri vicini di casa di Bratunac». S maiuscole e s minuscole tutti insieme. Entrarono a Srebrenica da quattro direzioni: Skelanj, Milići, Zalašja e Bratunac. «Mia madre – dice Irfan – si è salvata anche quel giorno, si è infilata in una fogna mentre spaccavano tutto quello che vedevano». La maggior parte della gente fuggí nei boschi.

Il massacro cominciò presto al mattino, le cinque, le sei. «Bruciavano solo le case musulmane». Case musulmane? Sono musulmane le case? «Bruciavano le case, dico, non i condomini o le villette dei serbi». Fiamme anche nei villaggi: Potočari, Likara, Pečište. La pulizia etnica della valle della Drina era incominciata.

C'era l'esercito con loro, li seguiva, li precedeva, come fanno i cani sulle strade di montagna, annusava l'aria, forniva supporto tecnico, informazioni, consigli. E poi erano quelli dell'esercito a rivendere il bottino in Serbia, quella con la s grande. «È allora che incominciano ad ammazzare tutti i maschi che prendono, mica nel '95». Irfan era fra quelli nascosti nei boschi, ogni tanto scendevano in un villaggio, li riconoscevano dal fumo quelli dove erano passati i cetnici dalle barbe lunghe. Non trovavano solo uomini ammazzati. C'erano anche donne ammazzate. Un giorno Irfan scese dalle colline nel suo villaggio, Žalušje. C'erano rimasti soltanto i vecchi. «Il mio vicino si chiamava Haldan Hušić, uno storpio, dalla nascita, uno nato con le gambe in dentro. Aveva 75 anni, si muoveva male. L'ultima volta che l'ho visto stava là, davanti alla soglia di casa sua, con le orecchie tagliate, le dita tagliate, gli indici, poi gli avevano aperto un'asola sotto il mento e avevano tirato fuori di lí la lingua. I piedi glieli avevano sbucciati come arance, avevano lasciato le ossa a vista. Haldan Hušić è uno che è morto con le budella sul terreno, era il mio vicino». C'era anche Nura Salihović, a letto da sette anni, stava sulle scale quel giorno, con un colpo alla nuca. Era il 15 maggio del '92. «Non sapevamo quando li avevano ammazzati. Puzzavano e basta».

Due giorni prima, dai boschi Irfan e i suoi avevano assistito all'attacco contro i villaggi piú vicini al fiume. Voljevica, Žalušje, Biljača. «Arrestavano la gente, derubavano, picchiavano, gli fregavano anche i vestiti, ma quello che hanno fatto a Haldan Hušić non lo avevo immaginato, lassú, dal bosco. Io stavo nascosto vicino a un ruscello, con due figli di mio fratello – due anni e mezzo e undici mesi – ci davamo una mano fra noi. Eravamo un centinaio lí, con donne e bambini». Irfan e gli altri pensavano che gli estremisti serbi lí non sarebbero arrivati, pensavano – come tutti – che era una follia temporanea, venti giorni, trenta e tutto sarebbe tornato come prima. Ma quel giorno sparavano

dappertutto, urlavano di arrendersi, tiravano con tutte le armi possibili.

Il massacro ha i suoi orari. Alle sei meno un quarto
di sera finisce. (Irfan non lo sa, ma il massacro ha anche la sua estetica, e le sue spiritosaggini: a Bijeljina un
giorno arrivarono con una macchina su cui avevano
montato un'insegna luminosa che diceva: «massacro».
E il massacro ci fu). Dopo il lavoro, i serbi, affaticati,
cantavano: «Cantavano i loro canti, pieni di Serbia ti
amiamo», pieni di S maiuscole. La gente era terroriz-
zata: «Li vedevi arrendersi e consegnarsi anche se sapevano benissimo che quegli altri li ammazzavano senza guardarli in faccia». Su ogni strada, su ogni prato
restarono solo i cadaveri. E la puzza. «Tagliavano i ven-
tri delle donne. Sentivi le cannonate dalla parte di Vrhpolje. Per il resto sentivi solo piangere»: era la gente
che capiva, incominciava a capire che lí non si poteva
piú vivere. In undici ore avevano cancellato migliaia di
persone. «Aveva ragione Karadzić: "Se ci sarà la guerra, uno dei tre popoli scomparirà". Eravamo noi.
L'hanno fatto nel '92, ma era tutto preparato fin da
prima che io nascessi».

Cosí pensa Irfan, il vendicatore, in un pomeriggio
d'estate torinese. Riordina le immagini di un album immaginario in cui è ritratta la tragedia che agli occhi del
mondo si è concentrata in quei sette giorni del luglio
'95, quando la cittadina di Srebrenica cadde sotto il
maglio del generale Mladić e novemila persone scom-
parvero nel nulla. Ma Irfan non accetta che tutto si
riassuma in quell'ultima settimana. Irfan senza diritti,
il giustiziere, vuole dar ragione al tempo, vorrebbe fermare la pellicola, farti vedere tutti i fotogrammi come
se fossero stampe di un album. Il suo tempo, tre anni
di assedio e follia. Lui ci vivrà per sempre, avanti e indietro, su e giú, lungo la spina di quei tre anni.

Adesso, in quel maggio del '92, i vicini di casa erano diventati sinceri, dicevano: «Sapete? Siete piú sim-

patici da morti». Irfan e i suoi decisero di raggiungere Srebrenica, attraverso i boschi, tutti insieme, verso la città di Naser Orić, quello che ai serbi aveva resistito. Ma era una strada senza fine, ventitré ore di cammino senza soste, senz'acqua. Irfan ricorda i neonati che morivano durante il tragitto, i vecchi che si fermavano per strada: «All'inizio li seppellivamo, dove capitava. Dopo li lasciavamo dov'erano, senza far niente». Il primo villaggio della zona di Srebrenica che incontrarono si chiamava Lokva («pozzanghera»): «La gente di Lokva non credeva a quello che raccontavamo. Avevano sentito sparare, sí, ma anche a Lokva quegli altri erano andati in giro a dire: "Non avete nulla da temere, non vi succederà nulla"».

Il giorno dopo, a Lokva, arrivarono anche quelli scappati dalla città. Dicevano che Srebrenica era occupata. Vissero qualche giorno nei villaggi, dove gli abitanti aiutavano soltanto i vecchi e i bambini piccoli. Per gli adulti non c'era nulla: «Si viveva di funghi, acqua, frutti di bosco. Anche foglie». L'artiglieria continuava a martellare, e intanto loro, i bosniaci nei boschi, anche dopo tutto quel sangue, continuavano con il loro chiodo fisso: «Venti giorni, trenta, poi tutto sarà di nuovo come prima». Il mese di maggio finí lí, nei boschi. Ma c'era Orić con loro, c'era la dinamite della miniera. Un giorno, fra maggio e giugno, approfittarono delle feste che impazzavano nei villaggi serbi, dell'alcol, della confusione, dell'arroganza di chi pensava di aver imposto il terrore: «C'è confusione, qualcuno spara, qualche morto». I dannati dei boschi si buttarono su Srebrenica, entrarono. Dicono che è stato un massacro, dicono di gente uccisa per strada, di una fossa comune per quei corpi serbi su cui i generali avrebbero costruito giorno dopo giorno la voglia di vendetta degli assedianti.

I tedeschi hanno un nome per questo tipo di paesi: *Strassendorf*, quelle doppie file di case ai lati di una strada di traffico importante. Srebrenica è uno *Strassendorf* da quattromila abitanti. Ci entrano in tanti, 35-40.000.

Troppi: vengono anche da Žepa, Goražde, Vlasenica,
Višegrad, tutti posti dove i serbi stanno facendo la lo-
ro pulizia. Srebrenica è lunga quattro chilometri, larga
quattrocentocinquanta metri. Da quel budello non si
esce piú. Firmato Boutros Ghali. Firmato Lord Owen,
Cyrus Vance, Thorwald Stoltenberg. Firmato François
Mitterrand, John Major, forse Bill Clinton. Firmato
Aljia Izetbegović, anche.

C'era già qualche migliaio di persone in città, prima
dei giorni in cui quella fiumana di uomini e donne si
riversò sullo *Strassendorf* in riva alla Drina. Fecero posto ai nuovi. Irfan ricorda che si dormiva in dieci, quindici per stanza. Dalle frazioni arrivavano contadini che
portavano da mangiare. Non durò a lungo: c'erano tre
villaggi forti sulla collina che i serbi decisero di prendere. Arrivarono tre brigate. Dalla riva serba l'artiglieria non si fermava mai. «Ci difendevamo con i denti, prendevamo le armi ai soldati morti, ci organizza-
vamo come potevamo, si rubava. Li abbiamo fatti
morire per tre anni, siamo stati il loro incubo, morti di
fame come eravamo». Dal 1992, da quei giorni di maggio non ci fu piú un giorno – «Dico: non c'è stato un
solo giorno» – senza granate, centinaia di granate. «La
gente si abitua, non senti neanche piú il rumore, non
smetti neanche piú di parlare». Ma le granate non erano il problema peggiore. Il problema erano fame e sete: «La terra non la potevi coltivare perché c'erano cecchini dappertutto. Ammazzavano anche il bestiame,
tenevano nel mirino tutto quel che si muoveva». Tutto il '92 cosí: «Nessuno è venuto a chiederci niente,
neanche un giornalista, né Croce Rossa né Onu, né dalla Bosnia né dal mondo».

A dicembre del '92 scattò la prima grande offensiva
del corpo d'armata serbo che stringeva Srebrenica. Sotto attacco erano anche le due *énclaves* minori di Čerska e Konjević Polje. È qui che entra in scena l'eroe di
Srebrenica, la leggenda del mondo occidentale, il generale Philippe Morillon. E incomincia l'epopea degli
angeli dal casco blu.

Irfan la racconta cosí: «La prima volta, Morillon entra in città a fine febbraio, con dieci Caschi blu. È il primo che arriva dal mondo. Visita Srebrenica, parla con la gente. Poi se ne va a Čerska. Dice "Siete salvi", mentre intorno cadono le granate dei serbi. Incita i civili di Čerska a trasferirsi a Srebrenica, si sgola, promette che là saranno protetti dalle Nazioni Unite. I serbi sono troppo forti. La gente ha già deciso di non combattere, quello se ne arriva e dice: "Andate a Srebrenica". Un angelo. Chi è che non crede agli angeli?» I serbi avevano sparato anche a Morillon, vicino a Konjević Polje, avevano colpito uno dei suoi blindati. «Via allora, da Čerska si parte. Morillon fa lo stesso discorso nello stesso modo a Konjević Polje, anche da lí partono per Srebrenica». Sembrava pulizia etnica in versione morbida, e invece era durissima, perché i serbi bombardarono le colonne di civili e ne fecero a pezzi centinaia. Non smentirono: cinquecento dissero, ne avevano ammazzati cinquecento – Irfan: «quindi saranno stati almeno il triplo» –, poi dissero che la colpa era loro, dei morti, perché avevano camminato su campi minati. Irfan: «Cioè se la sono voluta, no? Come si fa a camminare sui campi minati?»

Morillon mostrò stupore, giorni dopo visitò ancora Čerska e se ne tornò a Sarajevo dichiarando che non aveva sentito l'odore della morte. «Ma c'erano centinaia, dico centinaia di corpi lí, sull'asfalto, in bella vista, sulla strada per Konjević Polje proprio il giorno che c'è passato lui. Magari non puzzavano». Morillon spianò la strada, forse inconsapevolmente. Cosí i serbi presero Čerska e Konjević Polje senza perdere un solo uomo. Lui se ne tornò a Srebrenica: «Fa freddo in quella stagione, a volte arriva anche a venti, venticinque gradi sotto. Morillon le ha viste bene le colonne per strada, con i bambini per mano. Li ha visti che morivano nella neve. Poi ha visto gli altri, i sopravvissuti, che entravano in città. Ha avuto paura, allora, ha provato a scappare. Diceva "torno subito", ci prometteva i convogli. Ma la gente lo blocca, non gli crede nessuno, salgono sulla sua autoblindo, si sdraiano per terra: "Tu di qui non te ne vai se non fai qualcosa per noi". Allora il generale parcheggia vicino al palazzo delle poste e si infila di fretta con l'aria di chi ha cose importanti da fare. Dentro prende uno, gli infila dei soldi in mano e cambia i vestiti, poi se ne esce dal retro vestito da civile. Lo hanno riconosciuto le donne, un gruppo di donne: lo prendono, lo sollevano a braccia e lo riportano alla posta. Lo abbiamo visto a migliaia, non ho mai visto uno spettacolo cosí. Lui resta nella posta tutta la notte, attaccato alla radio, credo. Il giorno dopo spunta la bandiera Onu sul balcone».

Quel giorno Srebrenica ottenne una promessa: sarebbe diventata zona protetta e smilitarizzata, sotto responsabilità delle truppe Onu. Morillon riuscí a ripartire, la gente si accalcava intorno ai suoi mezzi, tentavano di salire, di fuggire, ci furono molti morti nella ressa. Il generale portò con sé, fuori dalla morsa, feriti, bambini, donne.

Fu cosí che il generale Morillon divenne, nella testa di tutti noi telespettatori, l'eroe di Srebrenica: la sua figura, amplificata da tutte le antenne e da tutti i giornali del mondo, giganteggia nel paesaggio bosniaco dove si crea la favola dell'impotenza dell'Onu. Irfan continua il suo racconto. C'è una parte di quel racconto che vorrebbe evitare, si ferma, si contraddice: Kravica.

Dopo l'epopea di Morillon la disperazione era alle stelle, la rabbia anche. Gli angeli se n'erano andati, nelle strade di Srebrenica si moriva di fame. E di noia. Intorno, a otto, dieci chilometri c'erano villaggi tranquilli. Villaggi dove i serbi vivevano, vite normali, campi da coltivare, il bestiame, il gommista, il benzinaio, il bar. Una notte, le due o le tre del mattino, gli uomini di Naser Orić si dipinsero il volto di nerofumo. I serbi erano sicuri che non potesse succedere. Uno, quando se li vide in giardino, in mimetica, corse loro incontro: «Ragazzi, bisogna fare qualcosa, dicono che sono arrivati i *balje*». Irfan racconta come risero tutti: «Pregherei di poterlo rivedere ogni notte, mentre cambia faccia. Non si poteva ammazzarlo: non ammazzi uno che ti ha fatto ridere. Lo prendemmo e lo scambiammo poi con un prigioniero nostro. Ma gli altri... Civili no, cioè donne e bambini no, io ero contrario, non volevo, comunque donne e bambini no. Ma tutti gli altri sí, tutto quello che si muoveva. Solo uno ne abbiamo lasciato vivo: quello che ci ha fatto ridere. Gli altri no, gli altri tutti». Che ha fatto Irfan, il giustiziere, quella notte, con il cuore nero? «Io no, io ero contrario...». Kravica. Ma ci furono altre notti, tornavano e la gente assediata si arrabbiava: «Quanti morti? Due o tre soltanto? E che razza di azione è stata?». Anche i serbi, là fuori, incominciarono ad assaporare la paura, a guardare nella notte, a cercare di vedere il piú lontano possibile, prima di chiudere la porta di casa. E a pretendere la vendetta.

Si difendevano, gli uomini di Srebrenica, con la ferocia della disperazione. Non c'era modo di portare cibo in città, se non sfondare le linee ed entrare in qualcuno dei villaggi serbi che prosperavano ai margini della tragedia. Kravica, come altri: «Non li ammazzavamo, li mandavamo via, li cacciavamo soltanto». Irfan e i suoi compagni erano un incubo spaventoso per i soldati del generale Mladić. Uscivano di notte, con i volti sporchi di nero, e non avevano pietà. Soltanto fame, e la fame delle loro famiglie. Una volta la tv serba trasmise i funerali di duecento miliziani uccisi dai dannati di Srebrenica in un solo combattimento. Il generale Mladić giurò pubblicamente che Srebrenica avrebbe pagato le millecinquecento vite che era costata agli assedianti. Srebrenica, poi, avrebbe pagato.

Pochi giorni dopo Kravica arrivarono i canadesi. Chiesero ai difensori di consegnare tutte le armi. Tutte. Lo fecero, tennero nascosti pochi fucili: «Eravamo nelle mani del mondo, al cento per cento». Irfan usa sempre quella parola, «mondo», come un'ossessione: «Il primo incontro con questo mondo civilizzato è stato cosí: tutti piangevano, eravamo felici che qualcuno si fosse accorto di quello che accadeva a Srebrenica.

Ma fuori non è uscito nulla: quel che accadeva da noi
lo sapevano quei Caschi blu, ma le notizie se le tenevano». Se ne stavano per conto loro, i soldati di pace.
Irfan dice che dal primo giorno, per strada si sentí la
loro frase preferita: «You, muslim shit», merda musulmana. «Li vedevi tornare ubriachi dalle postazioni
dei serbi, il loro colonnello pieno di grappa si divertiva a fare il saluto con le tre dita. Dopo un po' erano i
padroni della città, prendevano a calci chi chiedeva
qualcosa, anche i bambini». Però erano bravi commercianti, e la città aveva bisogno di commercianti.
Vendevano benzina, sigarette, cibo. A prezzi altissimi,
l'unica cosa a buon mercato era l'immondizia: chiudevano la loro spazzatura in sacchi e vendevano i sacchi
a dieci marchi l'uno. «La gente là dentro – dice Irfan
– crepava di fame, i sacchi se li compravano eccome.
Quelli che vendevano l'immondizia si toglievano la striscia di velcro con il nome dalla divisa. Se qualcuno chiedeva come si chiamassero rispondevano "Comandante
Mark, Popeye, Capitan Miki"...». Mentre Irfan parla,
io penso che qualcuno, in quei giorni, avrà pensato frasi tipo: «Maledetto capitan Miki, prima o poi ci in-
contreremo di nuovo...».

Almeno i Caschi blu non ammazzavano la gente, come i cetnici: «Però quel poco che c'era da rubare lo hanno preso, prima le armi, poi i soldi... La gente vendeva
qualsiasi cosa per la loro merda, oro, gioielli, tutto».

Un giorno i canadesi comunicarono ufficialmente
che il Consiglio di Sicurezza delle Nazioni Unite aveva proclamato Srebrenica Zona Protetta (Zona Protetta, Consiglio di Sicurezza, Nazioni Unite: tutte
maiuscole, come la Serbia di là dal fiume): «E quindi
siamo salvi». Agli angeli blu erano assegnati compiti di
interposizione: «Dicono proprio cosí, "interporsi".
Cioè prendono le nostre linee e poi si ritirano indietro
di 500 metri, in certi punti un chilometro. Tutto intorno alla città. Linee che avevamo difeso con centinaia di morti». In silenzio, senza sparare un colpo, i
serbi avevano preso tutte le quote dominanti intorno

a Srebrenica. La vita quotidiana riprende a sgranare il suo rosario di follia.

Con qualche pausa: «Questo fuori non l'ha mai detto nessuno: un giorno i canadesi organizzano un torneo di calcio, avevamo una specie di piccolo stadio. Avevano garantito che tutto si sarebbe svolto tranquillamente». Quel giorno, i morti, nel bombardamento sul campo da calcio furono 70, 200 i feriti: «Eravamo pazzi, pazzi ad ascoltarli. Ma soprattutto eravamo pazzi perché eravamo pazzi. Tutti pazzi». Irfan racconta la follia: «C'era questo tipo che diceva di essere Gesú Cristo. Bene: c'era gente che discuteva se farlo fuori, volevano mandarlo a quegli altri sulle colline. In città erano rimasti dei serbi, pochi. Li coccolavamo, avevano da mangiare piú di noi. Ci servivano. Politicamente, capisci? Ci serviva che loro sopravvivessero, per raccontare quello che detto da noi non sarebbe stato creduto. Sono stati i primi ad essere ammazzati a luglio '95, i nostri serbi, dai loro correligionari. Sette li hanno impiccati sulla piazza del Municipio. Qualcuno è riuscito a scappare a Tuzla con noi».

La pazzia era fatta di sete e di buio: le condutture dell'acqua erano state tagliate da mesi, a monte e a valle, i cavi dell'elettricità anche. Si andava avanti a pozzi e generatori («Ma per i generatori dovevi comprare il carburante dai canadesi»). «Le tue cose le andavi a fare direttamente nel fiume. Una fogna a cielo aperto. Cosí morivi per strada, andando a spasso o andando al cesso, lo fai anche con le bombe».

A mano a mano che si avvicinava la scadenza del loro mandato, i Caschi blu si incarognivano. Insultavano le donne: «puttana» era la parola corrente, per donne di qualunque età. Un ufficiale aveva un dizionario e le sue proposte alle donne le faceva in un serbocroato da professore. Poi venne il giorno, finalmente, in cui i canadesi se ne andarono: «Il 50 per cento del territorio lo avevano regalato ai serbi». Nonostante l'assedio, la morte delle illusioni, qualcuno si aspettava ancora qualcosa dagli olandesi che subentravano. Ma quelli presentaro-

no subito il loro biglietto da visita, arretrando ancora le
linee. Senza combattere, gli uomini di Mladić arrivarono a 1500 metri dal centro della città. Al seguito dei
nuovi angeli dalla testa blu arrivarono anche dei giornalisti, ma gli olandesi li tennero scrupolosamente lontani dai civili: «Dicevano loro che i musulmani sono fa-
natici pericolosi e impedivano di far foto o di girare nelle strade». Srebrenica continuava a essere nascosta.

Un risultato, in realtà, all'inizio ci fu: meno artiglieria pesante. Si sparava solo sulle linee di confronto, solo cecchini e mitragliatrici. Nei primi mesi del '94
gli olandesi permisero anche il passaggio di qualche convoglio: portavano farina, fagioli e conserva di pomo-
doro. Sempre lo stesso. Soprattutto, i serbi non permettevano il passaggio di alcun alimento contenente
sali (un assedio non è solo fatto di noia. È fatto di noia
e d'astuzia): «La gente barcollava sulle ginocchia, anche quando non aveva fame». Gli olandesi non cedet-
tero soltanto terreno ai serbi: nelle postazioni che ab-
bandonavano giorno dopo giorno lasciavano armi, benzina, divise. Capitava di veder arrivare giú dalle colline
qualche olandese in mutande. «Nel '95, poi, i Caschi
blu, dopo averli spogliati, non li rimandavano neanche
indietro: li portavano a Bratunac». La fame, negli ultimi mesi dell'assedio, la conobbero anche i Caschi blu;
convogli non ne arrivavano piú neanche per loro:
«Neanche la spazzatura potevano vendersi». Nervosismo alle stelle. Scarseggiava il cibo, eroina neanche a
parlarne. Allora montava la rabbia e si sfogavano con
i cittadini: «Un gioco che amavano da morire era buttare i bambini noiosi che chiedevano cioccolata o caramelle sul filo spinato: il bambino arrivava, chiedeva,
loro rispondevano: "Wait", aprivano il reticolato, facevano entrare il bambino e poi gli rifilavano un cal-
cione che lo spediva contro il reticolato. Si divertiva-
no come matti. Se la prendevano anche con le vecchie
che chiedevano sale». A un certo punto, anche gli olandesi incominciarono il gioco della S maiuscola: «Dicevano: "Andatevene da qui. Questa è Serbia"».

A maggio del '95 in fretta e furia, e soprattutto in silenzio, gli olandesi fecero i preparativi per partire: caricarono materiali e alimenti, sgombrarono le postazioni, ultimarono le manutenzioni d'urgenza dei mezzi. Gli abitanti della cittadina se ne accorsero, li circondarono. Ci fu una trattativa con le autorità: «Non potete andarvene. Dove andate? Chi viene a sostituirvi? Non potete lasciarci soli. Li tenevamo lí all'aperto, gli angeli. Faceva ancora freddo di notte. Quasi un mese. Finché quelli cedono, smobilitano, scaricano dai mezzi e riprendono posto nelle loro basi».

Fu in quel periodo che giunse da Sarajevo l'ordine che sconvolge la mente di Irfan. Il comandante Naser Orić doveva lasciare Srebrenica con ottanta uomini, quasi l'intero quadro ufficiali: «Io conosco solo la versione pubblica: Naser doveva uscire per organizzare un'offensiva alle spalle dei serbi». La difesa di Srebrenica, autorganizzata, non faceva capo a nessuno dei sei corpi d'armata dell'esercito bosniaco. L'autorità di Orić non rispondeva ad alcun comando centrale. Con l'ordine di Sarajevo, la direzione militare della difesa era decapitata. I militari lasciati a se stessi erano allo sbando, il clima si fece ancora piú selvaggio. Si accendevano risse, soprattutto con gli olandesi, che giravano per la città a quattro a quattro, armati fino ai denti: «Se un civile si fa avanti, due picchiano e due tengono a bada la folla col mitra». È l'8 luglio, la tensione è alle stelle. Ma è finita.

A quella data, senza apparente ragione i soldati «di pace» abbandonano le postazioni in direzione di Zeleni Jadar. Alla mezzanotte e venti inizia il piú intenso bombardamento di artiglieria nella storia dell'assedio. All'alba del 9 luglio, come tamburi, i megafoni dalle colline intimano la resa, annunciano l'arrivo delle «forze di liberazione». Lo stesso messaggio viene rilanciato ai civili dai Caschi blu olandesi. Il colonnello Ton Karremans, comandante dei «soldati di pace», convoca le autorità locali e i rappresentanti dei cittadini al Municipio per convincerli ad accettare la resa. In cambio gli olandesi si impegnano a portare i feriti nei territori controllati dal governo di Sarajevo. Alle 16 la resa viene rifiutata ed è avanzata la richiesta ufficiale alla missione Unprofor di difendere la città. Alle 18 la richiesta è respinta. La resa è la sola soluzione, dicono gli angeli dalla testa azzurra. Perché i serbi stanno entrando in città. A mezzanotte la linea di difesa allestita dopo l'ultimo arretramento dei Caschi blu viene fatta smantellare: è annunciato un bombardamento della Nato sul settore di confronto. Ancora una volta la difesa bosniaca casca nel tranello: smantellata la prima linea è impossibile allestirne velocemente un'altra arretrata. Al sorgere del sole non c'è traccia degli aerei dell'Alleanza, i serbi sono in città. Entrano anche a bordo di blindati bianchi con le scritte blu UN, United Nations. Irfan dice: «Non sapevamo chi era che ci stava attaccando, non sapevamo neanche se difenderci o corrergli incontro». Si combatte tutto il giorno, casa per casa. Al sobborgo di Bibić l'offensiva di fanteria, supportata da tre battaglioni carri, si arresta. Sta scendendo la notte. L'artiglieria riprende a fare il suo lavoro. Davanti agli uomini di Mladić c'è la striscia deserta allestita dagli olandesi. La città è piena di morti, inondata di sangue.

All'alba del 10 luglio un reparto bosniaco armato di fucili leggeri si lancia contro le posizioni di Bibić. Dai posti di blocco olandesi escono i blindati dell'Unprofor che si gettano contro i difensori spingendoli in direzione Potočari. Non sparano, ma travolgono. Secondo le cifre ufficiali le vittime civili, sotto i cingoli olandesi, saranno quindici. I civili ammassati vengono sospinti in direzione della strada per Bratunac, la maggior parte è ammassata al posto di Potočari. «Andavamo addosso ai serbi a mani nude», dice Irfan, il mio giustiziere: «A quel tempo ne avevo ancora due, mani». I difensori non credono piú ai Caschi blu, sanno che non ci sarà evacuazione, ma strage. La giornata prosegue fra scontri e ammassamenti di civili ad opera degli olandesi. Una colonna di cittadini di Srebrenica si prepara alla fuga. Alle quattro del mattino del 10 luglio qualche migliaio di persone si lancia per i boschi in direzione di Tuzla. Il cerchio è spezzato verso Konjevic Polje, ma la colonna è bombardata e poi intercettata a Kamenica da un reparto corazzato forte di ventinove carri. Viene intimata la resa, tra i profughi si sparge il panico: «Ho visto con i miei occhi i gas, la gente impazzita dal terrore e loro con le maschere che si facevano avanti e li tagliavano a pezzi. Uno lo prendono e gli puntano il coltello alla gola: "Dov'è tuo padre?", gli chiedono, "Non lo so". "Chiamalo". Lui grida: "Papà, papà". "Vedi – gli dicono – com'è un padre musulmano? Se ne frega di te". Gli tagliano la gola. Aveva nove anni. Cantavano, gridavano che non sarebbero vissuti in una *jamahyria*». A Tuzla arrivano seimila persone. Molti feriti gravemente. Nel viaggio Irfan perde il fratello e rimane mutilato del braccio destro. Dice: «Tutta la mia famiglia è morta, i miei amici, il mio paese, io. Non so se mi hanno ammazzato i serbi o il mondo civile – dice proprio cosí: "mondo civile" –. Per me è lo stesso».

La mattina dell'11 luglio, il fuoristrada su cui mi trovavo sbandò in un tornante sulla montagna di Vran, sopra Gornji Vakuf, rischiando lo scontro frontale con un blindato della legione straniera francese. L'autista, Raffaele, funzionario dell'*Italian Consortium of Solidarity*, riuscí a fermarsi in tempo. Boschi e prati erano affollatissimi: la montagna era occupata dagli accampamenti del nuovo contingente anglo-francese in armi, dotato di mezzi pesanti e artiglieria. Si chiamava «Forza di intervento rapido». Jacques Chirac stava gridando che Srebrenica sarebbe stata ripresa con la forza. I telegiornali di tutto il mondo dicevano che purtroppo la «Forza di intervento rapido», bloccata in mare da una tempesta all'altezza del porto di Ploce e impossibilitata a sbarcare, non era in grado di intervenire a Srebrenica. Irfan, il giustiziere, oggi fa il profugo nella periferia sud di Torino.

Srebrenica 1992-1995.

Srebrenica: cittadina importante per miniere e sorgenti, situata nell'estremità orientale della Bosnia su un'ansa del fiume Drina che segna il confine con la Serbia. *Srebro* significa argento, i romani la chiamavano Argentaria. Fu teatro di massacri durante le rivolte serbe a metà ottocento, nelle guerre balcaniche immediatamente precedenti la prima guerra mondiale e durante la guerra di liberazione partigiana. Di seguito, la cronologia dei due periodi piú tragici del lungo assedio durato dal 1992 al 1995.

1993

Gennaio. Dopo sei mesi di assedio, un'offensiva bosniaca per sbloccare Srebrenica e collegare le *énclaves* orientali circondate dai serbi si conclude senza risultati. Molti villaggi della zona vengono però bombardati e distrutti. È colpita anche Bajna Bašta sulla sponda serba della Drina. Fonti serbe diffondono la notizia di massacri ai danni di decine di civili che vengono poi sepolti in fosse comuni a Kamenica presso Bratunac. Secondo il governo bosniaco le fosse di Bratunac racchiudono invece i corpi di musulmani massacrati nel '92 dalle milizie serbe. Si tratta, in ogni caso, dell'ultima iniziativa militare condotta dall'esterno a favore di Srebrenica.

Febbraio. Il 17, a Kamenica viene identificata una fossa comune con i corpi di 24 uomini in divisa, probabilmente di nazionalità serba: uno dei cadaveri è decapitato, un altro ha i piedi legati da fil di ferro.

Il 19, con la Risoluzione 807, il Consiglio di Sicurezza delle Nazioni Unite autorizza i Caschi blu a fare uso della forza.

Marzo. Fallisce la prima missione umanitaria americana: nemmeno una delle trecento casse paracadutate sulla *éncla-*

ve di Čerska, nei pressi di Srebrenica, arriva agli assediati: con grande facilità se ne impadroniscono i militari serbi. I cecchini del generale Mladić, poi, trovano un facile bersaglio in chi tenta di avvicinarsi alle casse lanciate dal cielo. In ogni caso i lanci continuano fino a un totale di 100 tonnellate di cibo e 3 di medicinali, la maggior parte dei quali va a rifornire i magazzini logistici degli assedianti.

2. Cade Čerska. Il bilancio ufficiale è di 500 morti e piú di 1500 feriti. Segue il massacro di centinaia di civili in fuga.

3. Viene consegnata alle Nazioni Unite la documentazione sulle violenze serbe nella zona di Višegrad, in Bosnia orientale, non lontano da Srebrenica, raccolta dall'ispettorato militare bosniaco. Tra le accuse quella di avere bruciato vive 73 persone, fra cui dieci bambini sotto i due anni, rifugiate in una casa a Tikavac, quella di aver sterminato i 132 abitanti del villaggio di Glavica, e quella di aver costretto 147 uomini del capoluogo a buttarsi nelle acque della Drina. Secondo il rapporto, confermato e rilanciato da fonti croate, i musulmani uccisi nell'area di Višegrad dall'inizio del conflitto sono 7500.

4. Un radioamatore di Žepa annuncia che sono state trovate finalmente sotto la neve due casse di medicinali da 550 chili lanciate dagli aerei americani.

5. Il generale Morillon compie un sopralluogo a Čerska, controllata dai serbi. Ottiene un lasciapassare da Mladić e fa ritorno in giornata, sostenendo di non aver «sentito l'odore della morte». Morillon precisa la sua affermazione dicendo che a suo parere a Čerska non sono stati compiuti «massacri gratuiti». Per questa dichiarazione la municipalità di Tuzla lo dichiara «persona non grata». Morillon sostiene anche che l'imponente offensiva serba nella Bosnia orientale non è da attribuirsi alla volontà di conquistare terreno ma all'indignazione per la scoperta di una fossa comune a Kamenica (vedi 17 febbraio). Lo stesso giorno il segretario generale delle Nazioni Unite Boutros Ghali dichiara: «Non bisogna pensare che il futuro del mondo dipenda da questa costola dell'Europa orientale».

7. Sono sospese le trattative di pace in corso a Ginevra. Ghali minaccia l'uso della forza, ma Clinton si dichiara contrario (il 10 febbraio, a parti invertite: Clinton aveva illustrato il suo piano «di pace» che prevede l'invio di truppe, Ghali aveva minacciato il ritiro dei Caschi blu). Mitterrand condivide l'opposizione all'uso della forza contro i serbi.

11. Il generale Morillon ottiene dai serbi il permesso di entrare a Srebrenica con un convoglio di aiuti umanitari. Nei pressi della cittadina i soldati serbi che assaltano un villaggio aprono il fuoco su un gruppo di bambini e donne uccidendone 16.

15. Nella notte il generale Morillon tenta di uscire da Srebrenica, ma non riesce a incontrarsi nel punto stabilito con i suoi uomini, trattenuti da una folla di civili bosniaci impauriti (fonte Unprofor, la versione di Irfan, come si è visto, è diversa).

19. Impegno solenne da parte serba a non ostacolare l'afflusso di aiuti umanitari ai civili. Sarà lettera morta. In alcuni casi addirittura saranno gli stessi Caschi blu a bloccare i convogli su richiesta serba.

22. Il generale Morillon, grazie anche alla mediazione di Milošević, ottiene di uscire da Srebrenica con seicento profughi. La situazione della città è disperata e la popolazione assalta il convoglio nel tentativo di uscire dall'*énclave* assediata, molti civili muoiono nella ressa.

24. Fallisce un tentativo di evacuazione umanitaria a Srebrenica: gli elicotteri inglesi che dovevano portare in salvo alcune decine di civili sono bombardati dall'artiglieria serba, due civili canadesi dell'Unhcr sono feriti e vengono successivamente recuperati da elicotteri francesi a loro volta fatti segno dal tiro d'artiglieria. Vengono portati in salvo, a Tuzla, 21 profughi, ma il comando Unprofor non autorizzerà altre missioni di evacuazione. Morillon va a Belgrado a trattare. Karadzić dichiara che i serbi abbatteranno gli aerei dell'Unhcr che paracadutano cibo ai civili se alla missione parteciperanno velivoli tedeschi.

25. Il presidente bosniaco Izetbegović firma il piano Vance-Owen. Morillon annuncia il cessate il fuoco a Srebrenica.

26. I serbi di Bosnia dichiarano di accettare la proposta di tregua in tutta la Bosnia-Erzegovina per permettere l'evacuazione dei feriti da Srebrenica.

27. Un convoglio di viveri e medicinali destinati a Srebrenica e Žepa è assaltato da militari serbi, depredato e costretto a tornare indietro.

30. Riprendono i combattimenti a Srebrenica con offensive di fanteria e carri verso il centro della città.

31. Con la risoluzione 816 è istituita la *No fly zone*: il divieto di sorvolo sulla Bosnia (decretato nell'ottobre '92 e che ha fatto registrare fin qui oltre 500 violazioni) dovrà essere

fatto rispettare anche con la forza dall'Aeronautica Nato. Nuovi morti a Srebrenica nell'assalto della folla ai convogli per l'evacuazione dei feriti.

Aprile. In Bosnia centrale e occidentale si intensificano gli scontri fra croati e bosniaci a maggioranza musulmana. Il blocco croato all'afflusso di aiuti umanitari verso l'interno aggrava le condizioni delle *énclaves* orientali assediate.

1°. Srebrenica è bombardata pesantemente.

3. Il parlamento serbo-bosniaco di Pale, dopo una sessione di 48 ore, respinge il piano Vance-Owen. Nei giorni successivi blande pressioni da parte europea sulla federazione serbo-montenegrina.

5. Incursori serbi conquistano e distruggono il depuratore d'acqua che rifornisce l'intera Srebrenica: il rifornimento idrico della popolazione civile è interamente demandato agli aiuti umanitari. Bombardamenti pesanti anche su Goražde dove si registrano 30 vittime fra i civili.

9. Dichiarazione del generale Mladić: il bombardamento su Srebrenica cesserà entro ventiquattr'ore.

10. Il bombardamento di Srebrenica conosce il suo momento di maggior intensità, continuerà per due giorni. Le autorità bosniache vietano a 2000 civili di salire sui mezzi Onu disposti a portarli fuori dall'*énclave* assediata, ufficialmente perché si tratta di camion scoperchiati che non offrono garanzie di sicurezza, in realtà per il timore che l'evacuazione costituisca un supporto alla «pulizia etnica» voluta dai serbi. Cadono in mano serba altri undici villaggi della cintura di Srebrenica.

12. Offensiva di fanteria serba su Srebrenica, preceduta da un massiccio bombardamento a grappoli sulle principali strade della città: 57 morti, in gran parte bambini che giocavano in strada spinti dal clima particolarmente caldo, centinaia i feriti. Il generale Morillon è aggredito a Zvornik da una folla di donne serbe che lo accusano di non aver favorito la fuga dei serbi da Tuzla. La maggioranza dei cittadini serbi di Tuzla ha per la verità scelto di rimanere in città e partecipare alla difesa contro gli assedianti nazionalisti.

13. Un convoglio con 800 civili, guidato dagli ultimi rappresentanti Unhcr al comando del canadese Louis Gentile, lascia Srebrenica. Gentile racconta la carneficina del giorno prima: «I nostri mezzi bianchi che raccoglievano i corpi – dico corpi, perché era impossibile distinguere i vivi dai morti, tutti fatti a pezzi – alla fine del trasporto erano intera-

mente rossi a causa del sangue». In città si rifugiano gli abitanti dei villaggi vicini, riportando notizie di ritorsioni compiute da bande musulmane sui serbi della zona (Kravica). L'ospedale pediatrico di Srebrenica è devastato; le autorità locali si dichiarano disposte a lasciar partire donne e bambini, feriti e anziani, «benché questo non faccia che facilitare l'offensiva e la successiva «pulizia etnica» da parte dei serbi».

Gentile racconta che, al contrario di quanto era avvenuto in occasione di precedenti partenze di convogli, i civili non hanno preso d'assalto i mezzi Onu per salirvi: «La popolazione ha subito uno shock di massa e anche i piú disperati davano la precedenza ai feriti». Un nuovo bombardamento immediatamente dopo l'evacuazione provoca altre sei vittime. La città è interamente senz'acqua e rischia la fame. L'Alto Commissario per i Rifugiati Ogata avverte che le riserve Unhcr sono agli sgoccioli.

16. Srebrenica viene dichiarata «area protetta» dall'Onu, con una solenne risoluzione, la n. 819, del Consiglio di sicurezza.

17. Risoluzione 820: embargo totale su Serbia e Montenegro. I serbi, liquidate le ultime postazioni bosniache di artiglieria entrano a Srebrenica. Per risparmiare la città hanno chiesto la consegna di cinquecento teste: i militari impegnati nella difesa. *Médecins du monde*, l'organizzazione umanitaria che mantiene un presidio a Srebrenica, denuncia la «viltà e l'inerzia» dell'Onu: «Con la complicità della comunità internazionale la barbarie ha vinto». Vengono ventilati e rimandati quasi ogni ora i fatidici raid aerei della Nato. L'«epopea» del generale Morillon non ha avuto alcun esito. In città sono presenti cinque Caschi blu che si rintanano nel sotterraneo del palazzo delle poste. Sul centro cittadino cade una granata ogni sette secondi (testimonianza in diretta di un radioamatore), si combatte casa per casa, scala per scala, le strade sono piene di feriti che non possono essere soccorsi perché chiunque si avvicini loro è colpito dai cecchini.

18. Un contingente di Caschi blu canadesi – 150 uomini – entra a Srebrenica. Il mandato è il seguente: «impedire la conquista da parte dei serbi e procedere alla smilitarizzazione delle forze musulmane» (letteralmente).

19. A Srebrenica si inaugura un ponte aereo per l'evacuazione dei feriti: 220 persone vengono portate fuori dal-

la città, ma i serbi bombardano violentemente dalle colline intorno al centro. Gli americani premono per interventi militari più consistenti, l'Onu si oppone (ennesima inversione delle parti fra Usa e Nazioni Unite).

20. Lord Owen incontra Karadzić a Belgrado. Larry Hollingworth, massimo dirigente dell'Unhcr per la Bosnia-Erzegovina, dichiara al «Sunday Times» di aver perduto ogni illusione sulla missione Onu in Bosnia: «Sono arrivato alla conclusione che queste truppe non sono state inviate per agire con fermezza, ma solo per lasciare l'aria ferma».

23. Lord David Owen, mediatore per la Comunità Europea, propone la creazione di un corridoio protetto dall'Onu che colleghi la Serbia con le zone occupate dai serbi in Bosnia e Croazia: cioè la realizzazione degli obiettivi bellici dei serbi. Srebrenica per altro si trova sul corridoio.

Maggio. 6. Con la risoluzione 824 vengono dichiarate «aree protette» anche Sarajevo, Tuzla, Bihać, Goražde, Žepa. Viene chiesto «con forza» il ritiro di tutte le unità militari serbe da queste zone.

7. Pubblicato il rapporto della Commissione Mazowiecki sulle *énclaves* di Žepa, Goražde, Srebrenica e Čerska: vi si segnalano le condizioni disumane di vita nelle zone assediate, i massacri compiuti dai serbi a Čerska, lo sterminio dell'intera popolazione (un centinaio di persone) dei villaggi di Velići e Muškići, l'assalto alle colonne di profughi in fuga verso Tuzla. Le vittime stimate degli assalti alle carovane di profughi sono duemila, secondo testimonianze ritenute attendibili i corpi sono sepolti nei boschi. La maggior parte dei sopravvissuti si è riversata su Srebrenica che ha visto la popolazione salire da 25.000 a 60.000 unità. Secondo il rapporto, nel corso della primavera a Srebrenica la norma è stata di venti-trenta morti quotidiane per fame, mancanza di cure, infezioni, fuoco di artiglieria. Mazowiecki sollecita anche un'indagine su testimonianze a proposito di fosse comuni nei pressi di Bratunac con i corpi di civili serbi.

8. Viene firmato nella notte un accordo fra serbi e bosniaci per il cessate il fuoco e la smilitarizzazione di Srebrenica e Žepa, che vengono affidate al controllo dell'Onu. In seguito alla firma dell'accordo il generale Morillon rassicura la comunità internazionale: «Mladić vuole veramente la pace e nel più breve tempo possibile».

1995

La morsa intorno a Srebrenica, ufficialmente zona protetta Onu, difesa da un contingente olandese supportato da una unità di osservatori inglesi, torna a stringersi in febbraio. L'esercito serbo-bosniaco che controlla il territorio intorno alla cittadina interrompe nuovamente ogni afflusso di rifornimenti. Scompare immediatamente il carburante, nel giro di un mese in città non ci sarà piú cibo fresco, è interrotta l'erogazione di energia elettrica e gas.

Febbraio. Il 5 a Monaco è riunito il «gruppo di contatto» (rappresentanza diplomatica di Stati Uniti, Inghilterra, Germania, Francia e Russia) per limare e perfezionare il piano di pace del marzo '94 che prevede la spartizione: 51 per cento ai croato-bosniaci, 49 per cento ai serbi. Il piano prevede esplicitamente l'assegnazione ai serbi delle *énclaves* musulmane che resistono in Bosnia orientale: Srebrenica, Žepa e Goražde, le cosiddette «aree protette».

Che la «pulizia etnica» della Bosnia orientale sia prevista e autorizzata dalle cinque potenze è evidente dai «piani di evacuazione» per questi territori proposti e discussi dal Consiglio di Sicurezza.

Tadeusz Mazowiecki ricorda le critiche da lui stesso avanzate al piano Vance-Owen come legittimazione a priori della «pulizia etnica».

Maggio. L'8, il governo olandese apre un'inchiesta a carico dei Caschi blu olandesi di stanza a Srebrenica, accusati di aver gettato caramelle a bambini per farli passare su un campo minato. È il primo episodio di una catena di processi alle truppe olandesi in Bosnia.

30. Il Consiglio di Sicurezza delle Nazioni Unite pubblica un documento sorprendente in aperta contraddizione con la risoluzione 819 che istituiva le cosiddette «aree protette»: in esso il rappresentante civile delle Nazioni Unite in ex Jugoslavia Yasushi Akashi scrive che le forze Onu «possono ritirarsi dalle *énclaves* orientali di Srebrenica, Žepa e Goražde». Il Consiglio ignora la vistosa contraddizione, non cosí i serbo-bosniaci che capiscono di avere via libera nella conquista. Contemporaneamente arrivano a Spalato i primi uomini della «Forza di intervento rapido» inviata dagli inglesi a sostegno dei loro Caschi blu.

31. Clinton è pronto a inviare truppe di terra in Bosnia; vertice militare alleato a bordo della corazzata *Kearsarge* al-

la fonda in Adriatico. Boutros Ghali propone la sostituzione dei Caschi blu con truppe Nato.

Giugno. Inghilterra, Olanda e Francia annunciano la costituzione di una brigata mista con il compito di proteggere il ritiro delle «truppe di pace» dalle zone protette. 12.500 uomini a difesa dei Caschi blu. Secondo le dichiarazioni sarebbero in grado di liberare Sarajevo in 10 ore. Con alcune scaramucce e alcune compiacenti ritirate dei Caschi blu inizia la manovra serba per la conquista di Srebrenica. La città, del resto, non sembra interessare molto neppure al governo di Sarajevo che ordina al comandante della difesa bosniaca della città, Naser Orić, di ritirarsi a Tuzla insieme a ottanta uomini.

1°. Dimissioni del mediatore dell'Unione Europea Lord Owen, accusato di pesante parzialità a favore dei serbi. A Srebrenica il comando serbo-bosniaco, galvanizzato dal documento Onu del 30 maggio, intima ai Caschi blu olandesi di ritirarsi da una postazione che domina una strada di interesse strategico per la conquista della città. Gli olandesi rifiutano.

3. I serbo-bosniaci attaccano la postazione olandese minacciata il 1° giugno: i Caschi blu si ritirano. Clinton si dichiara a favore del ritiro Unprofor dalla Bosnia e accantona l'ipotesi dell'invio dei *marines* dopo aver verificato l'ostilità del Congresso.

4. Il generale francese Bernard Janvier, comandante della missione Onu in ex Jugoslavia, senza informare il comandante Unprofor per la Bosnia-Erzegovina Rupert Smith, sostenitore della fermezza verso i serbi, incontra a Zvornik il collega serbo-bosniaco Ratko Mladić per trattare la fine dei raid aerei in corso nella zona di Sarajevo.

11. Secondo il «New York Times» continua l'appoggio militare di Belgrado ai serbi di Bosnia. Clinton, contraddicendo le sue dichiarazioni di appena otto giorni prima, si dichiara a favore del mantenimento della missione Unprofor in Bosnia.

13. Visita a Belgrado di Susanna Agnelli, ministro degli Esteri italiano che propone una mediazione italiana e dichiara: «Credo nella sincerità di Milošević». E ancora: «Milošević mi sembra pronto a riconoscere la Bosnia-Erzegovina nei suoi confini. Non credo sia un problema».

30. Scade il termine previsto per la dislocazione sul terreno della «Forza di intervento rapido». Nessuno parla or-

mai piú di sbloccare Sarajevo: già da alcuni giorni si dichiara che il compito della «forza rapida» è esclusivamente quello di proteggere la ritirata dei Caschi blu. Chirac dichiara esplicitamente: «I bosniaci sono i nostri veri nemici», perché ostacolano il ritiro delle «truppe di pace». Nell'anno in corso i serbi hanno rubato alle truppe Unprofor 34 blindati, 5 mezzi leggeri da trasporto, 6 cannoni, 100 fucili automatici, 6 mitragliatrici antiaeree, 2 cannoni da 20 mm, 7 camion, 3 jeep, 11 vetture speciali, 24 radiostazioni, 12 radioantenne, 184 uniformi e 216 giubbotti antiproiettile.

Luglio. 6. Alle tre del mattino inizia il bombardamento serbo di Srebrenica: a sparare sulla cittadina sono contemporaneamente artiglierie pesanti, missili, mitragliatrici, carri armati, mortai. Una granata distrugge un posto di osservazione olandese. Secondo le informative Onu, il comandante del corpo Onu, colonnello Ton Karremans, richiede senza ottenerlo l'intervento aereo. A Zagabria, il comandante in capo dell'Unprofor, il generale francese Janvier, si lascia sfuggire un'espressione che creerà qualche imbarazzo all'Organizzazione: «Signori, ma non avete ancora capito che qualcuno deve liberarmi di queste *énclaves*?»

7. Il bombardamento di Srebrenica sembra attenuarsi: solo 16 granate cadono in città, ma l'inferno riprende a scatenarsi nella notte, quando si contano 275 granate.

8. Un posto di osservazione olandese a Srebrenica è colpito tre volte dai carri armati serbo-bosniaci, i sette uomini che lo presidiano sono catturati dagli uomini del generale Mladić che, dopo una breve trattativa, li rilascia trattenendo le armi. Quando i sette olandesi arrivano a un posto di blocco dell'esercito bosniaco scoppia una colluttazione con i soldati infuriati per la violazione da parte olandese della consegna di mantenere le posizioni a difesa della città: i bosniaci lanciano una bomba a mano che uccide il casco blu olandese Van Renssen. Da questo momento i bosniaci sono, per i soldati olandesi di stanza a Srebrenica, il nemico: i serbi che di lí a pochi giorni entreranno in città saranno definiti dagli olandesi «liberatori». Nell'inchiesta istituita sui fatti di Srebrenica dal ministero olandese della Difesa si legge fra l'altro: «Molti soldati del contingente olandese non si fidavano dei bosniaci... L'esercito serbo-bosniaco era ai loro occhi piú disciplinato e meglio organizzato dell'*Armija* bosniaca...». Secondo l'inchiesta, in queste ore i soldati olandesi consegnano ai serbi 14 blindati, 18 jeep Mercedes, un

camion, 6 mortai, 18 mitragliatrici, insieme a un numero imprecisato di armi leggere, giubbotti antiproiettile, elmetti e berretti blu delle Nazioni Unite: accadrà nei giorni successivi che colonne di fuggitivi musulmani si arrendano ai loro carnefici ingannati dalle divise Onu indossate dai miliziani di Mladić.

9. Parte l'offensiva di terra contro Srebrenica. Due postazioni Onu sono occupate e 15 Caschi blu olandesi sono presi in ostaggio dai serbi in avanzata. La Nato minaccia raid aerei.

10. Ferma risoluzione di condanna dell'offensiva su Srebrenica da parte del Consiglio di sicurezza delle Nazioni Unite. L'offensiva continua. Il generale Janvier, comandante dell'Unprofor, ha una lunga conversazione telefonica con Jacques Chirac; secondo un alto ufficiale Onu il Presidente francese chiede al generale di non sparare contro i serbi e di non far alzare l'aviazione Nato. A mezzanotte il colonnello olandese Karremans annuncia alle autorità di Srebrenica che nel giro di due ore incominceranno i raid della Nato e impone al comando militare bosniaco di smantellare la linea di resistenza per creare una fascia di sicurezza della larghezza di due chilometri: è l'atto che permetterà ai serbi di entrare nella difesa della città come un coltello nel burro, non essendo possibile riorganizzare in poche ore una linea di difesa.

11. I serbi sfondano ogni resistenza a Srebrenica e dilagano in città. Alle dieci del mattino i raid promessi da Karremans non sono ancora arrivati. Nuova richiesta olandese, Akashi non si muove. Dietro nuove insistenze, nel primo pomeriggio due aerei Nato colpiscono due carri armati serbi, vuoti. In risposta Mladić promette la distruzione della città; le Nazioni Unite si piegano: non ci saranno altri attacchi. Intanto l'attacco finale serbo arriva al cuore della città che cade. Inizia la fuga dei civili che cercano rifugio nella base olandese di Potoćari, dove i Caschi blu in panico travolgono con i loro blindati un numero imprecisato di persone che cercano di uscire dalla città (almeno 15, secondo le risultanze dell'inchiesta istruita dal ministero olandese della Difesa). Un Casco blu olandese spara con un cannone anticarro uccidendo due soldati bosniaci che cercano di fermarlo. Secondo le testimonianze di alcuni soldati olandesi, almeno tre persone, un uomo e due donne, si suicidano davanti agli alloggiamenti dei Caschi blu.

Il generale serbo Mladić incontra a Bratunac gli ufficiali

del contingente olandese e assicura che i prigionieri saranno trattati secondo la Convenzione di Ginevra. I serbi diffonderanno in tutto il mondo le immagini riprese da una troupe di Pale con il brindisi fra Karremans e Mladić che offre champagne e detta l'ultimatum all'ufficiale olandese. Iniziano le esecuzioni a freddo: un soldato olandese vede i serbi sparare ad alzo zero sui civili ammassati alla stazione degli autobus di Potočari, un altro scatta alcune fotografie in cui riprende visi terrorizzati e nove cadaveri di civili freddati con un colpo alle spalle all'altezza del cuore: le foto, come una videocassetta sulle selezioni compiute in quelle ore per separare gli uomini dalle donne e dai bambini, andranno distrutte «per un errore in fase di sviluppo» al ministero olandese della Difesa. Un soldato testimonia di aver visto un camion con un centinaio di cadaveri uscire dal centro per gli interrogatori. Le case del sobborgo di Potočari sono date alle fiamme.

Chirac annuncia che riprenderà Srebrenica, ma Boutros Ghali dichiara che è impossibile.

12. Nuova ferma risoluzione di condanna del Consiglio di sicurezza della Nazioni Unite per la conquista da parte serba di Srebrenica. Il generale Mladić organizza la selezione per il massacro dei civili. Sotto gli occhi dei Caschi blu olandesi, i maschi da 14 a 65 anni sono ammassati nel campo di concentramento allestito nello stadio. Saranno uccisi e sepolti in fosse comuni. Continuano le esecuzioni di uomini e donne presso il posto Onu di Potočari alla periferia della città. Lo scopo è terrorizzare la popolazione rimasta in città: si registrano decine di suicidi e la decisione di tutta la popolazione musulmana di abbandonare Srebrenica. La stima ufficiosa della Croce Rossa è però di 9000 assassinati. Numerose testimonianze riferiscono di stupri, mutilazioni e persino episodi di cannibalismo. Un fiume di donne e bambini si dirige verso Tuzla.

13. Completata la «pulizia» di Srebrenica, le truppe del generale Mladić si dirigono verso l'«area protetta» di Žepa. Bill Clinton si pronuncia a favore del ritiro dell'Unprofor e Chirac dichiara: «O riprendiamo Srebrenica o ce ne andiamo». Nei pressi di Karakaj i serbi intercettano la colonna di bosniaci fuggiti da Srebrenica la notte dell'11 luglio. È un massacro, centinaia di esecuzioni immediate. I corpi sono riuniti in due fosse comuni allestite in tutta fretta. Esecuzioni di massa anche a Konjević Polje. All'estero se ne par-

lerà soltanto a novembre quando gli americani pubbliche-
ranno le foto di alcune fosse comuni prese dai loro aerei spia,
ma proprio alla data del 13 luglio emerge la prova che l'Unprofor è perfettamente al corrente di quanto sta avvenendo
a Srebrenica: in un incontro a Sarajevo il portavoce della
missione Onu dichiara alla stampa, letteralmente: «Il generale Mladić si è detto disposto a fermare i massacri a patto
che le truppe governative bosniache fermino i combattimenti
sul fronte occidentale». La conclusione dei giornalisti è che
la dichiarazione suona come una conferma dei massacri. È
solo a questo punto che il portavoce Onu, accorgendosi della gaffe, si corregge attribuendo la colpa «a una traduzione
errata».

14. Clinton cambia ancora idea e dichiara che l'Onu deve restare in Bosnia. Vengono portati a Karakaj anche i bosniaci «selezionati» a partire dal 12 luglio a Srebrenica. Subiscono la stessa sorte della colonna intercettata il giorno
avanti. In uno dei siti di esecuzione è presente il generale
Mladić in persona. Nei boschi in direzione di Tuzla le esecuzioni sommarie continuano fino al 22 luglio.

15. Karadžić dichiara: «Le *énclaves* musulmane devono
scomparire». Polemica fra inglesi e francesi per la minaccia
di Chirac di ritirare i suoi uomini se non sarà allestito un piano di difesa per le «aree protette». La Gran Bretagna accusa il governo francese di demagogia.

16. La battaglia intorno a Žepa, difesa da poche decine
di bosniaci, infuria: le brigate corazzate serbo-bosniache iniziano a entrare in città. Intanto continuano le consultazioni tra i generali alleati.

17. La Russia annuncia il veto su eventuali nuovi raid Nato. 200 bosniaci si arrendono ai serbi a Konjević Polje e vengono uccisi sul posto.

18. Žepa resiste disperatamente, ma sono le ultime ore
della sua agonia; otto Caschi blu ucraini alla periferia della
città sono presi in ostaggio dai serbi e schierati come scudi
umani nell'eventualità di raid aerei. A Nezuk, presso Srebrenica, altri 20 gruppi (ciascuno composto da 5-10 persone) di bosniaci che si sono arresi ai serbi dopo aver avuto assicurazione di un trattamento secondo le convenzioni internazionali, vengono fucilati sul posto.

19. Il generale Mladić annuncia che Žepa si è arresa. In
realtà sono i Caschi blu ucraini che trattano con i serbi per
la loro incolumità, mentre pattuglie bosniache continuano a

combattere in città. Comunicato Unprofor: «Non siamo in grado di difendere nessuna delle zone protette».

20. Vicino al villaggio di Mečeš, personale militare serbo con megafoni intima la resa a una colonna di 350 bosniaci in fuga da Srebrenica, assicurando loro la salvezza. Dopo la resa 150 bosniaci catturati vengono costretti a scavare un'ampia fossa e assassinati.

21. Vertice a Londra dei governi impegnati nella missione Unprofor. Consueto, fermo ammonimento ai serbi, ammorbidito dal veto russo a qualsiasi ultimatum. A Mečeš arriva un *bulldozer* a scavare un'ampia fossa, ai bordi della quale vengono schierati 260 bosniaci con l'ordine di non muoversi. Qualcuno si muove e viene ucciso con armi da fuoco, gli altri vengono spinti nella fossa e sepolti vivi. Continuano le esecuzioni in massa nei luoghi di raccolta allestiti dai serbi, fra l'altro in un *hangar* a Bratunac, in campi di calcio a Kasaba, Konjević Polje, Kravica e Vlasenica, alla stazione degli autobus di Sandići e in campi sulla strada Bratunac-Milići.

22. A Žepa si registrano ancora combattimenti strada per strada.

24. Incredibile ultimatum Onu in cui si minacciano iniziative contro i serbi «se verranno attaccate le aree protette».

25. Cade definitivamente anche Žepa, inizia la selezione come a Srebrenica, ferma risoluzione di condanna eccetera. Sedicimila bosniaci in fuga sulle montagne. Ordini di cattura dall'Aia contro Karadzić, Mladić e il leader dei serbi della Krajina croata Milan Martić. Per loro è formalizzata l'accusa di genocidio.

27. Tadeusz Mazowiecki rassegna le dimissioni dall'incarico di inviato speciale dell'Onu per i diritti umani nella ex Jugoslavia. Negli anni di guerra ha presentato 19 rapporti, l'ultimo dei quali sulla caduta di Srebrenica. «Oggi – dichiara – ogni affermazione riguardo la difesa dei Diritti perde la sua credibilità per l'assenza di un atteggiamento coerente e coraggioso della comunità internazionale e dei suoi responsabili». Mazowiecki aggiunge di non poter condividere la decisione di Londra che accetta il dato di fatto della presa di Srebrenica, che non ha agito per Žepa e si appresta a fare lo stesso per Goražde: «Le zone di sicurezza erano per me una delle raccomandazioni essenziali, presenti in ogni mio rapporto. Questo è un abbandono dei princípi dell'ordine internazionale». Mazowiecki si dichiara favorevole

all'uso della forza e sottolinea la violazione del diritto dei bosniaci (sola parte disarmata dalle «truppe di pace») alla difesa. Intanto i profughi di Žepa vengono scortati a Zenica da truppe Onu, mentre si stringe l'assedio di Bihać. I membri dell'Unione Europea protestano per la risoluzione del Senato americano contro l'embargo nei confronti della Bosnia-Erzegovina.

29. Il generale Mladić informa le Nazioni Unite di aver ucciso il colonnello Avdo Palić, comandante bosniaco della difesa di Žepa, dopo aver capito che la trattativa da lui intavolata aveva il solo scopo di guadagnar tempo favorendo la fuga dei suoi uomini. Žepa è sotto saccheggio, quasi rasa al suolo e incendiata.

Aree protette. Questi sono i fatti. E soltanto quelli riguardanti le due *énclaves* orientali di Srebrenica e Žepa. Resta la domanda sul perché. Il comportamento dei Caschi blu – dal silenzio sulle condizioni degli assediati agli ostacoli alla circolazione delle informazioni, dalle vessazioni sui civili all'aperta collaborazione con gli aggressori – non è dovuto a casualità o cattivo carattere. È dettato dalle scelte di vertice delle Nazioni Unite e gelidamente coerente con il concetto di «area protetta», proposto all'opinione pubblica e agli stessi bosniaci come sola alternativa alla realizzazione degli obiettivi militari serbi.

Scrive Robert Blok sull'«Independent» del 26 maggio '93: «L'idea delle aree protette ha grande successo in Occidente perché è la piú economica: quella che comporta il minimo coinvolgimento! Ma il fine vero è eliminarle fingendo pilatescamente di essere impotenti. È questo il piano Onu per la Bosnia. Del resto rendere vivibili città dove non è possibile garantire nemmeno un litro d'acqua al giorno per abitante costerebbe cifre inaccessibili alla comunità internazionale». La condizione enunciata con l'espressione «area protetta» è fin dall'inizio evidentemente irrealizzabile. Sarajevo, Bihać, Tuzla, Goražde, Srebrenica e Žepa – dichiarate punti di resistenza irrinunciabili della comunità internazionale di fronte all'aggressione serba – continueranno infatti a essere bombardate e attaccate fino al 1995 senza che le Nazioni Unite intervengano. Al contrario, il vertice della missione Unprofor sarà il piú attivo ed efficace ostacolo a ogni iniziativa che tenti di porre freno all'aggressione. Ne scrivono con efficacia e notevole mole documentaria Zlatko

Dizdarevic e Gigi Riva nel loro *L'Onu è morta a Sarajevo* (Il saggiatore 1995).

Le aree orientali sono fin dall'inizio del conflitto un obiettivo privilegiato dei serbi: sgomberare le zone rimaste lungo la Drina significa in primo luogo interrompere ogni collegamento fra la Bosnia e il Sangiaccato serbo a maggioranza musulmana. Inoltre, quelle stesse *enclaves* sono sedi di importanti fabbriche d'armi, oggetto privilegiato nel confronto fra le parti. Infine, l'eliminazione dei bastioni di Srebrenica, Žepa e Goražde permette soprattutto di isolare, e quindi in seguito attaccare, Tuzla, insieme roccaforte bosniaca, punto centrale nel sistema energetico e industriale, simbolo della convivenza, città laica ed estranea a ogni nazionalismo. Tuzla è un osso duro anche dal punto di vista militare: fino a tutto il '94, fra le unità che difendono la città dall'attacco dei serbo-bosniaci di Mladić c'è il celebre «battaglione serbo», reparto-vetrina dell'esercito governativo che sarà poi sciolto e accorpato al II Corpo d'armata.

Tutte le ragioni dell'interesse serbo nell'area della Drina non sono ignote alle autorità Onu. Il comportamento di queste, inspiegabile altrimenti, risulta però coerente alla luce di una semplice informazione: il 95 per cento dei costi economici della missione Unprofor è sostenuto dai governi inglese e francese, principali sponsor della parte serba. Non è possibile ovviamente attribuire l'esplosione della guerra in Bosnia alle sole influenze straniere, ma è certo che senza la decisa volontà anglofrancese di contrastare l'espansione dell'interesse tedesco nei Balcani, la crisi jugoslava si sarebbe sviluppata in maniera ben diversa.

Il sangue versato a Srebrenica porta fra l'altro il marchio dell'Unione Europea. Ma porta anche la firma dei governanti di Sarajevo, poco interessati a Srebrenica, ma impossibilitati (per la rivolta popolare che ne sarebbe conseguita) a consegnare la città al tavolo delle trattative.

Non solo. I «piani di pace» occidentali, come si è detto, dal primo all'ultimo, prevedono un'omogeneizzazione etnica della Bosnia orientale, un processo che garantisce sí stabilità alla regione ma che non è realizzabile pacificamente. Anche solo per realismo politico, dunque, in vista della stabilizzazione di un'area di crisi, si tratta allora di «lasciar fare», di favorire in maniera invisibile «l'inevitabile corso degli eventi». È sufficiente dare una mano al piú forte, legare un poco le mani al piú debole e si realizza con le armi ciò che non può essere conseguito con la trattativa: la creazione di un confine stabile lontano, verso ovest, dalla Drina. È in questa logica che l'istituzione delle aree protette acquista il senso di un congelamento di ogni iniziativa militare in difesa della convivenza multietnica. Creare sacche omogenee e poi scambiarle è anche un modo per realizzare la «stabilità» desiderata da coloro che gestiranno in futuro i mercati dell'area balcanica.

Altre imprese degli angeli. Altri scandali coinvolgono le «truppe di pace» e i loro vertici durante la missione in Bosnia. Un caso fra tutti, forse il piú odioso. Il 13 marzo del 1993 a Sarajevo si apre il processo contro il miliziano serbo Borislav Herak, accusato di crimini di guerra. È il primo processo del genere e desta grande emozione per le ammissioni dello stesso Herak, un ragazzo di 23 anni, che confessa esecuzioni a freddo e stupri e invoca la condanna a morte. In particolare Herak racconta come venivano seviziate e uccise le ragazze musulmane internate nei lager serbi. Herak ammette di aver violentato dodici donne musulmane e di averne uccise undici fra le prigioniere tenute nel motel Sonja di Vogošća alla periferia di Sarajevo. Le donne, prelevate nel motel-lager, venivano successivamente portate nel vicino villaggio di Žuc per l'esecuzione, una prassi abituale, secondo Herak, per «liberare» il motel in vista di nuovi arrivi in seguito alle successive ondate di pulizia etnica. L'aspetto piú inquietante della deposizione di Herak riguarda il coinvolgimento dei Caschi blu nel sistema del motel Sonja. Herak dichiara a piú riprese di aver procurato donne ai soldati dell'Onu prelevandole a forza dai campi di prigionia per musulmani. Fra i destinatari dei «favori» di Herak e compagni è indicato il generale canadese Lewis McKenzie, predecessore di Morillon al comando della missione Unprofor, che l'imputato serbo dichiara responsabile dell'assassinio di quattro prigioniere a lui consegnate. Alla corte viene consegnata una videocassetta che documenterebbe le accuse. McKenzie, oggi in pensione, trae profitto da cicli di conferenze sulla guerra jugoslava tenute in Canada e negli Stati Uniti per conto dell'agenzia *Serbonet*.

Al di là di questi fatti piú vistosi (si va dalle violenze carnali alla gestione mafiosa del mercato nero, dal traffico di carburanti alla prassi di pagare i civili perché corrano sui campi minati), le cifre delle malversazioni sono impressionanti. Secondo un calcolo attendibile, la missione Unprofor in Bosnia ha consumato piú carburante di quanto ne viene consumato in un anno in tutti gli Stati Uniti d'America. Secondo fonti interne alle Nazioni Unite, sono stati inviati, a proposito di crimini commessi dai Caschi blu in ex Jugoslavia, ben 140 dossier probatori all'allora vicesegretario generale addetto alle operazioni di pace, Kofi Annan.

Per i fatti di Srebrenica la Corte internazionale dell'Aia ha condannato nel 1997 il croato Dražen Erdemović, arruolato nelle truppe serbo-bosniache, reo confesso di una settantina di omicidi. A Erdemović è stata riconosciuta l'attenuante di aver agito sotto minaccia da parte dei propri superiori.

A Elena, nata all'ombra dell'Est

Elena è rimasta in cucina, a riordinare oggetti secondo le sue triadi familiari, nominandoli in una lingua di mezzo per cui non c'è risposta in queste storie che, pure, la coinvolgono. Incontrerà anche lei intellettuali, giornalisti, militari, preti, sindaci e, forse, «truppe di pace», sotto casa e altrove. Forse non crederà alla leggenda di Sarajevo, quella città lontana e strana dove accaddero cose che l'Europa non conosce. Eviterà, forse, la trappola teologica del senso di colpa per misurarsi direttamente con la colpa, concretissima colpa, di vivere *qui*.

In questo libro non si parla di Sarajevo. E forse neanche della periferia bosniaca, lontana da Sarajevo, che ha occupato la mia testa e molto del mio cuore per cinque anni. Si parla di una marcia al ritmo della fanfara: cadi in un luogo di guerra pensando di portare un punto di vista, difendere un ruolo, rappresentare una cultura; molto probabilmente, invece, è la guerra che ti assegna il ruolo che ha deciso per te.

Crescono alcune cose oscure e ambigue ai margini di una guerra: fra queste, ti piaccia o no, ci sono i piani di pace, le truppe di pace, le azioni di pace, gli accordi di pace, tu.

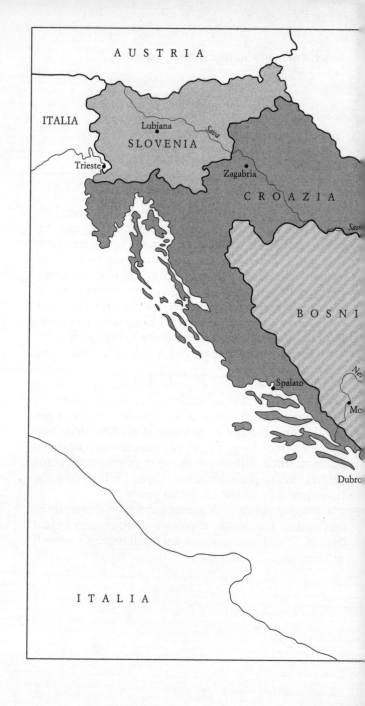

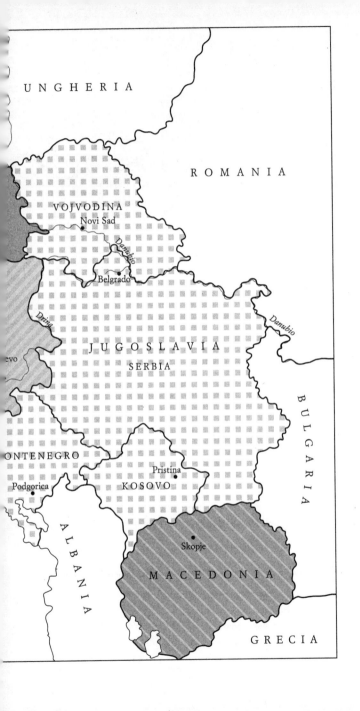

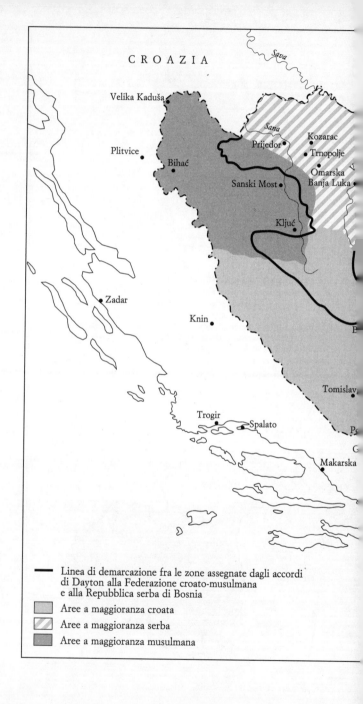

CROAZIA

Velika Kaduša

Plitvice

Bihać

Sana

Prijedor

Kozarac

Trnopolje

Omarska

Banja Luka

Sanski Most

Ključ

Zadar

Knin

Tomislav

Trogir

Spalato

Makarska

Sava

— Linea di demarcazione fra le zone assegnate dagli accordi
di Dayton alla Federazione croato-musulmana
e alla Repubblica serba di Bosnia

Aree a maggioranza croata

Aree a maggioranza serba

Aree a maggioranza musulmana

Indice analitico

Indice

*Stampato da Elemond s.p.a., Editori Associati
presso lo Stabilimento di Martellago, Venezia
nel mese di marzo 1998*

C.L. 14688

Ristampa								Anno			
0	1	2	3	4	5	6		1998	1999	2000	2001

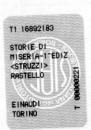

quelli che
hanno fatto qualcosa / g nel uno